CRIANÇAS ÍNDIGO E CRISTAL

A Ponte Arco-Íris de Novas Dimensões e Vibrações

A Educação do Novo Tempo

TEREZA GUERRA

Crianças Índigo e Cristal

A Ponte Arco-Íris de Novas
Dimensões e Vibrações

A Educação do Novo Tempo

© 2018, Madras Editora Ltda.

Editor:
Wagner Veneziani Costa

Produção e Capa:
Equipe Técnica Madras

Copidesque:
Neuza Rosa Alves

Revisão:
Arlete Genari
Silvia Massimini Felix

Dados Internacionais de Catalogação na Publicação (CIP)
(Câmara Brasileira do Livro, SP, Brasil)

Guerra, Tereza
Crianças índigo e cristal: a ponte arco-íris
de novas dimensões e vibrações: a educação do
novo tempo/Tereza Guerra.
2. ed. – São Paulo: Madras, 2018.

ISBN 978-85-370-0825-6
   1. Autoconsciência 2. Crianças - Habilidades
psíquicas 3. Crianças cristal 4. Crianças índigo
5. Educação de crianças 6. Psicologia educacional
I.Título.
   12-14920   CDD-370.15
   Índices para catálogo sistemático:
   1. Crianças índigo e cristal: Psicopedagogia: Educação   370.15

É proibida a reprodução total ou parcial desta obra, de qualquer forma ou por qualquer meio eletrônico, mecânico, inclusive por meio de processos xerográficos, incluindo ainda o uso da internet, sem a permissão expressa da Madras Editora, na pessoa de seu editor (Lei nº 9.610, de 19.2.98).

Todos os direitos desta edição reservados pela

MADRAS EDITORA LTDA.
Rua Paulo Gonçalves, 88 — Santana
CEP: 02403-020 — São Paulo/SP
Caixa Postal: 12183 — CEP: 02013-970
Tel.: (11) 2281-5555 — Fax: (11) 2959-3090
www.madras.com.br

Dedicatória e Agradecimentos

À memória de meus pais, que cumpriram a difícil tarefa de me educar.

Dedico este livro a todos os pais e educadores para que possam agradecer ao Universo, aos "SDL" e a Maria, como eu agradeço ter sido conduzida pelos caminhos da educação e da espiritualidade até chegar à concretização desta obra.

A todos os amigos que nesta dimensão ajudaram e participaram em sua realização, nomeadamente aos colaboradores e frequentadores da Casa Índigo, que muito me têm ensinado. Aos meus filhos, Luis e Paulo, um agradecimento muito especial, por me terem escolhido para a nobre missão de educar duas crianças Índigo...

Juntos vivemos a mais bela aventura de Amor... que desejo seja transmitida a meus netos, Natasha e David...

TEREZA GUERRA

Índice

Nota da Autora à Nova Edição de *Crianças Índigo e Cristal* Publicada no Brasil 11

Apresentação 15

Prefácio de Maria Antónia Jardim 19

Introdução 21

Capítulo 1: De Onde Vêm 25
   O que dizem os cientistas 29
   Como funcionam o microcosmos e o macrocosmos? 31
   Do macrocosmos ao microcosmos 32
   Mudanças de DNA 36
   Crianças das estrelas e suas características 40
   Cientistas russos estudam fenômeno do garoto Índigo 42
   É neste contexto que surgem as crianças Índigo? 45

Capítulo 2: Quem São os Índigo e Cristal 49
   Diferenças biológicas, psicológicas e comportamentais ... 49
   Existem, realmente, crianças Índigo? 56
   Quatro tipos de Índigo: 58
      Humanista/líder 58
      Conceitual/tecnológica 59
      Artista/criança Cristal 60
      Interdimensional/multidimensional 60
   Características das crianças Índigo 62
   Teste de identificação de crianças Índigo 63
   Características comuns que sobressaem nos Índigo, Cristal e em outros da nova geração 66

Crianças Cristal, pioneiras da evolução da consciência.................. 67
Atributos da criança Cristal 68
Testemunhos de pais de crianças Cristal..................................... 78
Energia e crianças Índigo/Cristal 80
Será que é um Índigo adulto?... 81
As crianças Índigo e Kryon... 84
Capítulo 3: A Nova Educação das Crianças do Novo Tempo.... 89
Uma nova abordagem da educação 89
Pedagogia do Movimento da Escola Moderna (MEM) 93
Pedagogia Montessori.. 94
Pedagogia Waldorf... 95
Aprendizagem interativa 96
Como superar a crise da educação 98
Comportamentos das crianças Índigo...................................... 100
O que é essencial na educação da criança Índigo 103
Empatia e pensamento crítico... 106
Comunicação, diálogo e respeito 108
Cidadania e partilha 109
Negociação e pacto 111
A economia do ensino.. 112
A atenção 113
Carta de uma criança Índigo a um professor 116
A diferença entre ter e ser 119
Sintomas de déficit de atenção.. 121
Sintomas de hiperatividade... 122
Sintomas de déficit de atenção e hiperatividade 123
Sintomas de impulsividade.. 124
Diferença entre uma criança hiperativa e uma criança Índigo... 126
    Informação sobre ADD e ADHD 127
Como ajudar nossas crianças 129
Técnicas que ajudam no tratamento de ADD e ADHD 131
Alimentação equilibrada 132
Cuidar o regime de alimentação 134
Meditação, concentração e equilíbrio de energias................... 134
A comunicação diária 141
Planificação semanal 143
A avaliação de tarefas 145
A arte como terapia 147
A musicoterapia... 149
    O que é musicoterapia?... 149

A quem pode beneficiar?... 149
Desde quando a musicoterapia é utilizada em cuidados
de saúde?... 150
Técnicas de musicoterapia podem ser aplicadas em
indivíduos saudáveis?... 150
A musicoterapia nos hospitais.. 151
A musicoterapia nas escolas 151
A visualização criativa... 153
Promover novas atividades 154
Criar hábitos... 155
Melhorar a autoestima da criança.. 155
Perguntas a um médico homeopático.. 156
A Fundação INDI-GO e o Ministério da Educação e
Cultura do Equador assinaram um convênio de cooperação
institucional... 159
A educação do futuro... 160

Capítulo 4: A Casa Índigo.. 163
Uma carta de James Twyman... 164
Como nasceu a Fundação Casa Índigo................................... 165
Atividades da Casa Índigo... 168
Ho'oponopono.. 171
Leitura de Auras; Leitura de Chakras; Almaterapia; Gravidez
Consciencial... 173
Novo Despertar da Consciência; Consultas de Psicologia
Clínica.. 177
　Os desafios das famílias da Nova Era: as crianças
　Índigo/Cristal e os pais... 177
　Especificidade da Consulta de Psicologia Clínica 179
　Consultas terapêuticas: as crianças Índigo e Cristal.............. 182
　Grupos autoconsciência Índigo.. 187
　Terapias energéticas e florais de Bach 189
　Terapia de som... 196

Capítulo 5: Fórum Casa Índigo.. 199
Autismo decai com a redução de mercúrio das vacinas............... 200
Algumas questões tratadas em nosso fórum................................ 202

Capítulo 6: Harmonizações para um Planeta Índigo e Cristal....209
Experiência de quase-morte 210
Exercícios de harmonização para um planeta Índigo 210

Notas Bibliográficas 215
   Sites 218

Nota da Autora à Nova Edição de *Crianças Índigo e Cristal* publicada no Brasil

Com o raiar do século XXI surge mais uma nova edição do livro *Crianças Índigo e Cristal*, que pretende levar a todos uma mensagem de Amor dirigida especialmente às crianças que são o grande motor do futuro de todas as culturas e sociedades. Elas são a Luz do Mundo e, com a mudança vertiginosa que os acontecimentos e as mentalidades estão sofrendo, não podemos esquecê-las. É este o momento e esta é a hora em que as escolas, os professores, os educadores, os pais, as famílias e, enfim, toda a sociedade tem de estar alerta e aprender como ajudar as crianças a crescer equilibradamente e em verdadeira harmonia.

Por quê?

Porque "a criança é uma grande atriz. Atua representando como em um palco, a mente de seus pais". Então, quando as vemos inseguras, irrequietas, desfocadas, desinteressadas da escola... com sintomas de alguma hiperatividade ou déficit de atenção, é o momento de olharmos à nossa volta e sobretudo é hora de olharmos para nós: pais, professores, educadores, sociedade em geral... quem não tem essas características? Quem não se sente irrequieto, desfocado, desinteressado em um país em crise?

Como solucionar isso? Certamente não será com anfetaminas ou quisquer outras drogas legalmente autorizadas. Adormecendo as pessoas, as crianças, não se constroem países nem civilizações audazes e corajosas com força para levarem novos mundos ao mundo...

Começamos a abordar o tema "Crianças Índigo" em 2004, que foi o primeiro livro lançado em Portugal com esse título e sobre essa temática. Na época, pouco ou nada se sabia sobre essas crianças, embora além--fronteiras o assunto já fosse discutido e considerado importante.

Percebemos desde a primeira hora que seria polêmico e atrevido em um país tradicionalista, que se assume como católico e onde a Igreja tem tido, durante séculos, o monopólio quase exclusivo da espiritualidade, pois neste país, quando alguém tinha a audácia de falar em temas espirituais, era com frequência olhado com estranheza, porque ou estaria ligado a algo espírita ou pertencia a alguma seita religiosa, ainda não identificada... Felizmente as mentes humanas estão mudando e começando a perceber que todos somos necessários e temos um papel nessa superprodução exibida diariamente no grande palco da vida deste nosso planeta.

Ao sairmos da escuridão confusa de séculos e séculos norteados por leis e regras que impunham o medo e a culpa, abre-se agora um novo caminho com horizontes bem definidos em direção a um Novo Tempo de Luz...

Não temos nada contra nenhuma Igreja em particular, mas achamos que todos têm direito à liberdade de expressão de sua própria centelha divina, porque Deus não tem religião e é hora de os homens perceberem que já estamos mergulhados no Terceiro Milênio. Muito embora em outros países as crianças Índigo possam estar ligadas a algum tipo de religiosidade, no que se refere à Fundação Casa Índigo, os estatutos são muito claros, pois salientam: "A Fundação abstém-se de toda e qualquer atividade e divulgação política ou religiosa" (Cap. II, Artigo 5º).

Nossa função é verdadeiramente mais abrangente e apoia qualquer criança ou família; independentemente de credo ou nacionalidade, pretendemos ser universais e abertos a todos os que necessitem de ajuda e nos procurem com boa intenção e de coração aberto na busca de soluções para suas vidas e de orientação na educação integral de suas crianças e seus jovens.

Temos consciência do número impressionante de pessoas que se interessaram pelo tema e pelo livro *Crianças Índigo e Cristal* e que divulgaram a informação lendo-o e oferecendo-o a familiares, amigos e conhecidos.

Despertamos muitas consciências, alertamos muitas famílias e tem sido possível ajudar muitas crianças a ser mais felizes.

Queremos continuar a fazê-lo, porque chegou o tempo e é agora a verdadeira oportunidade de *Crianças Índigo e Cristal* ser lançado mais uma vez também no Brasil com a intenção de chegar a todos, para que ninguém fique sem essa importante informação. Nossa principal missão é informar e esclarecer, o restante é com a consciência de cada um. Aceitamos com amor e paz a decisão de cada pessoa, mas, quando está em questão o futuro de crianças inocentes que têm o direito de ser felizes e respeitadas, achamos que não podemos enfiar a cabeça na areia, como a avestruz, passando à margem de determinadas realidades que são apresentadas com clareza neste livro.

Agradecemos a Lee Carroll e a Kryon, grande mensageiro das crianças Índigo, a quem devemos muita da Energia de luz que tem ajudado e iluminado ao longo desses anos todo o trabalho de missão desenvolvido na Fundação Casa Índigo.

Agradecemos a Alain Aubry a dedicação exclusiva e divulgação de nossa obra, assim como a todos os colaboradores da Fundação Casa Índigo, que tanto se têm empenhado nesse projeto de amor incondicional.

Agradecemos à professora doutora Maria Antônia Jardim o estímulo e entusiasmo com que tem apoiado nosso projeto, assim como à Universidade Fernando Pessoa.

Agradecemos à dra. Noemi Paymal que, por todo o mundo, tem espalhado a mensagem de uma nova Pedagogia 3000, abraçando e divulgando a Nova Educação Alternativa do Futuro, impulsionando uma transformação real da Educação, baseada nos novos paradigmas do Novo Milênio.

Finalmente, agradecemos à Madras Editora e sua equipe pelo interesse e entusiasmo demonstrados desde o primeiro momento nesses temas, pois foram sem dúvida a grande alavanca que nos levou a avançar com a publicação desta obra novamente reeditada.

E que os anjos abençoem todas as crianças do Universo.

Cascais, 19 de setembro de 2012.
Tereza Guerra

Apresentação

Foi em Lisboa. Eram 8 horas do soalheiro, dia 9 de junho do ano da graça de 1952, quando resolvi nascer "como um foguete" (conta minha mãe), pois, pelo visto, vinha com muita pressa... Pus-me logo a fazer barulho e minha mãe, atenta, pediu à parteira que tratasse da "menina" que estava a gritar a plenos pulmões... mas esta retorquiu, para seu espanto: A menina? Ela tem vida por cem, não precisa de cuidados, primeiro trato da senhora!... e lá continuei com a berraria...

Tem sido assim minha vida... divertida e, sobretudo, sempre com muita pressa... Minha mãe ainda hoje diz: "bem se vê que nasceu a nove"! Meus pais viram-se muito aflitos para educar o "furacão" que era eu. E, além disso, sempre fui "do contra", segundo eles. Comecei por ser menina, quando tinham tudo "azul" e até o nome que me escolheram era Jorge Manuel...

Com apenas poucos dias de vida, atravessei-me no berço (e fiquei entalada) com uma grandessíssima birra e o bracinho levantado, que se agitava fortemente, enquanto gritava a plenos pulmões... meus pais ficaram logo esclarecidos com a "peça" que ali estava... Aos nove meses, já corria pela casa e, como queria andar a toda a velocidade, caía e batia com a cabeça no chão. Meu pai arranjou-me uma torcida de roupa (daquelas que as varinas [assim chamadas as vendedoras ambulantes de peixe em Lisboa, Portugal] usavam para pôr a canastra em cima da cabeça) e atou-a à minha nuca para eu poder cair à vontade... porque ninguém me segurava. O que eu queria era correr e saltar por todo lado.

Aos 5 anos de idade, puseram-me em um colégio para meninos e meninas de Cascais onde tudo e todos eram muito finos e bem-comportados... Desnecessário será dizer que, a partir daí, todo o meu percurso escolar foi um turbilhão. Fui expulsa de dois ou três colégios... e por fim a diretora de um deles, nessa época eu já tinha 10 anos de idade, chamou meu pai e disse-lhe: "Sr. Engenheiro, tenho muita consideração pelo senhor e por sua família, mas se não levar sua filha para outro colégio não a passaremos de ano. Ela só passará de ano se a levar daqui embora". E lá fui eu para um colégio de freiras onde, segundo meus pais, a turma "tinha muita disciplina e haveria de entrar nos eixos..." (meu pai era agnóstico convicto, mas não hesitou quando estava em questão nossa educação). Eles tinham razão, mas não foi só a disciplina que me fez mudar, e sim a espiritualidade que tocou meu coração profundamente. O que se passava era que eu tinha muita energia e não conseguia estar quieta muito tempo em uma carteira, era um verdadeiro suplício para mim... então passava o tempo das aulas desestabilizada, porque ou me punha a imitar os professores ou a escrever bilhetinhos e passar às colegas; tudo menos ficar quieta e calada. Era superior às minhas forças. Levava castigos e até me batiam (quando, em desespero de causa, não me calava). A escola foi mesmo um tormento para mim, para meus pais e para os professores que me aturaram...

Por volta de 14 ou 15 anos, levaram-me ao psicólogo do colégio que, depois de me ter submetido a uma boa "bateria" de testes, chegou à conclusão de que eu não tinha falta de inteligência, bem pelo contrário, prognosticou que haveria de seguir arquitetura (em virtude do bom resultado em matemática e elevada criatividade demonstrada). Depois olhou para mim com ar sério e, em uma tentativa de perceber nas entrelinhas o resultado dos testes, disse-me: "Tu serias muito feliz se fosses viver em um outro planeta, longe de tudo e de todos... só tu e a Natureza... onde houvesse muita paz...". Não fui parar em outro planeta, mas... quase. Com as freiras aprendi a concentrar-me, a tomar gosto pelo estudo, pela arte, pela educação. A partir dos 15 ou 16 anos, comecei a sentir grande necessidade de saber mais sobre as pessoas que deixavam tudo e se fechavam em um convento, dedicando toda a sua vida a um ideal. Comecei, então, a ler (até aí nunca tinha conseguido ler um livro até ao fim, porque nada me interessava, achava tudo entediante...) sobre espiritualidade. E, quando todos pensavam que eu iria ser uma negação no estudo, acabei por concluir o curso de Filosofia, mais tarde fiz várias pós-graduações e mestrado em Educação. Casei e, sem espanto, verifiquei que meus dois filhos também não se entenderam com o ensino neste país e tiveram de partir. Vivem atualmente em Nova York, onde fazem seu percurso e sua caminhada formativa.

O casamento não foi motivo de felicidade para mim. Senti sempre muita dificuldade em ter de compartilhar meu espaço e, sobretudo, a energia com outra pessoa... Só encontrei a serenidade em mim, e meu equilíbrio físico, mental, emocional e, sobretudo, energético, em primeiro lugar, pela íntima relação que tenho vindo a conquistar com os "S.D.L",[1] meus amigos de todos os momentos da vida...

Não estou nem nunca estive ligada a nenhuma religião (a não ser a católica, mas apenas enquanto por lá andei).[2] No entanto, aprendi o quanto é importante para nosso equilíbrio a espiritualidade, principalmente para as crianças e jovens de hoje... Terá sido esse o segredo de meu êxito quando tudo e todos achavam que eu não iria muito longe?

Deixo uma mensagem muito clara aos pais e educadores: De nada serve se preocuparem, repetirem que as crianças não vão conseguir ser alguém, que as dificuldades que apresentam na escola são inultrapassáveis, porque, embora a escola possa ser uma fantástica colaboradora, a educação está dentro de cada um de nós, e todo o milagre começa no seio familiar. A criança tem um poder imenso de imitar os que a rodeiam, porque ela nasce bela, pura, e, embora possa trazer consigo muita energia, esta pode ser canalizada desde a infância de forma correta pelos que a rodeiam. Educar não é fácil; requer cada vez mais conhecimentos, sabedoria e, sobretudo, a união entre esse saber e uma forte intuição e ligação ao espiritual.

Penso também que, quando a ciência se unir à espiritualidade, muitos milagres acontecerão... finalmente! Experimentem e façam acontecer!

Se não sabe do que estou falando, leia este livro e entenderá...

---

1. S.D.L. significa Seres de Luz.
2. Religião significa, como a origem da palavra indica, re-ligação a algo. Na Nova Era, já não faz sentido estarmos ligados ao sectarismo das religiões, que levam ao fundamentalismo, divisão e separação das pessoas. Temos de caminhar para o Universalismo, no qual todos seremos Um só com o Todo em Liberdade e com o Amor Universal.

Prefácio

Crianças Índigo e Cristal

Por: Maria Antónia Jardim[3]

A energia dos Índigo é uma energia de ruptura com antigas formas de ensinar. É uma energia que nos obriga a questionar as coisas, a mudar a forma como procedemos e até a forma de vivermos, com vista a um maior crescimento e progresso.

Desse modo, o livro de Tereza Guerra torna-se um instrumento pedagógico que ajuda a reconhecer as crianças Índigo e a integrá-las socialmente. Mais ainda, esta obra sensibiliza os pais e os educadores para incorporar uma nova maneira de ensinar e aprender.

Crianças Índigo e Cristal é uma obra que ajuda a reeducar as consciências dos adultos que, perante esse tipo de criança, ficam baralhados e confusos, submetendo muitas vezes essas crianças a tratamentos farmacológicos e a rótulos psiquiátricos que nada têm a ver com elas.

Dividido em sete capítulos, o livro apresenta-nos o perfil dessas crianças conducente a uma nova abordagem da educação, apontando mesmo exercícios de harmonização para um planeta Índigo. Pontes e dialéticas são estabelecidas a partir desta obra: espiritualidade e ciência, imaginação e educação, efeito de janela/espelho.

Outro, o Índigo, funciona como janela de aprendizagem e espelho de auto e heteroconhecimento. Assim, podemos dizer que esta obra é uma plataforma psicopedagógica, um foco de luz importante para a sociedade portuguesa contemporânea.

Porto, 22 de outubro de 2007.
Maria Antónia Jardim

---

3. Doutorada em Ciências da Educação pela Faculdade de Psicologia e Ciências da Educação da Universidade do Porto. Professora Associada da Universidade Fernando Pessoa – Porto.

Introdução

Se você anda à procura de um manual de "como funcionam as crianças Índigo e Cristal", esqueça.
Este não é um manual de instruções acerca de como funcionam essas ou quaisquer outras crianças. Cada ser que nasce é um verdadeiro microcosmos que vem repleto de novidades, de segredos para serem desvendados. É um mundo novo que vem inteirinho para junto de si para que, consigo, possa despertar e revelar-se em sua plenitude de ser multidimensional. É muito mais do que você pensa ou alguma vez imaginou.

Se é um ser tão especial, então o que é necessário para que cumpra toda a programação que traz consigo? O que devemos fazer para ajudá-lo a cumprir seu "contrato", ou seja, a missão que traz gravada em seus genes e em cada uma de suas células vivas?

É mais simples do que se possa imaginar. Toda criança precisa só e unicamente de uma coisa, da qual não prescinde para ser feliz e se realizar e desabrochar como pessoa e em plenitude: AMOR.

Mas não se trata daquilo que erradamente as pessoas chamam amor, ou seja, posse, domínio, controle, prisão, afastamento, medo, irritação... nada disso é Amor.

Porque, como sempre disseram as Escrituras, os sábios e os santos: o amor é libertador, é pacífico, é grato, não se queixa, não é possessivo, compreende, tudo perdoa, em uma palavra ajuda o outro a crescer autônomo e feliz...

Se está, portanto, à procura de um manual de instruções, bem complicado, para funcionar com crianças, sejam elas Índigo ou não... Então esqueça e faça o favor de não ler este livro, porque tanto para crianças da velha como da nova energia, sem Amor elas nunca serão capazes de cumprir nenhuma missão, nem serão verdadeiramente capazes de fazer a mudança necessária e imprescindível das culturas vigentes.

Este livro foi escrito para que possa abrir o caminho a quem quiser aprender novas ideias e novas formas de viver e ajudar não só as crianças Índigo, mas todas as crianças, sobretudo as que nasceram já na Nova Era, na chamada Nova Energia e com uma nova vibração.

Em nosso país, quando a primeira edição deste livro foi publicada em 2004, nada, ou quase nada, tinha sido dito sobre esse tema e começava a ser urgente que o assunto fosse pensado, estudado e discutido.

Em outros países muito tem sido já escrito e discutido, embora as soluções necessárias nem sempre tenham sido implementadas, por vezes, corretamente.

As escolas, em nosso país, continuam cheias de dificuldades, e muitos educadores e professores sentem-se, por vezes, incapazes de dar respostas e de encontrar as soluções adequadas que facilitem o trato com nossas crianças e até, muitas vezes, não conseguem entrar em diálogo com muitas dessas crianças (que vão sendo cada vez mais numerosas). As famílias também estão diante de sérias incapacidades, em muitos níveis, no que diz respeito ao nível do diálogo.

A cultura, os sistemas e os modelos existentes já não conseguem responder às situações, cada vez mais novas e diferentes que vão surgindo. E agora, o que fazer? Mas se serviram sempre?... Se serviram para nossos avós, pais e até para muitos de nós?

Tudo estará, invariavelmente, ligado a um assunto que nossa sociedade atual sempre mostrou dificuldade em discutir e se recusa, por vezes, a aceitar: a evolução e a mudança.

A evolução da espécie e a mudança do planeta estão acontecendo, e elas passam também por mudanças em todos nós e em nossas crianças.

Não se pode continuar indiferente e de braços cruzados, pois as novas gerações estão aí e elas não nos vão perdoar a inércia e, muito menos, a ignorância e a rejeição dessas questões, simplesmente porque é mais fácil esquecer ou recusar a hipótese, enfiando a cabeça na areia como a avestruz.

É muito comum tentar abafar esses problemas medicando as crianças com sedativos (Ritalina, entre outros) e pondo-as em total ou parcial alienação, com o pretexto de que ficam mais concentradas e quietas, o que é apenas aparente e totalmente falso. Sabemos que soluções fáceis como essas surgirão sempre, não é caso para nos admirarmos, mas será essa a solução adequada? É evidente que não. Até porque elas, mais cedo ou mais tarde, terão suas consequências...

Então, o que fazer?

Vamos procurar responder a essa e outras questões sobre as crianças, sejam elas Índigo, Cristal, superpsíquicas, ou quaisquer outras, porque o que verdadeiramente interessa é que são crianças e merecem toda a nossa atenção e dedicação. Apenas vos pedimos um pouco de paciência, pois nem sempre o que nos parece óbvio e racionalmente lógico nos consegue dar as respostas de que necessitamos para a resolução das situações mais difíceis que por vezes nos deparam.

A ciência tradicional foi durante muito tempo dividida entre dois polos aparentemente contraditórios: a busca de uma realidade "objetiva" e a preocupação pela dominação, pela escravidão ao cálculo e à previsão. Mas, como sabemos, estes separam os homens do mundo onde eles vivem da realidade, porque dessa forma só conta o que pode ser medido e manipulado. Assim, apenas a liberdade humana pode dar sentido aos esforços da razão: liberdade transcendental do sujeito kantiano, que dá sentido ao "dever" no qual as ciências podem descrever o homem apenas como submetido ao encadeamento das causas e dos efeitos; liberdade das sociedades humanas, que devem escolher entre seus fins, quando as ciências apenas podem definir os meios. Não podemos separar as ciências da aventura humana, porque elas não podem refletir uma razão estática à qual era necessário submeter-se ou resistir, mas elas participam na criação de sentido, ao mesmo nível que o conjunto das práticas humanas.

É necessário que o saber humano deixe de ter o caráter estático que o cosmos aristotélico garantiu durante séculos e volte a olhar as ciências do "devir" com bons olhos. As ciências, como as técnicas, não param de suscitar possibilidades que confundem tanto a ordem do pensamento como a da sociedade.

Alexandre Koyré caracterizou a viragem intelectual e cultural em que se inscreve o nascimento da ciência moderna com a seguinte frase: "do mundo fechado ao Universo infinito"... Falaremos um pouco mais em detalhe dessas e de outras mudanças pelas quais nosso planeta vem sofrendo e, sobretudo, das mudanças de vibração que estão acontecendo, não apenas no planeta, mas também nos seres humanos, nas novas crianças que estão chegando com novas capacidades, novas potencialidades, novas intuições, novas programações, novas vibrações.

"Essas são, sem dúvida, aquelas a quem chamam 'crianças Índigo'. Nessa fase particular, porém, qualquer Ser Humano que se encontre nesse estado é uma criança – lembrem-se do que dizia o Mestre Jesus Cristo: '*Se não vos tornardes como crianças, não entrareis no Reino dos Céus*' (...) – consideram esse grupo como tendo um propósito especial, mas não é assim. Esses indivíduos são, simplesmente, novas expressões com características que outros não possuem:

1. uma vibração mais elevada;
2. uma organização mental e espiritual diferente que invalida certos atributos provenientes dos astros que, habitualmente, afetam os humanos;
3. um dispositivo biológico específico, que lhes permite manejar melhor as impurezas fabricadas pelos próprios humanos do planeta.

Esses indivíduos chegam como uma nova raça de expressão, como herdeiros de tudo o que ajudamos a criar (uma programação diferente). Aqueles Seres Humanos terrenos que venham a desencarnar durante este tempo (e haverá muitos) poderão regressar imediatamente nesse novo estado (se for conveniente), ajudando assim o planeta na Nova Era do Poder. Não é garantido que esses indivíduos sejam necessariamente mais iluminados do que os outros, ou que se juntem grupalmente para executarem tarefas planetárias específicas. No entanto, à medida que vão crescendo, alguns poderão mais facilmente, por meio das difíceis transições humanas, chegar à iluminação. Em fases muito precoces de sua vida serão capazes de, juntamente convosco, ajudar nas tarefas de elevação da vibração do planeta."[4]

É bom que comecemos, portanto, a aprender os segredos mais profundos do dom da paciência e, sobretudo, do amor infinito e incondicional, para que tudo se modifique, realmente, à nossa volta, e com nossas crianças (Índigo, crianças das estrelas, superpsíquicas, Cristal ou outras) possamos seguir pelos caminhos da mudança e da transformação pessoal e planetária que, quer queiramos ou não, estão aí, pois todas as crianças que nascem hoje são verdadeiramente Crianças da Nova Era ou de um Novo Tempo... Esse é um dever que temos, não só para com as crianças, mas também para com nosso planeta Terra, já que este é um ser vivo que habitamos e nos acolhe com uma paciência e um amor infinitos... há muitos milênios.

---

4. Kryon, por intermédio de Lee Caroll, deixou-nos essas informações acerca das crianças Índigo, no Livro 1 *Os Tempos Finais*, publicado em português pela editora Estrela Polar.

Capítulo 1

 ## De Onde Vêm

"... E uma mulher com uma criança ao colo perguntou: Fala-nos dos filhos.
E Ele disse:
'Vossos filhos não são vossos filhos.
São filhos e filhas da aspiração divina pela vida. Vieram por vosso intermédio, mas não de vós.
E embora estejam convosco não vos pertencem.
Podeis dar-lhes vosso amor, mas não vossos pensamentos, porque têm seus próprios pensamentos.
Podeis abrigar seus corpos, mas não suas almas. Porque suas almas moram na casa do amanhã,
Que não podeis visitar, nem sequer em sonhos. Podeis esforçar-vos por ser como eles,
Mas não tenteis querer que eles sejam iguais a vós.
Sois os arcos por intermédio dos quais vossos filhos são lançados como flechas vivas.
Que a flexibilidade nas mãos do arqueiro seja de gozo e
Felicidade interior... "

KHALIL GIBRAN, *O Profeta*

Antes de sabermos quem são realmente as crianças do novo tempo é necessário percebermos de onde vêm, para melhor podermos entendê-las e amá-las.

Façamos um pequeno exercício de libertação e união com o Universo.

Dê asas ao seu pensamento, solte-se e suba com leveza, suavemente acima de tudo e vagueie livremente, acima do bem e do mal e, aí, onde encontrar a incomensurável vastidão dos universos, do Cosmos, repare no que existe à sua volta ... imensidão, profundeza, um todo que o envolve e o obriga a captar a luz incomensurável, a escuridão imensa, as estrelas infindáveis, infinitamente brilhantes e cintilantes, para além de outros astros e as cores inesgotáveis das claridades excelentes, o Todo...

Agora, perceba que faz parte desse todo, sinta como é imenso e eterno, inunde-se dessa imensidão, transborde de alegria, de felicidade, de amor... aí está o amor incondicional, o amor que o envolve e enche totalmente, enlaça-o, domina-o e liberta, sustenta-o e o torna, por vezes, insaciável e incapaz de se querer separar do Todo. Respire profundamente e seja um com o Todo, pois dessa união nasce a vida, a luz, a paz, absorva a tranquilidade, o equilíbrio, a imensidão e veja como se entrelaçam todas as geometrias cósmicas em uma dança calma, doce, por vezes sacudidamente suave, mas sempre ternamente envolvente.

Esse é o Cosmos, é o Todo, é o Amor de que cada um de nós faz parte integrante, hoje e sempre, porque sempre fizemos parte dele, mesmo quando nos sentíamos afastados e a milhas de distância...

Isso. Deixe-se envolver por sua beleza, em sua grandeza, nessa imensidão de amor que satisfaz todas as suas inquietações e que as transforma em pequenas gotas de água, sem significado, e que sacia todas as suas curiosidades. Nessa imensidão que ora o envolve tudo se desprende, tudo fica muito pequenino e insignificante. Escute, agora, o que vem do Cosmos... a energia... em forma de informação... processe essa informação por meio desse amor imenso que sente à sua volta e que o envolve. Perceba como é bom ser parte integrante do Todo, do Amor, dessa imensidão que é Una consigo... Como parece pequenina e insignificante a mente humana ao pé de toda essa grandeza infinita do Todo... mas, ao mesmo tempo, como é grande unida ao Todo...

Quantos seres humanos vivem ou viverão neste planeta sem ter experimentado essa união com o Todo... Mas, talvez, seja hora de fazermos todas as experiências cósmicas e transcendermo-nos unindo nossa mente à Mente Cósmica, em uma união total e incondicional. Habitue-se a respirar fundo de olhos fechados, a libertar-se, por instantes, e a ligar-se àquilo que é verdadeiramente o Todo, ou seja, o Amor!

A água dos riachos, os mares, os oceanos imensos, as florestas ou as paisagens mais belas que já apreciou e vivenciou são mínimas em comparação com a magnitude do espaço, do Universo, ou melhor dizendo, dos universos existentes, do infinito, do todo... mas tudo fica, por vezes, reduzido para a mente humana limitada, em termos dimensionais, que necessita ligar-se ao todo para poder entender um pouco mais, até porque dela faz parte integrante, ainda que nem sempre tenha consciência disso.

A verdade é que temos de tomar consciência de que estamos navegando no espaço, com nosso querido planeta, que muito carinhosamente nos acolhe e transporta, gratuitamente, e com todo o amor incondicional de que ele é capaz. Fazemos nossa viagem galáctica e estamos em constante mutação astral. Aceitar nossa condição de caminhantes, passageiros em constante mutação é aprender, todos os dias, que somos diferentes de ontem. O tempo visto pela dimensão espacial em que nos encontramos é tão ilimitado e irreal como infinito e uno. Então, como podemos viver agarrados a pequenos nadas insignificantes e efêmeros, quanto à nossa mente tridimensional, e como tudo seria mais simples se equilibrássemos nossa mente com a serenidade do Cosmos (em um amor universal e incondicional), que, apesar de imenso, nos transmite tanta paz e segurança... Se fecharmos os olhos e nos conectarmos, entendemos, não só com a mente, mas sobretudo com o coração, como somos multidimensionais, senhores muito poderosos, curadores infinitos, pois, com esse amor incondicional, tudo somos e tudo podemos!

Então, a partir deste momento, já estamos em condições de perceber que todas as crianças, sem exceção, e nós também, viemos do espaço, desse infinito Universo que nos envolve, acolhe e do qual fazemos parte integrante. Por isso, a poesia inicial de Khalil Gibran, que nos chama à realidade de que os filhos que nascem de nossos ventres não são nossos, não temos qualquer poder sobre eles, nem temos sequer o direito de os obrigarmos a pensar, a ser e a viver como nós decidimos ser e viver.

Essa é uma importante premissa que devemos ter presente pela vida afora e em todos os momentos, porque é comum pais, mães e educadores queixarem-se de seus filhos e/ou educandos nestes termos: "Eles são teimosos, não fazem o que lhes dizemos e o que achamos melhor para eles, revoltam-se e tornam-se incontroláveis ou simplesmente indiferentes". Essas manifestações tornam os educadores impotentes e insatisfeitos e, por vezes, resolvem usar a força e até mesmo a violência. Outras vezes, levam-nos a centros de saúde para que os mediquem, a fim de que, a partir desse momento, tenham o controle das situações e de seus filhos.

Mas será esse o papel de um pai ou de uma mãe? O controle de todas as situações e, sobretudo, o controle e a posse de seus filhos?

Recordo o caso de várias mães, a exemplo de uma que ligou para a Casa Índigo, desesperada, e nos disse: "Não consigo aguentar meu filho, tem um gênio muito difícil, é teimoso, irritante, insuportável, mal-educado, não faz nada do que lhe é pedido, não sei mais o que fazer". Aí lhe perguntamos que idade tinha o filho, ao que respondeu que tinha 1 ano e meio... Essa mãe, depois de uma apreciação mais atenta, verificamos que se encontrava muito deprimida e não conseguia qualquer gesto de empatia com o filho, o que estava dificultando muito a relação dos dois, porque ela o tratava como se fosse um adulto teimoso, irritável e ficava nervosa ao menor movimento da criança. Sua depressão pós-parto tinha se prolongado de tal forma que já estava afetando o próprio casamento. Referiu, na altura, que tinha desejado muito o nascimento daquele filho, mas depois de engravidar sentia sensações e dificuldades imensas em aceitar aquela criança; sobretudo depois de seu nascimento transformou-se em uma tarefa impossível.

Nesse e em muitos outros casos de posse incontrolável e doentia, não é a criança que necessita de tratamento e de mudar de atitude, mas sim os pais e, neste caso concreto, a mãe. Há situações que não têm justificação racional e lógica, mas, se as analisarmos de uma outra perspectiva, percebemos que, por exemplo, essa criança e sua mãe têm algo para resolver. Muitas dessas situações são cármicas e a mãe deve perceber isso para poder começar a relacionar-se de forma normal e carinhosa com seu filho, porque quanto mais o tentar contrariar e dominar, maior o abismo que irá existir entre ambos.

O que fazer em situações como esta? Na Casa Índigo temos terapeutas e psicoterapeutas, psicólogos especializados, que mediante o estudo e análise aprofundada da situação *cármica familiar* percebem qual a origem desses fenômenos imperceptíveis e dolorosos, conseguem retirar bloqueios energéticos que libertam as famílias de situações incômodas e difíceis.

Mas estes e outros casos iremos abordar ao longo deste livro, para que possam perceber melhor como é bela a relação mãe/pai/filhos, e como esta requer muita aprendizagem e preparação da parte dos pais e educadores de hoje, porque muito mistério envolve essas relações e nada acontece por acaso, nem nossa existência neste planeta, nem nossos sentimentos, dúvidas e temores, nem os segredos que envolvem o nascimento de uma criança.

Esse é o milagre mais fantástico do Universo de que nós, seres humanos, conseguimos ter uma parte importante, mas é necessário que com nosso egoísmo e ignorância não estraguemos a beleza, a magia e o mistério da aventura da vida.

Existirá uma só vida, uma só dimensão, uma só energia que nos envolve?

Não seria isso demasiado limitativo para seres tão sonhadores e que aspiram a atingir tão grandes aventuras?

As crianças são as primeiras a dizer que tal não é possível. Temos o exemplo de muitas que, com ainda pouca idade, já falam às suas famílias que vieram das estrelas, do Universo e que são parte integrante dele.

O que dizem os cientistas

Nos últimos anos surgiram no mercado alguns filmes que têm um conteúdo bastante esclarecedor e que se recomenda que todos vejam para se informarem. Trata-se, por exemplo, do filme *What the bleep do you know?* (disponível no *site* www.casa-indigo.com). E ainda de outro que também tem sido muito suscitado e do qual se fala bastante não só nos meios espirituais: *The Secret*, de Rhonda Bysne, este último já publicado em livro pela editora Lua de Papel. Existem mais filmes e livros que abordam essas temáticas com êxito e alguma profundidade científica, mas estes são, sem dúvida, importantes e dignos de se ver porque abordam, entre outras, as temáticas da física quântica e da noção de que **tudo é energia**.

Se tudo funciona nessa base, nós somos energia, nossos pensamentos são pura energia e tudo tem influência em tudo. Então, é urgente termos presente a força e a importância do pensamento positivo em nossa vida, porque é por meio dele que tudo se move, tudo se constrói na vida, e também é fundamental não só percebermos essas influências e interferências, mas, sobretudo, passarmos a vivê-las seriamente, porque a força energética que cada um tem atrai naturalmente o que se pensa e deseja. Os pensamentos e as palavras têm energia, e nós próprios criamos com eles um campo eletromagnético à nossa volta que produz uma força de atração fortíssima.

Se pensamos de forma positiva, atraímos energias boas para nossa vida; se falamos e pensamos negativamente, estamos atraindo uma forte energia negativa, que nos vai prejudicar tão seriamente que pode levarnos a doenças incuráveis.

No livro *O Poder Índigo*, de minha autoria, que brevemente será reeditado, explica-se com alguma profundidade essas questões.

Nossas crianças têm claros muitos desses princípios e reagem, nos primeiros anos de vida, por imitação e repetição de padrões que vivenciam no seio familiar. É importante que as famílias entendam esses novos paradigmas, que os assimilem e comecem a vivê-los com seriedade para que a verdadeira mudança seja uma realidade de paz e harmonia entre todos nós.

A educação não é mais do que a vivência séria e profunda de valores e convicções que se transmitem pelo exemplo e não tanto pela palavra.

O educador deve falar pouco e viver muito ligado à sabedoria Universal do Amor. Para chegarmos a esse nível é bom que entendamos um pouco mais da realidade e não pensemos que apenas o que nos foi transmitido por nossa cultura e tradição seculares é suficiente para educarmos as crianças do novo tempo. Elas vêm muito mais despertas para o presente e futuro do que para o passado. Se as queremos educar com padrões apenas antigos e que nada lhes dizem, falharemos certamente em nossa missão. O educador dos novos tempos deve ser esclarecido, atento, precisa ter mente aberta e pronta a ser um verdadeiro facilitador. Porque educar, como veremos, não é mais do que facilitar e ajudar a crescer. Apesar disso, o equilíbrio é fundamental, e não podemos esquecer de que essas novas gerações são certamente fruto da evolução da humanidade ao longo de muitos séculos.

Segundo diversas novas teorias, os Índigo representam a parúsia coletiva[5] dos cristãos ou o Messias coletivo esperado pelo Judaísmo.

Por que será que esses seres são tão inteligentes e conhecedores desde a infância?

Esses seres são, na realidade, mais inteligentes que a maioria dos seres humanos e também trazem consigo desde a mais tenra idade um vasto potencial de sabedoria inata e, dotados de raciocínio dialético, não receiam qualquer discussão e enfrentam os adultos na defesa de suas ideias sem qualquer medo ou preocupação em ser compreendidos.

Esse instinto dialético e sabedoria nascem com eles porque possuem experiência de vidas passadas, que adquiriram pelo renascimento ou pela reencarnação,[6] ou talvez seja porque conseguem fazer a síntese de uma soma cultural e vivencial, adicionando os conhecimentos e potencial de seus antepassados, pelas gerações e gerações sucessivas, como é referenciado pela chamada "herança transgeracional". Esta não apenas tem capacidade para transmitir os caracteres biológicos, mas

---

5. Parúsia, na filosofia cristã, significa a Segunda Vinda de Jesus Cristo e o resgate dos seres humanos para a vida eterna, no final dos tempos.

6. Vários povos e a maioria dos cultos ancestrais acreditam na reencarnação. Os judeus, por exemplo, creem na possibilidade de alguns seres humanos renascerem. Os kardecistas e os seguidores de religiões orientais acreditam na reencarnação. A religião cristã nos primeiros anos também acreditava na reencarnação. A Igreja Católica, em um de seus primeiros concílios, determinou que a partir dessa data não era permitido falar mais em reencarnação, porque os fiéis, ao saberem que tinham mais vidas, não se preocupavam em salvar sua alma e relaxavam nos deveres do culto.

ainda os culturais e espirituais. Assim sendo, temos de estar conscientes que esses seres vêm capacitados para se tornarem futuros líderes de um novo mundo que eles têm consciência clara que trazem consigo. E também sabem a nobre missão de sua transformação e os frutos que isso trará para a humanidade.

Todos nós, sem exceção, temos a esperança de que um mundo melhor se irá implementar um dia, seja por meio de movimentos políticos, religiosos, sociológicos ou filosóficos, e a vinda do Messias é, sem dúvida, a utopia de todos os homens de boa vontade. Essa esperança tão legítima e nobre deverá concretizar-se por intermédio de algum ser especial, a exemplo de Jesus Cristo ou do Príncipe. Atualmente, fala-se já muito no Messias coletivo ou no Príncipe coletivo.

Essa convicção e esperança tão profunda que faz parte de nosso consciente coletivo poderá finalmente ser possível se abraçarmos cada uma das crianças que nos é destinada e a ajudarmos a assimilar e viver os valores mais nobres e sublimes que nos foram transmitidos de geração em geração, pela vivência desses mesmos valores com integridade e verdade, em cada dia deste momento histórico que cada um de nós tem o privilégio de estar a viver.

Os que defendem a teoria do Messias coletivo e/ou o Príncipe coletivo explicam que tal configura o conjunto de seres humanos especiais que nasciam de tempos em tempos, mas que agora, a partir do fim do século XX, passaram a nascer em grande número e são denominados de Índigo, designação que representa a cor azul-índigo, ou seja, a chamada "aura da sabedoria". Essa aura traz em si o poder da sabedoria do Universo, é como se todo o Universo estivesse representado em cada ser... é um verdadeiro microcosmos!

Como funcionam o microcosmos e o macrocosmos?

Para melhor entendermos tudo isso basta percebermos que nós, seres humanos, não somos mais do que réplicas do Universo. Espero que esses esclarecimentos prévios e simples ajudem a identificarmo-nos, cada vez mais, com nossa origem estelar, percebendo, de uma vez por todas, que nós não somos máquinas nem seres que surgiram do nada como os cogumelos, ou do acaso, mas sim seres maravilhosamente criados, concebidos e provenientes das inúmeras dimensões espaciais e estelares, em uma palavra simples e direta, provenientes dos céus.

Do macrocosmos ao microcosmos

A ciência surge, nos últimos tempos, com timidez, confirmando algumas suspeitas por meio de recentes descobertas, por exemplo, da teoria da existência de 11 dimensões... embora com a relatividade de Einstein se tenha começado a explorar um fantástico repensar do espaço e do tempo, tendo seu sonho da teoria da unificação sido confirmado na recente teoria das cordas.

Dizem os cientistas que, quando se consideram coordenadas muito pequenas, em nível do microcosmos, as percepções da realidade (que até aqui nos foram dadas pela chamada geometria comutativa de Euclides, e de vários outros geômetras famosos) vão no sentido de que existem hoje propostas reais que afirmam que podem haver muitos universos e esses vários universos teriam propriedades diferentes, e poderia muito bem acontecer de estarmos em um desses universos simplesmente porque suas propriedades são favoráveis à nossa presença aqui, e não estamos em quaisquer outros universos porque não sobreviveríamos lá. Só o fato de pensarmos nessas coisas revela a pequenez de nossa compreensão diante da imensidão do Cosmos e dos impensáveis universos existentes.

Os avanços tecnológicos já permitem observações mais precisas, que antes eram impossíveis. Sabemos que o Universo está prestes a se expandir cada vez mais rapidamente e que, portanto, estamos vivendo em um Universo em aceleração, e a velocidade da luz muda ao longo do tempo. Estudam-se atualmente os universos-bebês, os *wormholes*, as viagens no tempo e a questão de o Universo poder acabar ou não. Embora essas ideias nos pareçam pouco estranhas, elas são levadas muito a sério pela cosmologia.[7] Se continuássemos a pensar cientificamente, tendo por base o que sabemos e conhecemos hoje, a teoria parece ser capaz de criar muitos universos diferentes dos quais o nosso pode ser um dos prováveis, mas não necessariamente um universo muito especial.

Embora o Universo seja demasiado grande para o compreendermos bem, a verdade é que ele é majoritariamente constituído por imensas estrelas que têm um ciclo de nascimento, vida e morte. Essas estrelas, por sua vez, formam e agrupam-se em gigantescos enxames. Mas, apesar de sua grandeza, o Universo, segundo os cientistas, já esteve concentrado em um ponto minúsculo, com uma pressão e uma densidade infinitas. Até que se deu o famoso *big bang* e o Universo começou a tomar forma como uma enorme nuvem de hidrogênio e hélio, que se expandiu a uma velocidade impensável... louca... Alguns cientistas

---

7. Cosmologia: ciência que estuda o Cosmos.

acreditam que só mil milhões de anos depois se começaram a formar as primeiras estrelas e galáxias e só à medida que essas primeiras estrelas explodiam e morriam é que, os primeiros elementos atômicos, mais pesados do que o lítio (a partir dos quais nasceram os planetas e os seres vivos), eram lançados para o espaço. Mas será que há apenas um Universo, ou existirão vários formados a partir de inúmeros *big bangs*?...

Como nos revela o cientista Brian Greene[8] (claro que tudo isto é, ainda hoje, motivo de muito debate), ele próprio se confronta com a divergência apresentada por alguns setores da ciência que se mostram ainda inflexíveis, rígidos e obsoletos.

Os caminhos da ciência, da investigação, do pensamento são caminhos que a mente humana deverá percorrer, cada vez mais com humildade, serenidade, expectativa, abertura ao estudo e à reflexão e meditação, tendo presente as limitações que nossas estruturas mentais tiveram durante séculos. Sabemos, contudo, que o paradigma dominante é no essencial aquele que foi construído a partir da dupla Galileu-Descartes e que em sua versão mais evoluída deverá, necessariamente, incluir o contributo de Popper, por um lado, e a crítica de Khun, por outro. Desde que, com Descartes, achamos fantástico designar, por exemplo, os pontos por suas coordenadas, seja na superfície da Terra, por meio de latitude e longitude, seja no espaço tridimensional, pelas coordenadas cartesianas x, y, z, que aprendemos nos bancos da escola. Na época servia, foi até uma grande descoberta, mas agora (até o próprio Descartes riria de nós, se visse que ainda se pensa assim...) é tempo de pensar mais longe, pois, como muito bem diz Brian Greene, consoante o tipo de geometria utilizada assim os resultados poderão ser bem diferentes. Por exemplo, geometria não comutativa é um campo inteiramente novo da geometria, e Alain Connes[9] refere que estão, atualmente, desenvolvendo-se novas estruturas de pensamento por meio dessa teoria.

É nossa convicção que já não é possível continuar a fazer ciência do mesmo modo que Galileu, ou seja, fazendo "uso de uma mistura engenhosa e sutil de observação/experimentação com raciocínios lógicos/matemáticos". Hoje, segundo J. Dias de Deus,[10] tem de se ter em conta o rombo introduzido por Einstein com a relatividade; as

---

8. Brian Greene, professor de Física da Columbia University, uma entrevista concedida à revista *Scientific American Brasil* sobre a teoria das cordas. Autor do famoso livro *O Universo Elegante*, 1999.

9. Alain Connes, matemático francês, escreveu o livro *Geometrie non commutative*.

10. Jorge Dias de Deus é professor de Física no Instituto Superior Técnico, cientista e físico teórico.

consequências da incerteza quântica de Heisenberg; as limitações da matemática, segundo Gidel; o advento dos sistemas complexos, não lineares, e o aparecimento de uma tendência mais holística na ciência. Para J. Buesou, "os novos dados que as ciências fornecem em relação ao tempo acabam por nos proporcionar uma visão renovada da relação das ciências com o Homem e um reencontro deste com o Universo".[11]

Acerca da existência de espaço e de tempo, Brian Green[12] diz o seguinte:

> "(...) Imaginar um tal estado primordial de existência, sem estrutura, em que há uma noção de espaço e de tempo tal como os conhecemos, provoca os poderes de compreensão da maioria das pessoas até ao limite. Como a frase de Stephen Wright acerca do fotógrafo que está obcecado em tirar uma fotografia zoom do horizonte, ficamos diante de uma série de paradigmas quando tentamos imaginar um universo que é, mas que de alguma maneira não invoca os conceitos de espaço e de tempo. (...) Isso é algo parecido com fazer-se uma avaliação do talento criativo de um artista, exigindo-lhe que trabalhe com uma figura para colorir dividida em regiões com números consoante a cor a ser utilizada. Sem dúvida que o artista irá colocar um toque pessoal aqui e ali mas, ao constrangermos de tal maneira o formato do seu trabalho, estamos a inibir-nos de ver todas, exceto um pequeno número, as suas habilidades artísticas. Analogamente, uma vez que o triunfo da teoria de cordas é a sua incorporação natural da mecânica quântica e da gravidade, e porque a gravidade está ligada à forma do espaço-tempo, não devemos constranger a teoria forçando-a a operar segundo um formalismo já existente para o espaço-tempo. Pelo contrário, tal como devemos deixar o artista trabalhar a partir de uma tela em branco, devemos deixar que a teoria de cordas crie seu próprio cenário de espaço-tempo, permitindo-lhe que comece em uma configuração sem espaço nem tempo."

Como podemos constatar, a ciência tem vindo a evoluir nos últimos anos, e os cientistas chegam mesmo a afirmar que, à medida que continuam procurando uma teoria final, podem muito bem vir a concluir que a teoria das cordas é apenas um dos muitos passos iniciais e cruciais no caminho para uma concepção do Cosmos, bem mais grandioso ainda do que aquilo que se imagina, e que envolva ideias radicalmente diferentes de todas as que se encontraram até aqui.

---

11. Nota referenciada no prefácio da obra *Entre o Tempo e a Eternidade*, de I. Prigigine & I Stengers (1990).
12. Brian Green in *O Universo Elegante* (2000).

Como referia Deepak Chopra:[13] "as leis físicas do Universo constituem todo o processo da divindade em movimento, ou da consciência em movimento. Quando compreendemos essas leis e as aplicamos em nossas vidas, podemos criar tudo o que quisermos, porque as leis que a Natureza aplica para criar uma floresta, uma galáxia, uma estrela ou um corpo humano são as mesmas que nos podem trazer a realização de nossos mais profundos desejos", e essas leis não têm estresse, nem caos, nem tempo...

A noção de tempo é essencial no novo paradigma que está aí, quer queiramos quer não, e ao qual as novas crianças pertencem. Esse já não é o tempo linear e tridimensional, mas sim um tempo cíclico, que nos permitirá prepararmo-nos para um outro mundo, um universo de outras dimensões... certamente mais pacífico, onde predominará a paz, a serenidade, a beleza e o amor. Um universo que em um futuro próximo será sem dor, sem doenças e sem morte. Não é necessário para isso abolirmos o tempo cronológico, é preciso criar pontos de referência para o futuro, pensando de forma diferente. Mircea Eliade[14] refere que se trata de chegar *ad originem* quando a primeira existência, ao "eclodir" no mundo, desencadeia esse tempo, unindo esse instante paradoxal para além do qual o tempo não existe (...) chega-se ao começo do tempo, e atinge-se o não tempo, o eterno presente que precedeu a existência temporal.

Esquecemos, por vezes, que todos os conceitos existentes foram criados pelo homem, para poder entender melhor as coisas... "para proporcionar uma plataforma, linear e consistente, sobre a qual pode existir enquanto faz a aprendizagem. O tempo constante e 'fiável' é um conceito terreno. (...) A terceira dimensão é vertical... Mas a verdade é que não há passado, nem presente, nem futuro, somente o 'agora'. Tudo ocorre em função de um ponto central, que é exatamente o ponto onde você se encontra...", explica-nos Kryon.[15]

Uma excelente forma de conseguirmos viver esse tempo quadridimensional de forma natural e plena é utilizando o calendário maia das 13 luas e dos 28 dias. Esse é um calendário natural que nos ajuda a sentir e viver o tempo à maneira dos antigos maias, que concebiam o tempo como uma espiral; diziam que o tempo não é circular nem linear, nada volta outra vez ao ponto de partida, pelo contrário, o que se dá é um salto, uma espiral de evolução. O tempo é evolução e por ele tudo tende a evoluir.

---

13. Em *As Sete Leis Espirituais do Sucesso*.
14. Mircea Eliade in *Aspectos do mito*.
15. Livro 1 de Kryon, traduzido em português pela editora Estrela Polar e no *site* www.casa-indigo.com.

O que a Ciência Cósmica sabe acerca da partícula divina?

"Na discussão sobre a radiação solar há duas partículas pesadas, o *propositron* que liberta uma ação térmica, e o *eletromegatron* que liberta atividade *lumínica*. Cada uma dessas partículas solares pesadas tem dois *quanta*, cada um com a valência de 72, em um total de 144 cada partícula. A combinação das duas – *propositron e eletromegatron* = 144 x 2 ou 288. O quadrado desse fator dá-nos uma massa equivalente à partícula divina, 82944. As duas superpartículas em questão são elementos da radiação solar que afetam as qualidades térmicas e luminosas do *eletron* solar (planeta) e será que nessa combinação não tenham sinergiado uma terceira função que, elevada ao quadrado, cria o valor equivalente ao da massa do *eletron* solar ou da massa em geral?
A ciência cósmica termina concluindo que nós somos partículas cósmicas divinas de nosso planeta, do sistema solar e de nós próprios, na globalidade e consciência total de ser e de expressar. Nós somos os elementos que faltam em todas as teorias, que esqueceu quem está observando e quem criou a quem está observando..."[16]

O ser humano é considerado uma réplica do Universo – Microcosmos *versus* Macrocosmos. A esse propósito foi realizada uma investigação científica, com a colaboração da NASA, em que foi fotografado um pequeno retângulo do sistema estelar dentro de nossa galáxia (a Via Láctea) onde surgem inúmeros pontos brilhantes, uns maiores que outros, e uma outra fotografia, tirada por meio de aparelhos complexos de um pedaço da superfície das costas de uma mão humana que, após uma sequência, passa pelo nível celular, nível molecular, nível macromolecular, até chegar ao nível atômico. Aí pode ser observada uma grande semelhança entre essa imagem e a tirada anteriormente ao pedaço de Universo... A semelhança é tão grande que, se não se disser nada, se tem a ideia de que estamos diante da fotografia do Universo.

Mudanças de DNA

A ciência começa a reconhecer as importantes mudanças no campo magnético e na frequência vibratória da Terra, pelo que devemos estar preparados para as grandes transformações que aí vêm nomeadamente e, segundo alguns especialistas, a própria inversão do sentido de rotação de nosso planeta e até a inversão de seus polos magnéticos. O geólogo norte-americano Greg Baden, autor do livro *Awakening to Zero Point*, tem vindo a explicar que a Terra já está passando o Cinturão

---
16. Projeto Rinri – Fundação da Lei do Tempo do dr. José Arguelles.

de Fótons e que já se está verificando uma desaceleração na rotação de nosso planeta e ao mesmo tempo aumenta a chamada frequência de ressonância da Terra (Ressonância Schumann). A chamada "pulsação" da Terra está aumentando consideravelmente e seu campo de força magnético está declinando, explica-nos Banerjee, professor da Universidade do Novo México, nos Estados Unidos. O referido campo tem reduzido sua intensidade para a metade desde há cerca de 5 mil anos.

Nesse sentido, as influências que estão afetando nosso planeta e o Cosmos em geral afetam também seus habitantes. Greg Braden explica que as mudanças na Terra estarão afetando, cada vez mais, nossos padrões de sono, relacionamentos, a habilidade de regular o sistema imunológico, e a percepção do próprio tempo também é afetada. Podem surgir com alguma frequência sintomas de enxaquecas, cansaço, sensações de choque na coluna, dores musculares, sintomas de gripe e sonhos intensos. Segundo esse cientista, cada ser humano estará vivendo um intenso processo de mudança, passando mesmo por um processo de iniciação. Inclusive o autor refere que nosso corpo físico vai mudando à medida que nos aproximamos do ponto zero. Nosso DNA está aumentando suas hélices para 12 cadeias, começando a envolver-nos um novo corpo de luz. Por esse motivo as transformações vão começar a ser intensas e, como consequência, tornar-nos-emos mais intuitivos e até capazes de curar. Ele também afirma que as doenças dos séculos passados, incluindo a Aids, desaparecerão. Todo o nosso ser adaptará, pouco a pouco, a esse novo estado e até nossos olhos se vão reajustar à nova atmosfera e níveis de luz, ficando maiores como os dos gatos.

É sumamente conhecido pela ciência que os seres humanos possuem capacidades cerebrais e até em nível de DNA para as quais não se conseguiu encontrar utilidade, ou pelo menos até aqui não foram capazes de ser exploradas e desenvolvidas produtivamente. Os cientistas, não sabendo explicar a utilidade desse DNA extra que o homem possui, chamou-lhe "lixo" DNA. De qualquer maneira, não se pode pensar de alguma coisa que não presta só porque ainda não foi ativada, ou porque até aqui não se conseguiu chegar à sua ativação plena. Provavelmente ainda não tinha chegado o tempo. Com o aumento vertiginoso da energia e vibração planetárias, o ser humano conseguiu perceber que tem um grande potencial desativado que em qualquer momento pode vir a atingir níveis novos e despertar para realidades que estavam adormecidas, talvez porque até este momento ainda não se encontrava preparado para saber o que fazer com elas.

Já a Bíblia e o Antigo Testamento falavam das capacidades divinas que o ser humano tinha no Paraíso. Não só percebiam sua essência divina, como se encontravam ligados originalmente às suas origens de anjos humanos. Viveram ainda algum tempo o paraíso na Terra, até que os desígnios divinos, com a concordância dos seres humanos, resolveram que era o momento de beberem da fonte do esquecimento e mergulhar nessa densidade de terceira dimensão, porque tal era necessário para sua evolução e limpeza cármica. Então os humanos passaram a ter de viver "desconectados" dessa sua essência angélica e de seu eu superior, o que lhes passou a causar grande sofrimento e lhes custou milênios de angústia e escuridão.

Agora, contudo, a humanidade está pronta para se reconectar, depois de ter mergulhado em uma experiência completa dentro da densidade tridimensional. E, no momento em que o planeta está completando mais um ciclo de 5 mil anos, estamos prontos para voltarmos "ao lar", levando conosco a riqueza dessa experiência que irá purificar e libertar finalmente nosso ser angelical. Estamos prontos para nos reconectarmos. É certo que nem todos entendem essa linguagem e muitos ficarão para trás, mergulhados no sofrimento e na dor, pensando que esse é o caminho, por ter sido durante séculos e milênios negada a necessidade da mudança pois, como Jesus Cristo disse: "quem tem ouvidos que ouça...". E é aqui que entram nossas crianças.

Serão as crianças Índigo e Cristal a geração que vai finalmente estabelecer a ligação e fará a ponte com outras dimensões e energias de ativação que completarão o ciclo?

Muitas das crianças que nasceram a partir de 1998/1999 apresentam capacidades telepáticas e muitas dessas características já serão normais nelas. Elas estão nascendo com seus anteriores padrões angelicais completamente "conectados" e prontos a funcionar e a darem seus frutos.

Elas não são as crianças arco-íris: elas serão a própria ponte arco-íris que fará a ligação e implementará a mudança necessária em nosso planeta.

> "É um despertar que está a acontecer em todo o mundo. Está representado na sabedoria da cor Índigo e nos novos Humanos (crianças) que veem especialmente todo o quebra-cabeças primeiro e antes que qualquer um lhes ensine sobre as peças do *puzzle*. Essa é a diferença entre vocês e eles. É uma mudança de consciência – daqueles que estão conscientes da orquestra enquanto caminham pela vida, e essa é a verdade. É a nova chave e um novo refrão para o planeta. É um refrão que tem um nome, um potencial e uma grande solução. É um refrão ao qual iremos chamar a 'Nova Jerusalém'. Paz

no planeta Terra. Paz para as crianças. Esperança. Vocês estão na dualidade e sempre estarão. Há velha energia ao vosso redor, e seus representantes lutaram com unhas e dentes para manter as velhas profecias vivas. E o que pensam fazer com aqueles que desejam o Apocalipse, que estão convencidos de que vocês representam uma farsa? Amem-nos e cantem com o coro, pois eles também estão nele... apenas ainda não conhecem a música..."[17]

Essas mudanças e diferenças já começaram a ser testadas e comprovadas por vários outros cientistas. A dra. Berrencia Fox[18] é uma estudiosa do Centro Avalón de Wellness, em Mount Shasta, Califórnia. A Clínica Avalón representa a reemergência do ideal de cura como se praticava na original Ilha de Avalón. A dra. Berrencia Foz conseguiu provar, por meio de análises de sangue de algumas pessoas, que na realidade elas desenvolveram novas cadeias de DNA em seu organismo. Como podemos verificar, as mudanças estão aí e podemos reconhecer os processos particulares que estamos experimentando em nível da mutação em nosso DNA e as mudanças em nossa biologia que já se estão produzindo e continuarão a produzir-se. Nosso planeta está mudando de vibração e nosso corpo físico também acompanha essas mudanças.

Segundo a dra. Berrencia, existem mudanças, mutações que, segundo os geneticistas, não ocorrem desde o tempo em que supostamente saímos da água. Estamos realizando uma mudança revolucionária e ainda não se sabe até onde vão essas transformações. A verdade é que cada um de nós tem uma hélice dupla de DNA. O que se está encontrando agora é que se estão formando outras hélices. Na hélice dupla há duas cadeias ou filamentos de DNA entrelaçados dentro de uma espiral. O que não se entende é que se estejam desenvolvendo 12 hélices. Parece que isso começou a acontecer, aproximadamente, nos últimos 5 a 10 anos. Realmente nós estamos a mudar. A comunidade científica diz que o resultado de tudo isso ainda é desconhecido. E que essas mudanças ainda não são conhecidas publicamente, porque a comunidade científica sente que isso assustaria a população. No entanto, as pessoas estão sofrendo alterações em nível celular... A dra. Berrencia está trabalhando, justamente neste momento, com três meninos que têm três hélices de DNA. Profecias ancestrais e diversas tradições indígenas anteviram esses fenômenos. Muitas religiões falaram a respeito dessas mudanças, e muitos sabiam que ela haveria de chegar de diferentes maneiras. Também se sabe que será uma mutação positiva, ainda que física, mental e emocionalmente possa ser mal-entendida e alarmante para alguns setores,

---

17. *Kryon*, livro X.
18. Berrencia Fox: doutorada em filosofia e homeopatia.

por isso decidiram não publicá-la ainda de uma forma estrondosa, para não alarmar as classes menos esclarecidas.

O dr. Richard Boylan, cientista comportamental, antropólogo e hipnoterapeuta clínico, estudou o fenômeno das crianças das estrelas e sua estreita associação com as experiências encontradas. Ele traçou um perfil definido dos novos humanos e nossa ligação íntima com extraterrestres ou visitantes das estrelas, como ele os chama.

O dr. Boylan é secretário da Academia dos Terapeutas Clínicos nos Estados Unidos, pertencente a um corpo profissional que encoraja os profissionais médicos e psicólogos a envolverem-se nesse fenômeno. O dr. Boylan está convicto de que as crianças das estrelas são uma realidade e criou uma organização para apoiar e educar suas famílias. Como presidente do projeto das crianças das estrelas, ele organizou *workshops* para ajudar essas crianças, assim como seus pais, a lidarem com suas capacidades intuitivas e psíquicas. Ele explica que as crianças das estrelas talvez possam ser definidas como uma criação meio humana, meio extraterrestre. A contribuição extraterrestre para a imagem das crianças das estrelas talvez venha da engenharia genética, da tecnologia biomédica e da ligação consciencial telepática.

As crianças das estrelas foram psicológica e metafisicamente mudadas como resultado de seus próprios contatos com os visitantes ou os extraterrestres que modificaram a reprodução do DNA dos pais. Ele também acredita que existe ligação entre o que agora chamamos de síndrome do déficit de atenção, uma doença que quase magicamente apareceu há cerca de 15/20 anos, quando a maioria dessas crianças começou a ser reconhecida, bem como essa sua teoria de invasão e intromissão extraterrestre.

Como vemos, existem já muitas teorias que defendem a existência das novas crianças e não defendemos nenhuma dessas teorias em particular porque sabemos que os estudos continuam e um dia chegaremos à conclusão de que todas elas têm algo de válido.

Crianças das estrelas e suas características

- verdadeiramente inteligentes;
- muito criativas;
- desenvolvimento avançado para a idade em começar a ler, falar e andar, etc.;

- revelam habilidades psíquicas e intuitivas;
- multidimensionalidade;
- habilidades telepáticas;
- sentem e percebem energias das pessoas ou de outras coisas (fazem naturalmente a leitura da aura das pessoas), movem objetos com suas mentes *(Telekinesis),* energia e pensamento;
- consciência de conhecimentos científicos, históricos, antropológicos e espirituais revelam sabedoria não conscientemente aprendida. Algumas vezes são chamados "bombas de conhecimento";
- consciência de vidas passadas;
- extremamente empáticos com todas as criaturas, não apenas humanas, mas animais e plantas;
- conseguem se comunicar com o mundo extrafísico, espíritos e anjos;
- possuem capacidades multidimensionais e habilidades extrassensoriais;
- manifestam uma forte inclinação para a arte, línguas e/ou escrita;
- experimentam sonhos nos quais lhes é transmitido como usar seus poderes e habilidades extrassensoriais em naves espaciais;
- possuem dualidade consciencial: sentem-se em parte humanos e em parte extraterrestres;
- têm um sentido muito apurado de missão ou de um poderoso propósito.

Uma carta proveniente dos Estados Unidos dizia o seguinte:

"Eu comecei a andar aos 8 meses, a falar com sentido aos 10 meses e a ler aos 2 anos, sem ninguém me ensinar. Eu tenho amigos que caminham em direção às paredes e as atravessam, tornam-se invisíveis e eu falo telepaticamente com eles. Desejo desesperadamente voltar para casa."

Segundo autores norte-americanos essas crianças, algumas já adultos, são reais e é bom que tenhamos bem presente que todos nós somos seres do Universo, do Espaço, porque o planeta Terra não está fora de sua origem estelar.

A cultura judaico-cristã, durante séculos, quis separar-nos de nossa origem estelar, fazendo-nos crer que a Terra era um planeta diferente, especial, habitado, e o centro do Universo. Tal conceito hoje é ultrapassado, egocêntrico e mórbido. Temos de entender que não somos o centro de nada, somos apenas mais um dos muitos astros que navegam no meio de estrelas, planetas, constelações e muito pouco sabemos sobre toda essa imensidão criativa e dinâmica desses multiuniversos. Seria bom deixarmos de catalogar coisas e pessoas como esotéricas, por exemplo, depreciando e tentando diminuir seu trabalho e seu valor, porque, apesar de poder haver quem se aproveite de certos conhecimentos para explorar os outros (o que sempre aconteceu em todas as profissões), isso nem sempre é assim e existem muitas pessoas, bem formadas e atentas, que desejam crescer e aprender novas formas de vida e evolução consciencial e espiritual independentemente das religiões instituídas, procurando ajudar seus semelhantes.

A ciência atual nem sempre consegue dar resposta a muitos fenômenos, nem sabe classificá-los porque saem dos padrões estabelecidos até aqui. Isso não significa que eles não existam e não sejam novos paradigmas a ter em conta. Catalogar crianças e pessoas de anormais, de diferentes, e medicá-las com fármacos só porque mostram ter formas distintas de ser e agir e por apresentarem sintomas não definidos previamente pela ciência convencional é imprudente e criminoso. Em vários países já foi proibido o uso desses medicamentos em crianças, por ter ficado provado o malefício e as sequelas que nelas provocam para toda a vida.

Muitas crianças aparecem-nos frequentemente na Casa Índigo diagnosticadas com déficit de atenção, hiperatividade, impulsividade, e algumas trazem até diagnósticos de falta de empatia, entre muitos outros. Depois de algum tempo de medicação, continuam sentindo os mesmos sintomas ou, o que é pior, começam a necessitar cada vez de maiores doses de medicação. Sabemos que essas medicações não curam nem tratam síndrome nenhuma, apenas conseguem, e mal, protelar o sintoma que continua latente, e logo que a medicação para, por algum motivo, tudo volta ao princípio, quando não, a sintomatologia se torna pior. Conhecemos vários casos de crianças que, quando o efeito da medicação passa, se tornam agressivas, coisa que antes nunca tinham sido, e agridem familiares e colegas desesperadamente. Como conseguir ultrapassar esses sintomas e melhorar a qualidade de vida dessas crianças e adultos? Adiante, desenvolveremos melhor esse tema...

Cientistas russos estudam fenômeno do garoto Índigo

Em 11 de janeiro de 1996, uma criança invulgar nasceu na cidade de Volzhsky, na região de Volgograd, Rússia, filha de uma médica e de um funcionário público aposentado. Suas extraordinárias capacidades mereceram a atenção dos *media* e da própria comunidade científica.

Os cientistas russos assumem publicamente suas pesquisas sobre espiritualismo abordando a reencarnação reconhecida cientificamente e a existência de vida extraterrestre.

Eis o texto completo, traduzido de uma das reportagens do Pravda,[19] assinada pelo jornalista e cientista Gennady Belimov:

> "Quando saiu da maternidade, de volta ao lar, Nadezhda começou a perceber que o menino, chamado Boris, tinha um comportamento singular: raramente chorava e nunca solicitava qualquer alimento. Ele crescia como as outras crianças, mas começou a falar frases inteiras aos oito meses. Com um ano e meio, lia jornais. Os pais deram-lhe um jogo de peças para montar figuras e ele começou a elaborar peças geométricas combinando diferentes partes com precisão. "Eu tinha a impressão de que nós éramos como extraterrestres para ele, extraterrestres com os quais ele estava tentando se comunicar" – disse a mãe de Boris ou Boriska, como é chamado pela família.
>
> Boriska começou a desenhar figuras que, à primeira vista, eram abstrações nas quais se misturavam tons de azul e violeta. Quando psicólogos examinaram os desenhos, disseram que o garoto estava, provavelmente, tentando representar a aura das pessoas que via ao seu redor. Aos 3 anos, Boris começou a conversar com seus pais sobre o Universo. Ele sabia nomear todos os planetas do sistema solar e seus respectivos satélites. Ele falava também nomes e número de galáxias. Isso pareceu assustador e a mãe pensou que seu filho estava fantasiando; por isso, resolveu conferir se aqueles nomes realmente existiam. Consultou livros de astronomia e ficou chocada ao constatar que Boris, de fato, sabia muito sobre aquela ciência."

Os rumores sobre o "menino-astrônomo" espalharam-se rapidamente na cidade. Boriska tornou-se uma celebridade local e as pessoas começaram a visitá-lo para ouvi-lo falar sobre civilizações extraterrestres, sobre a existência de antigas raças humanas cujos indivíduos mediam três metros de altura, sobre o futuro do planeta em função de mudanças climáticas.

Todos ouviam aquelas coisas com grande interesse, embora não acreditassem nas histórias.

Os pais decidiram batizar o filho, cogitando que talvez fosse uma questão espiritual, pois acreditavam que havia algo errado com Boris. Mas o fenômeno não cessou: Boriska começou a falar às pessoas sobre seus "pecados". Um dia, na rua, abordou um rapaz e admoestou-o por usar drogas; falava com certos homens para pararem de bater em suas mulheres; prevenia pessoas sobre a iminência de problemas e doenças.

---

19. Poderá aceder à versão integral em www.cadernor.com.br.

O menino sofre com o conhecimento prévio de desastres naturais ou sociais: durante a crise do Beslan, recusou-se a ir à escola enquanto durou o ataque.

Quando perguntaram a ele o que sentia sobre o assunto, respondeu que era como se algo queimasse dentro dele. "Eu sabia que o caso todo teria um fim terrível", disse Boriska.

Sobre o futuro do planeta, ele adverte que a Terra passará por duas situações muito perigosas nos anos 2009 e 2013, com a ocorrência de catástrofes relacionadas à água.

Especialistas do Instituto de Estudos do Magnetismo Terrestre e Ondas de Rádio da Academia Russa de Ciências (Institute of Earth Magnetism and Radiowaves of the Russian Academy of Sciences) fotografaram a aura de Boriska, que se mostrou forte, nítida de modo incomum. O professor Vladislav Lugovenko analisa: "Ele apresenta um espectograma laranja, o que significa que é uma pessoa alegre, positiva, com um intelecto muito poderoso. Existe uma teoria de que o cérebro humano possui dois tipos básicos de memória: a memória de trabalho (consciente, voluntária) e a memória remota. Uma das habilidades do cérebro é salvar informações sobre a experiência, sejam emoções ou pensamentos, em uma dimensão que transcende o indivíduo. Essas informações são capturadas por um singular campo informacional que faz parte do Universo. Poucas pessoas são capazes de acessar as informações contidas nesse campo".

Ainda segundo Lugovenko, é possível medir as faculdades extrassensoriais das pessoas com o auxílio de equipamentos especiais e por meio de procedimentos muito simples. Cientistas de todo o mundo têm se empenhado na pesquisa desses fenômenos a fim de revelar o mistério dessas crianças extraordinárias, como o garoto Boris. Um dado interessante é que nos últimos 20 anos, bebês dotados de habilidades invulgares têm nascido em todos os continentes. Os especialistas chamam essas crianças de "indigo children" ou "crianças azuis", possivelmente uma referência ao avatar indiano Khrisna, que, segundo a lenda, era azul. "Boriska é uma dessas crianças." Aparentemente, as "crianças azuis" têm a missão especial de promover mudanças em nosso planeta. Muitas delas têm as espirais do DNA notavelmente perfeitas, o que lhes confere uma inacreditável resistência do sistema imunológico capaz de neutralizar a ação do vírus da Aids. Eu tenho encontrado crianças assim na China, na Índia, no Vietnã, entre outros lugares, e estou certo de que essa geração mudará o futuro de nossa civilização.

Enquanto as agências espaciais tentam encontrar sinais de vida no planeta Marte, Boriska, aos 9 anos, relata aos seus parentes e amigos tudo o que sabe sobre a civilização marciana, informações que ele recorda de uma vida passada.

É neste contexto que surgem as crianças Índigo?

É natural que as crianças Índigo tenham relação com as crianças das estrelas, e muitas delas têm algumas características que se assemelham, mas não é apenas esta a designação que tem surgido para definir essas crianças, pois também lhes chamam "Crianças da Nova Era", "Crianças Estrela", "Crianças do Novo Milênio", "Crianças da Luz", "Crianças Tecnológicas".

Nancy Ann Tape, conhecida parapsicóloga americana, foi quem identificou, pela primeira vez, o padrão de comportamento das "crianças Índigo", em seu livro *Compreendendo a Sua Vida Através da Cor*[20] depois de ter constatado que a cor da aura[21] que as envolvia era azul-índigo. Esta, segundo a autora, está ligada ao chacra[22] da percepção consciente, também conhecido como "terceiro olho", visto que nos permite ver para além do mundo visível e nos dota de faculdades psíquicas para melhor podermos perceber o Todo. Podemos mesmo dizer que esse chacra frontal tem em si a capacidade de unificar as qualidades do hemisfério esquerdo com o hemisfério direito do cérebro; sua cor é azul-índigo, ou azul-cobalto. As chamadas crianças Índigo nascem já com esse chacra, ou vórtice energético, ativado, portanto, com as capacidades e qualidades de ambos os hemisférios do cérebro mais

---

20. *Understanding Your Life Through Color*, livro publicado em 1982.

21. Aura – Na medicina alternativa, o estado de saúde de um indivíduo pode ser avaliado pela cor ou luminosidade, "invólucro energético", do corpo físico. Um estudo feito pela Charing Cross Hospital Medical School, de Londres, confirmou que a aura pode ser visualizada por técnicas eletrofotográficas de alta frequência e que pode indicar os estados de saúde de uma pessoa. (In *Enciclopédia Multimédia Universal*). Normalmente não se consegue ver a olho nu nossa aura, porque é formada pela menor partícula que existe: o elétron.

22. Chacra – Centros de energia, também chamados vórtices energéticos. Segundo a medicina oriental, circula uma corrente de energia elétrica e magnética que faz com que vivamos dentro de um campo eletromagnético e que forma uma rede energética. Supõe-se que seu centro se encontra na base da coluna vertebral e que pela prática de exercícios, como por exemplo Ioga, Tai Chi, podem ser despertados, ativados, equilibrados, desde o primeiro ao sétimo chacra. O sistema de chacras é o sistema de vórtices energéticos no qual se baseia a acupuntura, a digitopuntura, a cinesiologia, etc.

desenvolvidas que o normal. No entanto, todos temos a capacidade de ativar esse chacra. E como se pode fazer isso?

Só há uma maneira de nos superarmos e conseguirmos atingir níveis mais elevados de energia e consciência que nos conduzirão à serenidade e à cura física e psíquica, e o segredo está em fazermos a ponte entre o hemisfério esquerdo e direito do cérebro, ativando o chacra frontal e sintonizando-nos com a Fonte, com o Cosmos, com as outras dimensões astrais e espirituais, ou, se quisermos, com nosso Eu Superior, com o Todo, com a divindade, o AMOR.

A forma mais simples e mais eficaz é fazermos meditação com a frequência igual à que utilizamos para dormir, comer, lavar, ou seja, diariamente, e, se possível, pelo menos duas vezes ao dia. A meditação diária devia ser um hábito de limpeza energética, consciencial, psicológica, porque é a única forma de nos sintonizarmos com nossa essência cósmica e de nos serenarmos e sermos felizes. Faço-vos um desfio, experimentem! Aliás, nada do que se diz neste livro deve ser considerado sem ser experimentado. É esse o motivo que nos leva a apresentar-vos esquemas, testes, ideias, atividades práticas que possam pôr em prática. Tenham vossas próprias experiências e façam acontecer. A vida é uma experiência bela e única que aceitamos vivenciar, porque nada no Universo se faz sem nosso consentimento. Somos seres livres, com livre-arbítrio e, embora não nos lembremos, aceitamos e concordamos vir a este planeta para evoluirmos; aceitamos também passar por certas dificuldades, mas temos capacidades infinitas nas quais temos de acreditar para que elas aconteçam e os milagres se concretizem.

As novas crianças Índigo que têm chegado ao nosso planeta cada vez em maior número, são particularmente sensíveis, extremamente intuitivas, algumas apresentam mesmo capacidades paranormais, exatamente porque têm já ativado seu chacra frontal e fazem automaticamente a ponte, a sintonização entre o hemisfério esquerdo e direito do cérebro.

Mesmo que à primeira vista não seja fácil distingui-las no meio das outras crianças comuns, os estudiosos garantem que elas são cada vez mais numerosas e que estão espalhadas por todo o planeta. Pode mesmo dizer-se que um dos dons que trazem consigo é uma grande facilidade em sintonizarem-se com o nível espiritual, pois elas sabem que é esse o grande segredo que falta à humanidade terrena para se libertar das doenças, do materialismo e de muitos outros males existentes neste planeta.

No entanto, essas crianças são profundamente independentes e não se identificam com a maior parte das ideologias políticas, filosóficas ou religiosas existentes e instaladas. Elas sabem distinguir, naturalmente, entre o sectarismo das religiões e das seitas religiosas e o universalismo que trazem em sua essência e que em um futuro próximo poderá trazer-nos a serenidade, a paz e o amor a todos por meio de uma libertadora mudança radical... As novas crianças vêm trazer-nos uma mensagem de esperança e confiança em nós mesmos, mostrando-nos que o caminho é este: a sintonização, a harmonia com a dimensão espiritual. Sabemos, atualmente, por meios científicos, que o ser humano é composto não apenas por seu componente físico, mas também pelo psíquico, mental e espiritual, energético... Então, se não somos só matéria, como queremos estar em harmonia se rejeitamos importantes componentes que nos constituem?

Vejamos o que escreve a esse respeito Grof, citado por James Redfield:[23]

> "Há importantes esferas da realidade que são transcendentes e transcendentais. O impulso dos seres humanos para se ligarem ao campo espiritual é uma força extremamente poderosa e importante. Por sua natureza, assemelha-se à sexualidade, mas é muito mais fundamental e tem mais poder de compelir. A negação e a repressão desses impulsos transcendentes introduzem uma grave distorção na vida humana, tanto no plano individual como no coletivo. A autoanálise experimental é uma ferramenta importante para uma procura espiritual e filosófica. Pode transmitir a ligação com o domínio transpessoal do ser e da existência de cada um."

Quando falamos sobre dimensões ou aspectos "espirituais", não significa nem deve ser entendido com conotações religiosas ou mesmo místicas. Referimo-nos apenas ao fato de sermos conscientes de que o mundo sobrenatural e extrafísico existe, embora a mente racional (o hemisfério cerebral esquerdo) o recuse. Mas a rejeição dessa parte, que em última análise é nossa verdadeira essência, acaba por se traduzir na rejeição da harmonia que é afinal o estado natural do ser humano:[24] "Quando te propuseres a estudar e a aprofundar a relação entre Espírito, a alma e os três corpos do veículo que servem para permaneceres encarnado na terra, começarás a derrubar as barreiras que te impedem de reencontrar o Amor – que é tua verdadeira essência".

---

23. James Redfield, autor do famoso livro *A Profecia Celestina*. Essa referência é extraída de outro livro deste mesmo autor e de Carol Adrienne, *A Profecia Celestina – Um Guia Experimental*.
24. Vitorino de Sousa, *Manual de Leveza*.

Para um ser "Índigo" é perfeitamente normal a existência dessa essência, de outros planos, de outras dimensões, de outros planetas ou até de outros seres de outros planetas...

Para quem acredita na teoria da reencarnação, as crianças Índigo são conscientes de que estão de regresso, cuja missão é transformar profundamente a humanidade e o mundo e, porque já habitaram muitas vezes este ou outros planetas, esse ou outros assuntos são, para elas, perfeitamente normais e devem ser discutidos com naturalidade, pois não podemos nos esquecer de que elas já vêm preparadas para a mudança, elas já são a própria mudança que está entre nós...

Capítulo 2

Quem São os Índigo e Cristal

"Diogo não conhecia o mar. O pai levou-o para que descobrisse o mar. Ele, o mar, estava do outro lado das dunas altas, esperando.
Quando o menino e o pai, enfim, alcançaram aquelas alturas de areia, depois de muito caminhar, o mar estava na frente de seus olhos. E foi tanta a imensidão do mar, e tanto o seu fulgor, que o menino ficou mudo de beleza. E quando finalmente conseguiu falar, tremendo, gaguejando, pediu ao pai:
— Ajuda-me a olhar..."

GALEANO, citado por Pedro Gonzalez

Diferenças biológicas, psicológicas e comportamentais

Todos nós precisamos de ajuda para olhar para nós mesmos e percebermos a maravilhosa grandeza de nossa essência que é divina e multidimensional. Por definição, uma criança Índigo demonstra uma série de atributos psicológicos novos e pouco habituais com padrões de comportamento diferentes dos que estamos habituados a ver em outras crianças. No entanto, não é a primeira vez que o planeta assiste à chegada de consciências que trazem características diferentes do habitual, que põem em causa as culturas instaladas. Poderíamos enumerar uma quantidade delas que, desde há muito, vêm surgindo aqui e ali para nos abrirem um pouco a porta do conhecimento. Na maior parte das vezes, foram perseguidos, mal entendidos, na época em que viveram, e alguns chegaram a ser mortos. Tudo isso só porque apresentaram comportamentos diferentes e formas de pensar que punham em questão as instituições e organizações políticas ou religiosas vigentes. Temos, por exemplo: Pitágoras, Sócrates, Platão, Aristóteles, Jesus Cristo, Leonardo da Vinci, Francisco de Assis, Clara de Assis, Teresa d' Ávila, Joana D'Arc, Gandhi, Shweitzer, Einstein, Teresa da Calcutá e muitos outros... filósofos, pensadores, cientistas, da Antiguidade e da atualidade.

Eles surgiram a fim de ajudar para que a mudança fosse algo possível de acontecer, e com sua coragem e determinação se abrissem caminhos novos e diferentes. Graças a eles, a humanidade foi dando seus passos no sentido de romper com velhas tradições de pensamento e culturas.

Mas, a partir de 1935, o historiador Arnold Toynbee vem falar da existência de uma minoria de seres humanos que, "voltando-se para o mundo da psique e do espírito", seriam os fundadores de uma nova civilização. Teillard de Chardin referiu-se ao aparecimento de indivíduos empenhados em "elevar a sociedade a um novo estágio ou ciclo da vida"; eles viriam dar um novo salto qualitativo irreversível na história da humanidade. Abraham Maslow aceitava a ideia de que iriam começando a aparecer pessoas "transcendentalistas" e "vanguardas da raça" que formariam uma "rede Eu-psíquica". Essas foram autênticas profecias que pouco a pouco foram inundando a mente e o coração de todos, o que não nos deixou indiferentes à chegada dos Índigo.

É, contudo, a partir dos anos 1940 que começam a aparecer grupos, gerações que rejeitam as culturas seculares de seus antepassados e se apresentam com uma nova visão idealista, poética. São, por exemplo, os *hippies* e, mais tarde, nos anos 1980, os *star seed*, que vieram trazer uma nova visão do Cosmos e dar-nos uma nova percepção das dimensões do espaço e do tempo, em uma perspectiva mais alargada do inconsciente coletivo.

As novas gerações começam, assim, a rejeitar as anteriores, criando novas formas de olhar este planeta e de se viver nele. A partir dos anos 1960, o homem também chega à Lua e abrem-se, desde então, seus horizontes espaçotemporais. A partir de então, nada voltou a ser como era antes. A noção de espaço e de tempo que, até aí, limitava muito o pensamento humano, começou a revelar novas dimensões, não só espaciais mas também temporais. O tempo já não pode ser considerado em um plano meramente linear – com passado, presente e futuro – mas, outrossim, como algo circular ou, melhor dito, em espiral, e a realidade passou a identificar-se com as crenças de cada um de nós. Desse modo, aquele que em nada acredita corre o grave risco de nada encontrar. Se acreditamos na reencarnação cronológica, passaremos de uma vida a outra sucessivamente e encontraremos toda a série de carmas que isso carrega e que em nada nos ajuda na libertação de nossa consciência. E tudo será realidade, pois tudo vai depender de nosso ponto de vista, de nossa crença. No filme *What the Bleep do you know?*[25] é explicada a forma como somos seriamente afetados pelas realidades em que acreditamos e que na maior parte das vezes não passam de crenças ou até crendices, puras criações de nossa mente ou de culturas ancestrais. É como se estivéssemos jogando um jogo de bilhar, sendo que as várias bolas poderão ser representadas por nossas muitas vidas, e passaremos de umas para outras sem qualquer perspectiva, a não ser a de que estamos evoluindo muito pouco, repetindo os mesmos padrões sucessivamente. Se conseguirmos ter a consciência da Unidade, veremos que o jogador, ao agir sobre sua vida atual, está simultaneamente progredindo em todas as outras, as passadas, as recentes e as futuras. O jogador vê todas elas simultaneamente, para ele tudo se passa em simultâneo e não conhece o tempo cronológico, que a mente humana criou, e se identifica com a limitação da terceira dimensão. Viver o presente de forma positiva e autêntica a cada momento é criar um futuro sem igual. Mas para isso é essencial entendermos a noção de tempo cíclico ou em espiral, já que ela é parte integrante do novo paradigma... e prepararmo-nos para um outro mundo, um universo mais sereno, mais pacífico, mais harmônico, cujos horizontes são infinitamente mais amplos e inspiradores, pois reveladores até de cocriações, porque segundo Kryon somos capazes de cocriar nossa própria realidade se aprendermos que não estamos sós no Universo e que os Seres de Luz estão sempre prontos para nos ajudar a construir uma realidade cada vez melhor, cheia de abundância e prosperidade. Nós fomos feitos para a abundância e não para a desgraça. Esta só acontece quando deixamos que o medo e a negatividade nos dominem.

    É nesse contexto e para nos prepararmos para as mudanças de um Novo Universo que aparecem as crianças Índigo. Elas começaram a aparecer em maior número e com maior frequência a partir dos anos 1980 e vêm justamente para nos ajudarem a entender que vamos ter de mudar muitas coisas. São crianças computorizadas que trazem consigo uma maior capacidade de visualização mental e que são orientadas para a evolução tecnológica. Também lhes chamam, por isso, "crianças tecnológicas", pois com 3 e 4 anos elas são capazes de lidar com os

---

25. Disponível no *site* www.casa-indigo.com.

computadores como não é possível ser feito por muitos adultos de 60 ou 70 anos. Se nossos trisavós (nem é preciso ir mais longe...) estivessem agora entre nós, diriam que tudo isso era impossível. Em sua época não se imaginava que a humanidade desse um tal salto quântico, em tão pouco tempo, em termos de evolução.

Mas essas crianças trazem também uma mensagem de cura para o planeta, por isso são incapazes de pensar uma coisa e fazer outra. São incapazes de separar o pensamento da ação, porque elas não conseguem separar-se de sua força interior. Trazem dentro delas um mandamento divino que é: "Desperta! Cura o Planeta! Não admitas que te separem em partes, Tu és Uno!". Não conseguem conviver com a mentira, com o cinismo, nem mesmo social, do "parece mal". Aquilo que nos diziam na escola ou na família, quando crianças, que tínhamos de nos comportar desta e daquela maneira para não nos criticarem, ou para estudarmos porque um dia íamos entender a razão desse esforço, não serve para essas crianças: elas querem razões objetivas, não se contentam com meias respostas... e não aceitam falsas afirmações. Uma das coisas que rejeitam é a autoridade de adultos, só porque são adultos. Antes era suficiente uma resposta dessas porque a professora ou os pais surgiam como a figura que simbolizava a autoridade e isso bastava.

Se as crianças Índigo vêm para ajudar à mudança e transformação social, educacional, familiar e espiritual do planeta, será que trazem uma estrutura de funcionamento cerebral diferente? (já que utilizam, em simultâneo, os dois hemisférios cerebrais direito e esquerdo e não apenas o racional ou esquerdo).

HEMISFÉRIO CEREBRAL ESQUERDO	HEMISFÉRIO CEREBRAL DIREITO
Predominância do mundo físico, dos cinco sentidos, dominante, objetivo, material, verbal, racional, analítico, crítico, linear, sintético, lógico, dedutivo, detalhista, mecânico, direto, reflexivo, convergente, matemático, exato, trabalhador, repetitivo, memória, linguagem, masculino, adulto entre outros...	Predominância do mundo não físico, sentidos psíquicos, subjetivo, espiritual, silencioso, musical, emocional, global, integrador, artístico, espacial, analógico, intuitivo, amplo, criativo, indireto, sonhador, divergente, simultâneo, geométrico, inovador, espacial, essência, cores, aventura, meditação, aberto, feminino, criança... entre outras...

A geração do milênio anterior é a chamada geração racional, lógica, porque utilizava predominantemente o hemisfério esquerdo do cérebro, cujas características são, como vemos no quadro anterior, muito diferentes do hemisfério cerebral direito.

As crianças Índigo possuem uma estrutura cerebral capaz de utilizar simultaneamente as potencialidades do hemisfério direito e do hemisfério esquerdo. Isso significa que elas conseguem ir muito mais além do plano racional e intelectual, desenvolvendo capacidades espaciais, intuitivas, criativas e espirituais. Por isso necessitam também de um ambiente propício para poderem desenvolver todas as suas potencialidades, ajudando-nos em um futuro próximo a mudar muita coisa que precisa ser mudada no mundo em que vivemos, nomeadamente a diminuir a distância existente entre o pensar e o agir.

Nancy Ann Tappe, entrevistada por Jan Tober,[26] esclarece que

> "as crianças Índigo são crianças computorizadas que vêm a este mundo com certa visualização mental do que é bom. São crianças orientadas para o desenvolvimento tecnológico, o que significa que passaremos a estar mais tecnicizados do que já estamos agora (...) são crianças nascidas para a tecnologia, o que significa que facilmente podemos prever o que sucederá nos próximos dez anos – tecnologia com a qual nem sequer alguma vez sonhamos. Creio que essas crianças estão a abrir um portal, e nós chegaremos a um ponto tal que nada terá de ser trabalhado, exceto em nossas cabeças".

Mas a autora alerta para alguns perigos que podem acontecer, principalmente para o meio ambiente onde essas crianças crescem e o qual deve ser adequado, caso contrário podem sentir-se bloqueadas e ter reações que as poderão levar, em última alternativa, a agressividades extremas. Movemo-nos, por vezes, entre extremos, sobretudo nessa dimensão. Mas os extremos vão ter de passar por um processo em que se integrarão cada vez mais.

Todos sabemos como devemos agir; no entanto, é frequente agirmos de forma diferente daquela que pensamos. As crianças Índigo podem ajudar-nos a construir uma sociedade futura mais autêntica, confiante e verdadeira, sobretudo em nível dos relacionamentos uns com os outros e entre todos. Começaremos a perceber que, para construirmos o futuro, temos de estreitar os relacionamentos, eliminando cada vez mais as exigências individualistas do ego e abrindo nosso coração ao outro, vendo nele nós mesmos, como parte integrante que somos do Todo.

---

26. Nancy Ann Tappe, entrevistada por Jan Tober e citada por Lee Carroll em seu livro *As Crianças Índigo*, disponível em www.casaindigo.com.

As crianças Índigo privilegiam as relações autênticas, a negociação, o diálogo e a partilha. Elas não aceitam ser enganadas porque sua "intuição" capta facilmente as verdadeiras intenções das pessoas que com elas convivem, não aceitam ameaças e não têm medo, pois são intuitivas e criativas. Com elas não adianta falar do "papão" ou do "deus castigador" de antigamente, porque simplesmente rirão em nossa cara. A intimidação não resulta com elas, porque andam sempre à procura da verdade e encontrá-la-ão, custe o que custar.

O neuropsicólogo Nelson Lima[27] refere acerca dessas crianças que, "embora não adote a versão espiritual, não posso, de maneira nenhuma, dizer que não existem fenômenos espirituais, pois todos sabemos que existem. No entanto, vejo as crianças Índigo de uma outra perspectiva e, para mim, elas são crianças da nova era, produtos próprios de um novo tempo que criamos, de uma verdadeira tecnosfera que envolve o planeta".

Nelson Lima está familiarizado com a nova geração que "não tem nada a ver com as crianças de há 30 ou 40 anos". Apesar dessa constatação, ele próprio admite que essa nova designação que vem aparecendo em vários pontos do globo e a que chamam "fenômeno Índigo" transcende os aspectos da sobredotação, pois tem características próprias bem evidentes. "A arquitetura cognitiva das crianças de hoje é totalmente diferente, já que existem muito mais ligações entre os neurônios. Nos Índigo, para além desse aspecto, parece haver uma capacidade inata para entender o mundo e as leis que o regem. Eles conseguem ter uma visão holística dos problemas, uma inteligência espiritual fora do comum. Adotando uma linguagem ligada ao espiritualismo, eu diria que os Índigo têm uma alma muito grande. Digo 'alma' no sentido em que Jung diria..." Este e outros autores, no entanto, acham que as crianças Índigo são em número bem limitado e que se está fazendo um grande folclore à volta de um fenômeno que não existe com a grandeza que se lhe quer imprimir, salientando que Índigo são apenas as crianças com inteligência acima da média, com capacidades sobrenaturais.

Essa e outras opiniões são válidas, mas parecem-nos pouco reais, sobretudo se tivermos em conta suas características e tipologia, que analisaremos em seguida.

---

27. Nelson Lima, diretor do Instituto da Inteligência e da Academia de Sobredotados, Membro da Academia de Ciências da Califórnia, Investigador da Bircham University.

Mas há também outros aspectos que devemos ter presentes e que são características normais dos Índigo que, por vezes, assustam os que com eles convivem.

Vejamos alguns aspectos relevantes de suas personalidades:

- possuem uma alma adulta e, desde muito pequenas, pensam como adultos;
- possuem uma mente fértil e criativa, mas não aceitam a mentira e falsidade, e revoltam-se quando percebem que estão sendo enganados;
- têm espírito de filósofos e não aceitam apenas sim ou não: querem saber o porquê das coisas, sua origem e o motivo de sua existência.
- pensam utilizando o sentido crítico e lógico das coisas, e não o senso comum, como a grande maioria dos seres humanos, não aceitando que as coisas se façam porque sempre foi assim, ou porque já os antepassados faziam dessa maneira;
- às vezes demonstram impertinência ou alguma irreverência, mas tal não acontece por má índole ou falta de educação, antes significa que veem as coisas por vários outros prismas, o que precisa ser compreendido por pais e educadores e por todos aqueles que estão em contato com crianças e jovens;
- não aceitam a estupidez das pessoas nem sequer suportam jogos de cintura dos adultos e rebelam-se contra a falsidade e injustiça. Como Jesus expulsou os vendilhões do Templo, também os Índigo têm momentos de verdadeira irritação e intolerância;
- utilizam expressões fortes e insultuosas com os colegas ou pessoas de quem não gostam, tais como: "estúpido", "parvo", "idiota", "bobo", "chato", para explicar o que sentem, falando mesmo em "acabar com alguém que os irrita muito". Mas essas expressões na boca de crianças não são reveladoras de início de delinquência, como alguns pais mencionam amedrontados. Essas expressões apenas são a forma de expressarem seu forte desagrado e, como a psicologia refere, nomeadamente Jung, o termo "matar" na boca de uma criança, é (...) inofensivo, tanto mais quando se sabe que ela usa a palavra "matar" indistintamente para todos os modos possíveis de destruição, afastamento, aniquilamento. Existem palavras tais como "matar" e "morrer" que, segundo

a psicologia de Jung e na mente infantil, apenas significam "afastar", de modo ativo ou passivo, mas definitivamente.

Da mesma maneira, os termos "idiotas", "bobos", "chatos" ou outros, na boca de quaisquer crianças, significam apenas uma discordância com algo que aconteceu e/ou lhes foi pedido/exigido. Aliás, elas aprendem esses termos com os adultos, na escola, ou então com filmes ou desenhos animados na televisão.

Corrigi-las com castigos – físicos ou morais – é contraproducente. O certo é explicar-lhes que não é aconselhável usá-los e não exigir delas algo que não tem lógica: os Índigo são naturalmente lógicos e revoltam-se quando percebem que não estão sendo compreendidos e respeitados.

Existem, realmente, as crianças Índigo?

Já não há dúvidas sobre a existência dessas crianças, embora as opiniões se dividam e tenha surgido, como em tudo o que tem alguma importância, uma classe de céticos dizendo que sua existência interessa sobretudo aos pais que gostam de ouvir que seus filhos são diferentes, excepcionais e, sobretudo, se estes não aceitam uma realidade que os descreve como doentes, psicóticos e/ou marginais. Os racionalistas radicais só aceitam o que tem fundamento proveniente da razão, já que não aceitam a vertente metafísica e muito menos sobrenatural. Baseiam suas teses no materialismo e no mecanicismo; esquecem-se, contudo, de que o homem e, nesse caso, uma criança é um todo composto não só por corpo físico e matéria, mas também consciência, com uma essência espiritual, e não podemos desvinculá-la desse todo, de sua origem.

Sempre haverá quem contradiga e defenda soluções mais rápidas e práticas para resolver questões emocionais, como seja, por exemplo, a utilização de psicotrópicos como solução mais fácil e eficaz. Como nos dizia um pai triunfante: "a medicina curou-me de uma depressão, embora tenha de tomar Prozac a vida toda, mas estou satisfeito e dou Ritalina ao meu filho de 7 anos, porque acho que esse é o melhor caminho...". A verdade é que vivemos na era do facilitismo na qual não interessa encontrar as causas dos problemas. Basta que desapareçam de nossa vista instantaneamente. Se dói a cabeça, toma-se um comprimido, não interessa pensar qual a origem dessa dor de cabeça, que possivelmente desapareceria naturalmente depois de um bom descanso, um relaxamento junto à Natureza ou simplesmente respirando fundo, oxigenando o cérebro. O que é natural não é sequer tido em conta, porque parece que o artificial se impõe como obrigatório, decisivo e como única solução viável ao homem moderno... A medicina quer ter o poder de eliminar tudo o que incomode minimamente qualquer pessoa; todos procuram pílulas milagrosas para tudo: decepções, tristezas, cansaço. Ninguém tem o direito de senti-las porque nesta sociedade não faz sentido passar por crises, sejam elas de que tipo forem, e no entanto é depois de algumas crises, decepções, tristezas que pensamos na vida e na mudança de atitudes que, quantas vezes, conseguiram que melhorássemos e crescêssemos.

De igual forma as crianças Índigo, por vezes, são tratadas ou tidas como portadores de DDA (Distúrbio de Déficit de Atenção) ou TDAH (Transtorno de Déficit de Atenção, com Hiperatividade),[28] impondo-se-lhes a tomada da "droga" Ritalina,[29] que na maior parte das vezes é prejudicial ao seu desenvolvimento e crescimento natural e normal, mas que convém aos pais e professores que querem ver os filhos sossegados, obedientes, sem que lhes deem muito "trabalho". Parece que as crianças não têm o direito a ter sua própria personalidade, suas próprias características, normais de crianças em crescimento, com suas crises e birras, como sempre aconteceu. Agora, à menor contrariedade, descobrem-se nelas distúrbios, patologias e anomalias. Desenvolveremos um pouco melhor esse assunto mais adiante, no capítulo sobre a atenção.

Outros investigadores, como por exemplo Nelson Lima, afirmam que as crianças Índigo existem, embora se deva retirar a carga esotérica, ocultista e religiosa que tentam impor-lhes, e admitem chamá-las assim mesmo ainda que o nome esteja conotado com a hipotética existência de uma aura azul-índigo, segundo Nancy Ann Tappe.

São crianças Índigo as que reúnem as seguintes características gerais: sensitivas, intuitivas, com tendência hiperativa, com particularidades raras de percepção e compreensão das grandes "leis universais" que comandam a vida, altamente criativas, com capacidades invulgares de memória (que pode incluir a capacidade de acesso a vidas passadas e de

---

28. TDAH (Transtorno de Déficit de Atenção com Hiperatividade) traduz-se em desatenção, agitação, dificuldade para persistir nas mesmas tarefas até seu término.

29. A Ritalina é uma substância à base do composto metifenidato, que estimula o cérebro a filtrar e priorizar informações, segundo estudos. Seus efeitos colaterais são dores de cabeça, falta de apetite, irritabilidade, nervosismo e insônia.

acontecimentos fora de seu alcance imediato), dotadas de uma espécie de "inteligência espiritual".

Quatro tipos de Índigo

Vários autores mencionam que dentro desse grupo podem distinguir-se quatro tipos de crianças: humanistas (líderes), conceptuais (intelectuais e tecnológicas), artistas (também chamadas crianças Cristal) e interdimensionais (que se confundem com as multidimensionais, globalmente sobredotadas, mas com potencialidades espirituais invulgares).

Humanista/líder

O Índigo humanista é verbal e está destinado a trabalhar (falar) com as massas e curar as relações humanas. Serão os médicos, os advogados, os professores, os comerciantes e os políticos de amanhã. Apresentam características de hiperatividade e são extremamente sociáveis, mostrando capacidades de se relacionar com toda a gente, sempre de forma afável e amigável, apresentando pontos de vista muito bem definidos. Chegam a ir contra tudo e contra todos no ímpeto de realizarem coisas e, por vezes, esquecem-se de parar e esbarram contra uma parede, ou qualquer outro obstáculo que se lhes apresente. Têm muita dificuldade em estar parados em filas ou de terem de esperar por alguma coisa ou alguém... Não sabem o que fazer com os brinquedos que lhes dão e entretêm-se a desmontá-los, pois veem nisso maior utilidade prática, até porque têm de estar sempre fazendo qualquer coisa, já que sua hiperatividade não lhes permite estar quietos ou simplesmente entretidos, sem fazer nada. Depois de desmontá-los, largam-nos, pois já não lhes encontram qualquer interesse. Se quiserem que façam alguma coisa, como por exemplo arrumar o quarto, terão de lembrá-los inúmeras vezes, por serem muito esquecidos. E, se encontrarem um livro, mergulham em sua leitura, pois são leitores natos.

Essas e outras atitudes do Índigo humanista precisam de ser compreendidas e respeitadas pelos adultos que com eles convivem, porque o respeito é a linguagem que os Índigo compreendem. Respeitar para ser respeitado! O adulto deve ensinar-lhes por meio do exemplo, já que a autoridade não é valorizada pelo Índigo se ele não vir o exemplo da parte dos adultos. Eles entendem e agem em relação ao respeito e à autoridade como um espelho, porque sabem que vêm com uma missão concreta e por isso são também uma autoridade a respeitar. A compreensão, o respeito, a firmeza e a sinceridade são muito apreciadas pelos Índigo. A negociação e o diálogo funcionam muito bem com eles, mas tudo deve ser sempre feito com muito amor. A educação com amor é facilmente entendida pela criança e naturalmente aceita. Como o Índigo humanista tem por missão curar as relações humanas e está atento aos sentimentos das outras pessoas, sempre em uma atitude interrogatória, não nos deixarão em paz enquanto não lhes respondermos. Seu foco principal são as pessoas e sua relação com elas.

Conceptual/tecnológica

O Índigo conceptual é o menos verbal de todos, pois está mais interessado em projetos do que em pessoas. Serão os futuros engenheiros, arquitetos, militares, astronautas, pilotos. Vivem preocupados em criar estratégias para mudar o curso das coisas. São lutadores e mentalmente preparam soluções para a resolução dos problemas. São muito responsáveis e vivem com o intuito de resolver o que não está funcionando na Terra, pois têm o psíquico bastante aberto. São bastante atléticos fisicamente e podem ter tendência para ser controladores, manipulando as situações da forma que mais lhes convêm. Por isso é necessário que sejam educados com amor, mas muita firmeza, principalmente pelos pais, caso contrário podem fazer chantagem com eles, procurando conseguir o que pretendem daquele que for menos firme. Se, na adolescência, são contrariados, rejeitados ou se não se sentem compreendidos pela sociedade ou no seio familiar, podem ser extravagantes (pintando os cabelos às cores, usando objetos decorativos, como brincos, *piercings*, colares ou outros adereços para chamarem a atenção). Em última instância, podem vir a criar dependências de drogas. Os pais devem ter o cuidado de criar um ambiente afetuoso à sua volta de forma que se sintam compreendidos e integrados no seio familiar, isso facilitará muito um amadurecimento saudável. Se o jovem começa a ter um comportamento estranho e a dizer que não quer que mexam em suas coisas, é momento de agir com firmeza fazendo uma revista aos seus objetos, e até ao quarto, seguindo-se uma boa conversa leal e aberta. A revolta nesses jovens faz parte de sua própria missão, que se relaciona com a mudança. Quando o jovem começa a sentir as dificuldades próprias da mudança e ruptura de padrões culturais, sente-se profundamente frustrado e inquieto. Daí sua vontade de se alienar para se libertar de sua frustração por sentir que não está conseguindo cumprir sua missão construtora de novos padrões e de uma nova forma de vida mais coerente. A sociedade para ele é corrupta, falsa e não merece pessoas como ele, daí sua compreensiva revolta.

Artista/criança Cristal

O Índigo artista é muito mais sensível e, por vezes, de menor estatura, embora nem sempre isso aconteça. Sentem-se atraídos e naturalmente inclinados para as artes porque são bastante criativos e serão os futuros poetas, escritores, músicos, professores e artistas de uma forma geral. É considerado também um experimentador e tem sempre vontade de fazer novas experiências criativas. Se se interessam por música, experimentam vários instrumentos e todos o entusiasmam. Gostam de experimentar novas cores, novas formas, novas combinações e possibilidades. Têm os sentidos muito apurados e conseguem captar cheiros que outras pessoas não sentem, porque captam vibrações até pelo próprio olfato. Começam muito cedo a revelar esses e outros dons. São muito sensíveis ao ambiente que os rodeia, não só aos cheiros, mas também às cores, à luz, aos ruídos. Segundo Lee Carroll, são também chamados crianças Cristal. São verdadeiros apaixonados pela beleza e harmonia. É como se trouxessem impressa neles a verdadeira harmonia. Uma forma que têm de mostrar aos outros que não estão satisfeitos com a falta de harmonia é tornando-se eles mesmos desarmoniosos, chamando a atenção pela negativa (na forma de comportamento ou até na forma de vestir). Apresentam comportamentos de teimosia e de impaciência porque têm uma consciência muito clara da missão que têm de cura do planeta e de que chegou a hora de atuar. Não lidam bem com as pessoas que estão constantemente a adiar aquilo que devem ou têm de fazer.

Interdimensional/multidimensional

O Índigo interdimensional é mais desenvolvido fisicamente que os outros. São chamadas criança-canal porque elas, desde muito pequenas, têm uma ligação direta com entidades superiores e falam de seus amigos invisíveis com a naturalidade de quem trata com eles "tu cá, tu lá". Respondem, por vezes, aos adultos que sabem das coisas e até dizem que sabem de onde vêm ou, então, afastam-se dizendo para não os aborrecerem ou que os deixem sozinhos... Serão os construtores de novas ideias, de novas filosofias ou de uma nova espiritualidade. Têm consciência clara de quem são e da missão que têm e desdenham de quem não lhes dá a importância que acham que merecem; por vezes, parecem insolentes e altivos. Há autores que distinguem entre interdimensional e multidimensional, mas a verdade é que são muito semelhantes suas características. Estes últimos, por exemplo, referem com frequência que veem anjos, seres de outras dimensões e familiares que já partiram deste planeta. Nesse caso, necessitam de compreensão e apoio de suas famílias para não começarem a desenvolver medo ou atitudes de afastamento por não os compreenderem e negarem o que eles afirmam ver. Normalmente têm grande força espiritual e grandes capacidades de ajudar os mais fracos e indefesos, sobretudo crianças e animais.

As crianças Índigo desses quatro tipos, quando têm um bom ambiente familiar, acreditam nelas próprias e em suas possibilidades. Têm, em geral, um autoconceito elevado. Não têm medo de ameaças que os adultos lhes possam fazer para os deter de suas intenções. Se um adulto lhes diz que estão procedendo mal, mas se elas acham o contrário, simplesmente demonstram que não sabem o que dizem. E fazem-no com a autoridade de quem realmente sabe o que está fazendo. Os adultos que com elas convivem não ganham nada em dizer que estão errados. É mais fácil resolver a situação procurando saber os motivos que as levam a ter aquela atitude ou comportamento. Pelo diálogo e captando a confiança delas é mais fácil ficar sabendo a forma como pensam e o que têm intenção de fazer, caso contrário, afastam-se e não o deixarão participar de suas ideias e intenções, pois se fecham em seu mundo interior. A confiança, o diálogo, a partilha de sentimentos, alegrias, tristezas e vivências devem acontecer desde que a criança começa a falar. Um hábito constante que é a única forma de cativar seu "principezinho". Cative-o cada dia, cada hora e terá um grande amigo e um companheiro para toda a vida, para além de aprender muito com ele, porque ele é, sem dúvida, alguém muito especial, dotado de uma sensibilidade e intuição excepcionais que o distinguem de outras crianças e de muitos outros seres existentes no Universo. Se conseguir cativá-lo, terá um adepto incondicional, dedicado, que certamente concordará em participar e colaborar em sua formação humana, psíquica, consciencial, espiritual e, portanto, em uma Evolução Global, Galáctica e Universal.

"As crianças Índigo podem perceber o desequilíbrio. Alguns tipos de Índigo percebem-no mais do que outros, mas existem Índigo interdimensionais (com todo o seu potencial já desenvolvido) que o podem sentir mais profundamente. Um Índigo é um ser de paz, um ser que entende de equilíbrio. Os Índigo só se desequilibram quando a cultura que os rodeia os faz desequilibrar. E quando fazemos perder o equilíbrio a um Índigo, estejam certos de que o perde mesmo a sério."

Tendo em conta essas afirmações de Lee Carroll, é necessário que pais e educadores estejam atentos e aprendam a conhecer mais profundamente esses novos seres, para os ajudarem em vez de os transformarem em seres revoltados e irascíveis, o que também pode acontecer temporariamente. Digo temporariamente porque os Índigo têm uma capacidade enorme de entender as coisas e um coração muito grande e capaz de perdoar sem restrições. Daí a necessidade de os pais e educadores se prepararem e procurarem os conhecimentos necessários para ser bons educadores, não se deixando levar por falsos padrões culturais já antiquados de que como foram educados assim procederão. A velha energia em que vivemos até há poucos anos já não serve para se encontrarem caminhos de felicidade. E se verdadeiramente pais e educadores estão empenhados em fazer algo positivo por essas crianças, devem disponibilizar-se e abrir-se a novas aprendizagens, caso contrário estarão na iminência e correm o risco de perder o seu "principezinho".

Mas muitos dos atuais pais e muitos educadores já vibram com essas energias e certamente muitos se identificam com elas, porque já trazem consigo a energia Índigo ou Cristal. Assim, deixamo-vos um pequeno teste que vos pode ajudar a identificarem-se com as crianças Índigo. Talvez você tenha sido uma criança Índigo, mas primeiro vejamos algumas características importantes dessas crianças.

Características das crianças Índigo

- têm uma forte autoestima e conexão com a fonte (divina);
- sabem que pertencem aqui até que se diga o contrário;
- têm um evidente sentido de si mesmos;
- têm dificuldade com a disciplina e com a autoridade;
- negam-se a seguir ordens;
- não conseguem esperar em filas, por falta de paciência;

- frustram-se ante sistemas e rituais (cerimoniais) que requerem pouca criatividade;
- frequentemente encontram melhores maneiras de fazer as coisas em casa e na escola, o que desconcerta pais e educadores;
- geralmente são inconformistas;
- não respondem a mecanismos de culpa, querem boas razões;
- aborrecem-se facilmente com tarefas impostas e repetitivas;
- são bastante criativos;
- é fácil distraí-los, gostam e conseguem fazer muitas coisas de uma vez;
- apresentam forte intuição;
- têm grande empatia pelos outros ou nenhuma empatia, mostrando-o de imediato e sem rodeios;
- desenvolvem pensamento abstrato desde pequenos;
- são dotados e/ou talentosos, muito inteligentes;
- frequentemente os identificam ou se suspeita que têm ADD[30] ou ADHD,[31] mas podem concentrar-se quando querem e se o assunto lhes interessa;
- são talentosos, sonhadores e visionários;
- têm visão muito antiga e profunda das coisas (ancião);
- têm inteligência espiritual e/ou habilidades psíquicas;
- frequentemente expressam cólera externa mais que interna, e podem ter problemas com a ira se percebem que são injustos e falsos com eles;
- necessitam de nosso apoio para se descobrirem a si mesmos;
- nem sempre têm consciência de que estão aqui para modificar o mundo – para nos ajudar a viver com mais harmonia e paz entre nós e para elevar a vibração do planeta.

Teste de identificação de crianças Índigo

Propomos que façam um pequeno teste às vossas crianças para poderem identificá-las, ou não, como crianças Índigo. Este teste (embora com algumas adaptações) é apresentado por Lee Carroll em seu livro *As Crianças Índigo* (Sinais de Fogo, 2005).

---

30. attention deficit disorder.
31. attention deficit hyperactive disorder.

1. Trata-se de uma criança muito intuitiva (parece adivinhar as coisas) e traz consigo, desde a nascença, uma certa realeza, comportando-se como tal?
2. Sentem que merecem estar aqui e admiram-se quando outros não os reconhecem. Revelam-se bastante sensitivos (parecem observar, ver, ouvir e detectar acontecimentos, objetos e situações aparentemente impossíveis)?
3. São muito sensíveis à música, à pintura, às paisagens grandiosas e sublimes, ao belo?
4. Dizem com naturalidade aos pais quem são e de onde vêm e alguma vez referiram ter falado com anjos, Deus, extraterrestres ou outras entidades?
5. Preocupam-se muito com questões humanitárias, a fome, as guerras, os problemas ambientais, com os animais abandonados ou maltratados?
6. Gostam de ver programas sobre história, religião e arte na TV ou na Internet?
7. Sentem-se frustrados com sistemas que obedecem a rituais e sem criatividade, apresentam outras formas de fazer as coisas, tanto em casa como na escola, o que os torna rebeldes ou simplesmente desinteressados?
8. Costumam desenhar figuras exóticas, seres extraterrestres, figuras estranhas?
9. Apreciam conversar sobre Deus, o princípio do mundo, a Vida, os óvnis, etc.?
10. Parecem ser antissociais, e, por vezes, a escola é um local onde lhes é muito difícil socializar? Apreciam a solidão? Gostam de se fechar no quarto para ficar sozinhos?
11. Têm dificuldade em aceitar uma autoridade absoluta? Falam ou escrevem sobre assuntos que parecem não ser para sua idade e formação?

Se respondeu SIM a mais de quatro perguntas, esteja mais atento ao seu filho ou educando, porque poderá estar perante uma criança Índigo, por isso tente retirar dele mais informações, mas proceda com carinho e amor verdadeiro, porque essas crianças, por causa de sua sensibilidade e capacidades extrassensoriais, apercebem-se facilmente de suas intenções, sobretudo se estas não forem para seu bem. Como sabem, elas trazem consigo um verdadeiro detector de mentiras e, intuitivamente, leem os pensamentos das pessoas com quem tratam.

A esse propósito selecionamos um conjunto de características comuns às crianças e jovens da nova geração e que também sobressaem nos Índigo e Cristal.

As crianças e os jovens, de um modo geral, já trazem certas características muito particulares que são comuns às novas gerações. No entanto, isso tem vindo a acentuar, ainda mais, outros aspectos que diferenciam e caracterizam de forma diferente as crianças que continuam chegando ao planeta e que são parte integrante dessa nova vibração, pois, cada vez mais, vão surgindo mais avançadas e com diferentes características. Quando perguntaram à dra. Berrencia se essas crianças já trazem características que as diferenciam das outras, ela respondeu que estas podem até chegar a movimentar objetos dentro das casas, concentrando-se mentalmente nesses objetos, ou podem até encher copos de água só com o olhar. São seres que cada vez mostram mais capacidades telepáticas, entre outras. Quase podemos ser tentados a pensar, ao conhecer essas crianças, que são metade anjos e metade humanos, mas não é assim. Penso que elas são aquilo que nós chegaremos a ser, nas próximas décadas, só que vieram à frente para desbravarem terreno e prepararem o caminho. A maioria das mudanças, segundo a investigadora, terá início na próxima geração que lhes dará a capacidade de formar outra hélice de DNA no decurso da própria vida. Nossos sistemas imunológicos e endócrinos apresentam maior evidência dessas mudanças. Alguns adultos já têm outra hélice de DNA em formação. Alguns, inclusive, chegam a ter uma terceira. Essas pessoas estão passando por grande quantidade de mudanças em seus corpos físicos e de consciência, porque está tudo se desenvolvendo em uma só pessoa. Na opinião dessa cientista, a Terra e seus habitantes estão elevando sua vibração. Muitas crianças nascidas recentemente têm corpos que são magneticamente luminosos. Aqueles de nós que somos mais velhos e escolhemos mudar, devemos passar também por muitas transformações físicas. Algumas dessas crianças que surgirão podem até ser superdotadas em termos cognitivos e/ou de aprendizagens, mas não é isso o que realmente as diferencia das outras. Não se pode pensar que o fenômeno Índigo se esgota nas explicações esotéricas da Nova Era e de seus seguidores. A evolução está aí vertiginosamente, ela é uma realidade não só espiritual, dimensional, mas também física e, essencialmente, vibracional. Não é sonho ou fruto de nossa imaginação, mas realidade.

> **Características comuns que sobressaem nos Índigo, Cristal e em outros da nova geração**
>
> - são mais sensíveis que as outras crianças;
> - são mais intuitivas, perceptivas e até psíquicas em vários graus;
> - são determinadas e têm um importante propósito de vida global;
> - são coerentes e autênticas. Existe correspondência entre coração, mente, palavras e ações;
> - percebem facilmente a falta de verdade, integridade e honestidade;
> - acreditam e mostram muita paixão por valores como a vida, o amor e a justiça;
> - enquanto jovens e até como adultos têm forte sentido de serviço e ajuda comunitária;
> - por natureza, não criticam nem julgam os outros;
> - em geral têm um grande senso de humor;
> - precisam muito de água, natureza, arte, roupa de fibra natural, exercício físico, e de um ambiente equilibrado e seguro, tanto física como emocional, psíquica e espiritualmente;
> - requerem a presença de adultos emocionalmente estáveis.

Quadro extraído e adaptado da *Revista Amerika Índigo*.

Lee Carroll, em seu livro *As Crianças Índigo*, salienta que "o fenômeno escapou à atenção por ser demasiado 'estranho' para ser considerado um paradigma da psicologia humana, que considera que a humanidade é estática, um modelo que não muda. Regra geral, a sociedade tende a crer na evolução, mas somente quando referida ao passado. O pensamento de que podemos estar vendo uma nova consciência humana que chega, lentamente, ao planeta agora – manifestada em nossas crianças – ultrapassa o pensamento conservador estabelecido".

O autor salienta ainda que, embora pareça inexplicável, é importante que tomemos consciência do que está acontecendo à nossa volta, e ele apresenta seis aspectos a ter em conta:

1. Este não é um fenômeno norte-americano, pois viram-no, pessoalmente, em três continentes.
2. Parece que vai além das barreiras culturais (abarcando muitos outros idiomas).
3. Escapou à atenção por ser demasiado "estranho", para ser considerado como um paradigma da sociologia humana, que simplesmente considera que a humanidade é estática. (...) Pensar que poderíamos estar perante uma nova consciência humana que chega lentamente ao planeta agora – manifestada por intermédio de nossas crianças – vai mais longe do que o pensamento conservador estabelecido.
4. O fenômeno está a aumentar – continuando a aparecer cada vez mais casos.
5. Tem decorrido o tempo suficiente para que muitos profissionais comecem a estudá-lo.
6. Começam a aparecer algumas respostas a esses novos desafios.

Crianças Cristal, pioneiras da evolução da consciência

Em todo o mundo e nos últimos anos muito se tem ouvido falar acerca de que as crianças estão mudadas. Não se fala apenas de crianças Índigo, meninos das estrelas, crianças psíquicas, porém mais recentemente também das crianças Cristal. Independentemente de que se aceitem essas categorias ou outras, a maioria está de acordo em que a atual geração de crianças é muito diferente da de seus predecessores. Elas são mais participativas, têm atitudes adultas e comportam-se com determinação quando querem algo.

Essas crianças parecem de alguma maneira mais inteligentes, mais brilhantes e mais sábias. Elas são atraídas e facilmente dominam as tecnologias complexas e difíceis como se estas sempre tivessem feito parte de sua existência. São impetuosas, concentram-se no que as atrai e no que gostam e são honestas em relação aos seus sentimentos, não tolerando a mentira, a falsidade e a desonestidade. As relações são importantes para elas, porque trazem a noção de que é necessário evoluir grupalmente. Essas crianças têm uma forte vontade, um forte sentido de sua própria autoestima e com frequência rejeitam completamente ser dominadas por pessoas ou sistemas autoritários.

Segundo alguns autores, as crianças Cristal são recém-chegadas ao planeta (cada vez em maior número). Elas são fruto da evolução da espécie humana que não para de nos surpreender. No entanto, sempre as houve, ainda que em muito pouca quantidade (Jesus Cristo foi uma delas). As crianças Cristal são as chamadas pacificadoras, pois trazem atributos de paz e equilíbrio para poderem continuar o trabalho começado pelas crianças Índigo.

Há autores, como já tivemos ocasião de verificar, que classificam as crianças Cristal como pertencentes a um subtipo dos Índigo, os artistas, por suas semelhanças e características. De qualquer forma, ambas as crianças (Índigo e Cristal) representam um desafio para a sociedade, especialmente para os pais. A forma de tratar as crianças vai ter de mudar, os pais e os educadores têm de adotar novas formas de ser, para lidarem e se relacionarem de modo construtivo com as crianças da nova vibração, porque elas têm uma sensibilidade muito grande e, quando são contrariadas e se sentem injustiçadas, têm reações semelhantes aos Índigo, pelo que é necessário entender sua personalidade e respeitar seus sentimentos, sem nos deixarmos dominar por suas atitudes, seu carisma e inteligência.

Atributos da criança Cristal

"Que sabemos das crianças da vibração de Cristal? Por um lado sabemos bastante. Por outro, não sabemos nada de muito concreto. Como as próprias crianças, a informação, neste momento, é muito escassa, muito sutil e pouco óbvia. Ao contrário de seus irmãos e irmãs "confrontadores" Índigo, as crianças Cristal não modificaram as coisas... ainda. O 11 de Setembro de 2001 foi um ponto decisivo, um sinal e uma porta de acesso para a próxima onda de crianças. A era das crianças Cristal já chegou.

As crianças Cristal são provavelmente, em grande medida, as crianças (filhos) dos Índigo. Podem inclusive ser Índigo. Em uma conversa muito recente com Lee Carroll sobre os Cristal, este declarou que são Índigo artistas. Pode ter razão! Realmente é o mesmo. O que realmente é importante é que cada grupo ou subgrupo de crianças inspiradas desde e pela Unidade sejam apoiadas e lhes seja permitido realizar seus trabalhos, seus propósitos divinos. Steven Rother (proprietário de Planetlightworker.com) e seu grupo chamam a essas crianças os Pacificadores, enquanto aos Índigo se lhes chamou os con-Frontadores de Sistemas. As crianças Índigo foram assim chamadas por sua diferente cor na aura, o Índigo. Sendo Índigo a cor do terceiro olho, ou seja, do chacra frontal. Como estes são muito intuitivos, mentais, rápidos e aborrecem-se facilmente. Às crianças Cristal são chamadas assim, não pela cor de sua aura, mas pela sua alta vibração. Talvez com o tempo se saiba que os Cristal são mais dominantes no chacra da coroa, o *spectrum* de cor violeta, inclusive sua aura é branca ou transparente.

Quando começaram a chegar as crianças Cristal? Sempre houve uns quantos no planeta. Esses poucos atuavam como exploradores, apalpando o terreno, mas a humanidade não os tratou muito bem. Como, por exemplo, aquele que foi conhecido como Jesus, o Cristo. Com muita frequência esses exploradores foram assassinados, mas serviram o propósito de deixar sementes. Frequentemente se disse que "Cristal e Cristo" são palavras muito similares e, por esse motivo, têm uma definição muito similar. Recordando o que anteriormente foi dito, o leitor pode fazer uma boa imagem ou sentimento do que são as crianças Cristal e para que vieram. Use suas habilidades intuitivas para se sintonizar com a energia dessas crianças, criando uma Unidade com elas, e o resultado no planeta será assombroso!

Com a chegada das crianças Índigo, vimos um incremento dramático no número de crianças diagnosticadas como hiperativas ou com ADD pela comunidade médica. Já se escreveu muito sobre esse fenômeno, por isso deixo essas explicações para os mais entendidos. No entanto, perguntavam-me como os Cristal serão etiquetados, pelo que comecei a observar. O que comecei a ouvir foi a palavra "autista". Agora estou bastante convencida de que veremos um crescimento dramático no número de crianças autistas. Estas são realmente as crianças Cristal (ou Índigo artísticos) que são sensíveis, tão vulneráveis ao mundo que os rodeia que se escondem dentro de si mesmas, desconectando-se o melhor que podem, inclusive dos humanos e fazendo o melhor que podem para sobreviver em um mundo onde ainda não se encaixam. Voltando à pergunta de há quanto tempo vão chegando aqui as crianças Cristal. Podemos dizer-vos que desde as últimas quatro décadas, mais ou menos. Uns quantos mais do que o normal começaram a encarnar para ancorar a energia. Pelo que tenho observado, foi um dos trabalhos mais duros do planeta, mas alguém tem de fazê-lo, já que poucos dos "Grandes" se encarregaram dessa tarefa. Inclusive, então, não era seguro que o planeta pudesse estar alguma vez preparado para as crianças de vibração Cristal, mas o espaço tinha de ser criado, o caminho tinha de fazer-se, sementes tinham de brotar, de qualquer forma. Em junho de 2002, tendo passado por todas as nossas provas, dando as boas-vindas a uma grande quantidade de crianças destas, assim que, aparentemente, estamos preparados. Como reconhecer essas novas crianças ou algum dos poucos adultos Cristal que, como precursores, ancoraram as energias necessárias? Não andam por aí a causar estragos, vivem tranquilamente em uma obscuridade relativa, fazendo o melhor que podem para ficarem no planeta. Tive o prazer e a honra, assim como também a frustração, de criar um desses pioneiros, um dos primeiros Cristal que agora tem 27 anos.

Minha experiência pessoal, a minha intuição e os conselhos que me deram foi o que usei para recompilar uma lista de atributos das crianças da vibração Cristal. Por favor, tenham em conta que estes atributos não são todos inclusivos, nem toda a criança Cristal exibe necessariamente todas essas qualidades.

- Extremamente sensíveis a tudo em seu meio ambiente: sons, cores, emoções negativas dos outros, cheiros, comida, produtos químicos, a sensação de "estar vestido", violência, a dor de outros, consciência de grupo, frequências eletromagnéticas, radiações solares.
- Tão sensíveis que são profundamente vulneráveis, com grande e intensa vulnerabilidade.
- Devem passar o tempo sozinhos, não vivem bem em grupos, e muito poucos entendem sua necessidade de solidão.
- Devem entrar em comunhão com a Natureza e os elementos diariamente. O Espírito da Natureza ajudá-los-á a equilibrar e a limpar todas as energias não harmoniosas que os afetam tão profundamente.
- Simplesmente não entendem "A inumanidade do Homem contra o Homem", guerra, avareza, etc. Podem sentir-se facilmente sufocados por tudo isso.
- Retrair-se, desconectar, proteger-se se a vida é demasiado intensa, se eles se traumatizam ou veem ou sentem outros traumatizados.
- Normalmente são tranquilos, os outros admiram-nos e sentem-se atraídos por eles como um ímã. Terão profundas e longas relações com humanos que lhes ofereçam o amor incondicional que os Cristal sabem que é o único amor verdadeiro.

- Quando um Cristal nos olha, sentimos como se tivesse penetrado dentro de nossa alma.
- Realmente necessitam muito pouco ser tratados como uma criança tradicional, pois como são gentis, prudentes e são capazes de nos dizer o que necessitam, o que é bom ou o que não é bom para eles. Quando meu filho era muito pequeno, disse um dia: "eu não posso beber álcool ou tomar drogas". E ele nunca tomou nada disso.
- Com frequência evitarão multidões ou centros comerciais. Demasiadas energias diferentes incomoda-os.
- Sentem um amor profundo pelas crianças e pelos animais. Têm uma forma extraordinária de se conectar com todas as criaturas.
- A água é muito benéfica para limpá-los e acalmá-los: banhos frequentes, duchas diárias, cascatas, fontes, brincar com a água e a areia.
- Requerem roupas cômodas à sua escolha em cores e fibras naturais.
- Precisam de muita água pura e preferem alimentos orgânicos frescos.
- Antes de nascer, com frequência, disseram aos seus pais seu nome como se o ouvissem em pessoa.
- Milagres e magia ocorrem à sua volta: aparece dinheiro, os animais procuram-nos, os bebês sorriem-lhes, as curas ocorrem naturalmente.
- Extremamente empáticos até a ponto de saberem o que um desconhecido está a sentir.
- Medo de intimidar porque se sentem invadidos muito facilmente, não respeitados. Preferem estar sós do que ter seu "espaço pessoal corporal" descuidado. Também evitam relações românticas por medo de ferir o outro se a relação termina.
- Há uma inocência, uma falta de malícia, uma pureza, em decorrência da ausência de *ego* nos Cristal.
- Podem necessitar de ajuda para aprender a conectar sua energia. Podem-no fazer por meio da atividade física, Natureza, esportes, artes marciais, ioga ou dança.
- Podem estragar aparelhos elétricos, rádios, televisões, computadores.

- Abstêm-se de mostrar emoções por medo da sua amplificação e perda de controle, pelo que podem parecer passivos ou sem sentimentos.
- Podem sentir-se responsáveis porque alguém morreu ou está ferido ou inclusive discutindo.
- Podem ter, e provavelmente tiveram, períodos de depressão profunda.
- Respondem bem ao trabalho corporal, massagem ou trabalho energético realizado por alguém que está equilibrado. Massagens crânio-sacral podem ser cruciais para manter seus corpos saudáveis e sem dor;
- Com frequência têm um metabolismo alto e são naturalmente vegetarianos.
- Inteligentes, veem todas as possibilidades com um entendimento instintivo das leis espirituais, de como funciona tudo.
- Têm uma conexão limpa com seu eu superior, acedendo naturalmente ao seu guia superior. É por isso que sabem a verdade da unidade espiritual.
- Curadores e pacificadores natos.
- Com muitas habilidades.
- São capazes de regenerar os ossos e a pele.
- Quando muitos de nós formos, gradualmente, renovados, ascenderemos à Energia Cristal que já está no DNA.
- Podem ser pessoas de muito poucas palavras, mas todo mundo escuta quando tranquilamente expressam sua sabedoria com humildade. No entanto, não darão conselho sem que lhes tenham pedido e nunca interferirão.[32]

Apresentamos, agora, de forma mais esquematizada e sintética, as diferenças significativas identificadas entre as crianças Índigo e as crianças Cristal. Estas últimas têm revelado uma sensibilidade muito acentuada e, portanto, é necessário observar atentamente, para no futuro não virem a sofrer danos psicológicos e emocionais, já que, por exemplo, se assustam e, por vezes, até se atemorizam com a violência física, são propensas a contrair alergias, são sensíveis a campos eletromagnéticos, entre outras coisas.

---

32. ©2002 Sharyl Jackson – sharyl@planetlightworker.com. Esse artigo foi publicado pela primeira vez em inglês em www.planetlightworker.com.

Crianças Índigo Espírito guerreiro, que rompe com os sistemas estabelecidos	**Crianças Cristal** Espírito pacificador
Meta: • Abrir caminhos • Denunciar • Não aceitam o que já não serve agora • Aversão à mentira, falsidade e manipulação	Meta: • Continuar o caminho começado pela geração Índigo • Construir com energias mais sutis • Têm uma força interior extraordinária para conseguir elevar o nível de frequência energético da sociedade
Especialidade: • Denunciar • Provar os limites físicos	Especialidade: • Liberdade por meio do exemplo • Provar os limites psíquicos
Personalidade: • Em geral são extrovertidas • Pioneiros, são originais, autossuficientes, criativos, bastante autônomos • Determinação, tenacidade • Muita energia e não mostram medo em enfrentar as coisas e as pessoas	Personalidade: • Mais calmas, pacíficas e gentis. No geral um pouco introvertidos • Ainda mais espirituais • Ainda mais telepáticos • Ainda mais sensíveis
Formas de conduta: • São crianças exigentes, que não se cansam de pedir coisas • Não têm medo da confrontação • Rebeldes	Formas de conduta: • Diz o que precisa em poucas palavras, mas com profundidade, e só quando lhe pedem • Irradia paz e tranquilidade • Harmoniza naturalmente a energia que o rodeia • É muito afetuosa com as pessoas e percebe suas necessidades • Cala-se e retira-se se há conflitos, evita as confrontações

Características físicas e outras: • Robustas fisicamente • Fortes mentalmente	Características físicas e outras • Menos robusta física e mentalmente • Vulnerável emocionalmente • Habilidades psíquicas "ativadas" desde seu nascimento • Por vezes sofre de alergias, é mais delicado
Podem diagnosticar-lhe erradamente: • ADD (Déficit de Atenção) • ADDH (Déficit de Atenção com Hiperatividade)	Podem diagnosticar-lhes erradamente: • A doença de Asperger, uma forma ligeira de autismo comum na profissão de programadores, informáticos e engenheiros de sistemas • Autismo • Ser considerada uma criança desconectada, desligada
É precoce em começar a falar	Pode ser que comece a falar tardiamente em geral quando começa a entender que os adultos não compreendem a linguagem telepática
Necessidades em geral: • Alimentar seus talentos de pioneiros e de líderes • Ferramentas de organização do trabalho • Aprender a diplomacia e a cortesia	Necessidades em geral: • Utilizar e nutrir suas habilidades e seus talentos de pacificador • Técnicas de limpeza energética e psíquica sensível • Intercâmbio de energia com a Natureza

Quadro extraído e adaptado da Revista *Amerika Índigo* (revista eletrônica mensal) – novembro 2003.

Outros autores salientam que as crianças e adolescentes de vibração Cristal podem apresentar ainda algumas das seguintes características:

- são tranquilas, pacíficas (têm mesmo uma função pacificadora), gentis, construtores;
- apresentam, por vezes, capacidades telepáticas;
- possuem uma força interior extraordinária;
- lideram pelo exemplo, são construtivos e não têm o hábito de denunciar o que está errado, como os Índigo;
- testam seus limites psíquicos;
- calam-se e afastam-se quando há conflitos. Têm tendência a evitar confrontações e arrelias;
- falam com poucas palavras, mas o que dizem tem profundidade e só dizem o que pensam se lhes pedem;
- irradiam paz e tranquilidade;
- são bastante afetuosos com os outros e percebem suas necessidades embora, na generalidade, não gostem de ser abraçados;
- harmonizam naturalmente a energia que os rodeia;
- são menos robustos que os Índigo e são mais vulneráveis emocionalmente, com eles não se pode brigar;
- suas características podem ser confundidas com o autismo por serem, por vezes, muito introvertidos e pouco sociáveis, sobretudo se percebem que não são compreendidos;
- revelam possuir habilidades psíquicas desde que nascem;
- são extremamente sensíveis a tudo o que é seu meio ambiente: sons, ruídos desagradáveis, cores, emoções negativas nos outros, cheiros, comida, produtos químicos, violência, a dor dos outros, consciência de grupo, frequências eletromagnéticas, raios solares;
- podem ligar ou desligar aparelhos elétricos, rádios, televisores, computadores, alguns aparelhos até podem ser queimados com sua presença;
- procuram passar bastante tempo sozinhos; não se sentem bem vivendo em grupo, pois muito poucos entendem bem sua necessidade de solidão. Gostam de se comunicar com a Natureza;
- não compreendem e não aceitam a falta de humanidade do homem para com o homem: guerra, avareza, perseguição;
- retraem-se, desligam ou desconexam-se para se proteger quando à sua volta o ambiente é demasiado violento e até podem ficar traumatizados;

- ainda que, normalmente, sejam tranquilos, as pessoas sentem-se atraídas por eles como se fossem um ímã. Têm grandes e profundas relações de amizade com pessoas que lhes oferecem amor incondicional, o único amor verdadeiro;
- são gentis e prudentes, serão capazes de dizer aos outros o que eles necessitam, o que é bom para si e o que precisam;
- com frequência evitam aglomerados de gente: centros comerciais, feiras... por haver demasiadas energias diferentes;
- antes de nascerem os pais tiveram algum tipo de experiência psíquica com essas crianças;
- milagres e magias acontecem ao seu redor. Até curas podem acontecer à sua volta, com naturalidade, e porque são extremamente empáticos até conseguem saber o que um desconhecido está a pensar;
- têm inocência e falta de malícia, pureza, em razão da ausência de ego;
- preferem abstrair-se de mostrar suas emoções por receio de perderem o controle, pelo que podem parecer passivos e sem sentimentos;
- têm capacidade e facilidade para se ligar ou conectar, com seu Eu superior e com o Todo, acedendo naturalmente ao seu guia interior, por isso sabem da existência da unidade espiritual;
- possuem um bom equilíbrio dos dois hemisférios cerebrais, integrando as duas energias, feminina e masculina.

Segundo alguns autores, há crianças e jovens que integram, na mesma pessoa, as duas energias Índigo e Cristal. Elas podem ter uma mescla das duas energias, o que as faz mudar de comportamento conforme as situações. Não aceitam as regras culturais e só aprendem o que acham que é necessário. Têm, portanto, sua atenção centrada naquilo que para elas é essencial. O silêncio é a melhor forma de se comunicar com uma criança ou jovem Cristal. O Cristal é muito mais independente que o Índigo porque sua energia (se está equilibrada) basta-lhe e só aceita sua visão das coisas, porque sabe muito bem o que quer e o que é melhor para si. A solidão é muito apreciada pelos Cristal; por isso, afastam-se sem dar explicações, por necessitarem desses momentos de silêncio e solidão para se equilibrarem e centrarem interiormente. Quando se apercebem que outros querem depender de sua energia, limitam-se a desaparecer sem qualquer explicação. Eles não fazem nada para mudar as situações e muito menos as pessoas. Respeitam os outros, mas exigem que os respeitem também. Por isso têm, por vezes, uma raiva contida que lhes pode trazer muitos problemas na relação com os outros, já que não perdem tempo com explicações do que pensam ou do que acham que está mal, mas sentem tudo muito intensamente, em seu íntimo e em sua sensibilidade. Entre irmãos (ou entre amigos) e se um tem mais características Índigo e o outro Cristal, o Índigo tem tendência natural para proteger o Cristal. Os Índigo vivem para o exterior, para fora, enquanto os Cristal são naturalmente espirituais, já que vivem para o seu interior, para dentro de si mesmos. Têm percepções, intuições e captam muito mais questões relacionadas com a espiritualidade.

É verdade que não existem características ou padrões definitivos e muito menos rígidos e nesse amálgama que é, neste momento, a evolução humana, podem existir pessoas com algumas características Índigo e outras Cristal e, no entanto, não se considerarem ainda um Índigo puro ou um Cristal puro. Essas características estão cada vez mais surgindo e em maior número e, daqui a poucos anos, poderemos ser todos habitantes de um planeta Índigo. Os Cristal têm uma aura transparente que não se vê nesta dimensão; há quem lhes chame Cristal exatamente por isso. Daí que a dominância será certamente a cor Índigo, já que a cor do Cristal não predomina.

Vejamos a experiência de J. Piedrafita Moreno em seu primeiro encontro com uma criança Cristal:

> "Já tinha ouvido falar das crianças de vibração Cristal, que eram nosso passo seguinte na escala evolutiva humana e que os Índigo estavam a preparar o terreno para sua chegada.
> A informação que eu tinha referia-se a 2012. Minha intuição ultimamente me dizia que tudo ia acontecendo mais rapidamente e há uns dias encontrei um artigo sobre eles. Deixei correr sem investigar muito. Ontem, por 'casualidade', depois de dar uma pequena palestra sobre crianças Índigo e sua educação, fomos a um café. Estávamos a tomar qualquer coisa quando um bebê de mais ou menos 1 ano entrou sentado em um carrinho empurrado pela mãe. Foi como se tivesse entrado um Buda, puro e cheio de felicidade. Irradiava paz.
> Sendo eu um Índigo, não o reconheci como tal e a primeira coisa que me veio à cabeça foi: 'Criança Cristal'. Sua vibração não era como a dos Índigo que rompe e muda sistemas. Era uma vibração que equilibrava e harmonizava tudo à sua volta. Sua aura tinha uma densidade especial, etérea.
> Pude passar com ele um bom bocado de tempo e sua vibração impregnou todo o meu ser de forma que não tinha sentido antes, a sensação de felicidade perdurou durante longo tempo.

Foi uma das experiências mais bonitas de minha vida.
A vibração Cristal está a abrir caminho, já está entre nós, trazendo a quinta dimensão até nós."

Testemunhos de pais de crianças Cristal

"Posso realmente explicar um pouco melhor o que se passa com minha filha.
Além de ela ser uma criança Cristal, ou pelo menos 90% de vibração Cristal, foi-me dito logo que seu espírito não quer encarnar, não quer estar aqui no planeta Terra: é muito cedo para eles, eu sei, é muito duro e agressivo.
A primeira crise dela foi exatamente na manhã em que eu fiz minha primeira leitura de aura. Mexi em minha aura, toquei a dela, algo disparou.
Algum tempo depois, e mais exatamente desde agosto de 2006, minha filha tem tido crises todas as manhãs, logo depois de acordar, e que se caracterizam por perdas de equilíbrio nas pernas, coisas que lhe caem das mãos, os olhos que se entortam e pequenos espasmos. Isso dura cerca de uma hora ou mais, o que é assustador.
Claro que paralelamente fiz todo o trabalho a fazer com a medicina convencional: dois neurologistas, muitos EEGs, ressonância magnética à cabeça, um EEG de quatro dias seguidos, medicação que entrou, medicação que saiu. O diagnóstico foi o de nenhuma lesão cerebral, mas alguma epilepsia durante a noite; para suas crises matinais, nenhuma resposta. Nenhum médico sabe o que é, nem explicar o que ela tem.
Entretanto, minha filha fez o primeiro nível de Reiki para a "forçar" um pouco a aterrar. Entretanto, tem sempre feito um trabalho de mentalização e harmonização das energias (é o melhor nome que tenho para lhe dar visto a minha mestra – que não sei se conhece, nunca forçado, e que de tempos a tempos tem seus frutos e ela deixa de ter crises.
Todos os dias a mentalizo e peço ao seu espírito para descer, mas ela me diz logo para parar com isso.
Em julho deste ano soubemos que nossa filha tem também uma anomalia genética (algo que não me surpreendeu), uma monossomia parcial no cromossoma 11, e que é rara a ponto de mais ninguém a ter neste mundo. O que lhe provoca apenas um atraso no desenvolvimento e que não tem nada a ver com essas crises. Os neurologistas decidiram então retirar parte da medicação, o que foi maravilhoso. Mas respostas, nem a genética nem a neurologia as têm.
Portanto, parti também para a medicina tradicional chinesa que, juntamente com o trabalho de minha mestra, surtiu efeito durante o mês de agosto. (...)
Um teste, um grande teste de fé e crença, uma missão... não sei. É muito

difícil gerir toda essa energia e aceitar e compreender tudo isso. Claro que ela é telepática, tem poder de cura, suporta cada vez menos certos sons, é muito frágil, anda sempre em bicos de pés, chora muito... mas é uma criança feliz, que nos faz a todos muito felizes e que nos está a ensinar algo de tão grandioso que ainda nem lá cheguei.
Transmite-nos mensagens, ritmos do Universo... não sabe desenhar em nossa dimensão nem tem qualquer interesse em escrever o nome dela e está quase a fazer 7 anos. Não faz mal, nós aceitamos que ela tem seu ritmo.

Sabemos de outras crianças Cristal, igualmente permeáveis.
Sabemos que tudo está a precipitar-se, e que as crianças Cristal estão a trabalhar muito para nos ajudar a saltar para a quarta dimensão.
Obrigada!
"Tenho um filho de 4 anos que recebeu o primeiro diagnóstico de autismo aos 3 anos. Não acreditamos, pois nosso filho é uma criança extremamente afetiva e amorosa. Embora aos 3 anos ele não respondesse a nada que lhe perguntássemos, de alguma forma eu sabia o que ele queria. O mais difícil de lidar com ele, em minha percepção, são seus ataques de fúria. Bem, como eu ia dizendo, não acreditamos e fomos à procura da medicina. Hoje, após um tratamento muito caro para mudar a lateralidade, pois apostamos em uma teoria de um médico francês que descobriu que em algumas pessoas o percurso que o som faz no cérebro para chegar até ao ouvido dá-se de forma invertida, a pessoa escuta, mas não compreende o que é dito, ele melhorou muito. Outra coisa na qual estamos a apostar agora é em um tratamento que promove uma reestruturação neurológica. Todos esses tratamentos apontam para a capacidade do corpo de se autocurar. Nada de medicamentos. Hoje, depois de tanta luta (porque o ano que passou eu vivi um verdadeiro inferno e ainda por cima dei à luz uma linda menina), eles dizem que meu filho tem APENAS um ATRASO de desenvolvimento. A sensação que tenho é a de que ninguém sabe o que é. E se nós não tivéssemos batido o pé e lutado por ele, hoje meu filho estaria a ser tratado como uma criança autista e até a ser dopado com remédios. O mais próximo que encontrei de uma descrição do comportamento do meu filho é o que eu li sobre essas tais crianças: as semelhanças com essas crianças Cristal é espantosa. Mas, por mais que eu leia, parece que sempre falta alguma coisa, as informações são sempre superficiais, tenho procurado inutilmente informações mais substanciais. Se puderem ajudar-me, eu agradeço.

É verdadeiramente espantosa a experiência que esses pais vivem e as angústias por que passam até conseguirem informação adequada e poderem ficar em paz com sua criança investindo em seu crescimento. E tudo isso por quê? Porque nossa sociedade não se compadece com a diferença e imediatamente tem a tendência a criar rótulos e doenças para as caracterizar. Ainda não percebemos que somos todos diferentes e cada um tem seu tempo. Nós temos cinco dedos em cada mão e nenhum é igual ao outro. Quando vamos renovar a carteira de identidade, percebemos que não podemos mandar ninguém por nós porque temos de deixar ali nossa impressão digital, que é única no Universo. Então, por que é tão difícil aceitarmos que as crianças também são todas diferentes e as queremos catalogar e rotular negativamente e de imediato quando não respondem logo a parâmetros estabelecidos? A verdade é que muitos pais ficam muito ansiosos e inseguros quando lhes dizem que o filho tem este ou aquele defeito, ou dificuldade. Costumamos pedir aos pais que protejam suas crianças, que as defendam desse tipo de atitudes e as ajudem com muito amor a superar suas dificuldades de integração na sociedade, no mundo e neste planeta.

Energia e crianças Índigo/Cristal

Wendy Chapman, em seu livro sobre crianças Índigo, deixa-nos a seguinte mensagem:

> Nosso sistema imunológico identifica o inimigo e combate-o. O timo identifica o inimigo e harmoniza-se com ele. A luta por essa harmonia será o tema durante os próximos 12 anos, e envolve a consciência, a biologia, a política e a física. Uma criança Índigo expressa a frequência Índigo, que é a vibração do chacra do terceiro olho (frontal). Os chacras são vórtices energéticos. O chacra do terceiro olho unifica as qualidades do hemisfério direito e do hemisfério esquerdo, e essas qualidades parecem estar mais desenvolvidas do que o normal. Este maior desenvolvimento do chacra do terceiro olho existe para se viver de maneira diferente, não somente racional/intelectualmente com qualidades atemporais, psicomágicas, intuitivas, conscientes da realidade, e além dos cinco sentidos distinguem-se as que fazem parte do hemisfério direito, ou seja, conscientes de que pode haver presenças angelicais, guias e seres de outros planos. É uma frequência que unifica o prático com o criativo. Um dos atributos da frequência Índigo é não somente a cor da aura, com sua alta vibração, mas ainda porque nasceram com uma visão de conjunto acerca do que se pode fazer para melhorar a vida na terra, transformarem-se espiritualmente para conseguirem atingir a revelação e a realização. A energia do Índigo revela-nos que as coisas não estão estagnadas, que podem transformar-se rapidamente com o propósito de paz e harmonia, ainda que com as crises, pois pode parecer que irá para outro caminho. Por isso as palavras-chave para reconhecer um Índigo são: liderança, entusiasmo, inovação, originalidade, criatividade, carisma e autonomia. Crises significam oportunidades; é a missão do Índigo: oportunidade para transformação a favor da justiça coletiva. As crianças Índigo/Cristal

são a geração que nasce atualmente e a (grande) maioria tem 8 anos de idade ou menos. Atravessar ou passar a fase criança e adolescência será em razão de seu inconformismo para aceitarem e cumprirem regras dentro de sistemas estabelecidos e disciplina. Provavelmente colaborarão para modificarem o sistema educativo, social e político. As crianças Índigo e Cristal vêm para elevar a vibração do planeta Terra. Diz-se que mais ou menos 85% das crianças nascidas depois de 1992 são Índigo. Não há dois Índigo iguais; pode haver alguns com maior potencial enfocado para fazer arte, tecnologia, terapêuticas ou intuitivas.

A etiqueta Cristal é atribuída a elas porque são seres crísticos, com aura branca ou transparente; com grande capacidade telepática, uma intuição muito elevada, desenvolveram poderes naturais de solução para eles e para os outros. Comunicam-se com animais mentalmente e têm um respeito natural por toda a vida animal e vegetal. São crianças mais solitárias e evitam multidões. As crianças Cristal odeiam a confrontação, abalam-se emocionalmente, irradiam paz e tranquilidade e harmonizam a energia que os rodeia. O rol dos Índigo é caos e confrontação. Os cristais fazem coisas semelhantes às dos Índigo, mas sem confrontação. O Índigo abre caminho para a geração Cristal. Há crianças que despertaram aos 27 anos toda a sua potencialidade vibracional; a geração dos anos 1950 tem sido um canal para dar Luz nos anos 1970 à chegada dessas crianças. A sociedade tem grande dificuldade em entender e aceitar esses novos seres, pelo que é necessário modificarem-se os vínculos afetivos e de compreensão para que eles não sejam submetidos à violência e a somatizações, porque o meio ambiente e as pessoas comuns não lhes permitem expressar suas opiniões e necessidades sem que os critiquem e tratem como diferentes, o que vai prejudicar seriamente seu crescimento normal e sua autoestima, necessitando, por vezes e durante alguns períodos, de ajuda e apoio.

Será que é um Índigo adulto?

Ao falarmos da energia Índigo podemos nos referir tanto a crianças como a adolescentes ou adultos, porque as primeiras gerações de Índigo já chegaram ao planeta há bastante tempo. Podemos mesmo dizer que sempre houve Índigo entre os habitantes do planeta, embora sua vibração esteja agora a intensificar-se e a invadir-nos cada vez mais. É realmente uma questão de vibração, já que nosso planeta também está sofrendo essa transformação, como ser vivo que também é. Podemos mesmo dizer que, desde há cerca de três ou quatro gerações, a invasão de nosso planeta começou a efetuar-se. Neste momento, essa transformação vibracional está surgindo na geração de crianças que está aparecendo como massa crítica, vibrando cada vez mais em uma frequência Índigo. Se soubermos recebê-los com amor, dentro em pouco todo o planeta poderá ascender a uma outra dimensão e nosso planeta poderá chamar-se Planeta Índigo. Muitas das pessoas que se designam "trabalhadores da luz" são Índigo ou têm em si já alguma vibração Índigo, e sua missão é precisamente a de preparar o caminho e a consciência das pessoas em geral. Trazem, portanto, consigo a integração dos dois tipos de energia, a anterior e a da Nova Era que já está entre nós. Sua função de "trabalhadores da luz" é a de serem a ponte entre a antiga e a nova energia, ajudando no processo de mudança vibracional as pessoas e o planeta. Esses Índigo adultos têm por missão preparar o caminho com serenidade e paz, seja trabalhando com os pais das crianças Índigo, seja com os educadores da Nova Era, utilizando já a chamada Nova Educação, ou seja, terão de trabalhar não só com as crianças, ensinando-lhes como funcionam as coisas no plano físico (para se adaptarem de uma forma natural, sem traumas nem rejeições, já que estas surgem, muitas vezes, mais da ignorância do que da intenção de fazerem algum mal), mas também trabalhar com os adultos pais e educadores.

Talvez você próprio possa ser um Índigo adulto. A melhor forma de saber é perguntar-se por que motivo está lendo este livro.

Mas, para tirar suas dúvidas, pode fazer o teste que apresentamos a seguir. Esta lista de características foi apresentada pela primeira vez por Wendy H. Chapman com o título *Are you an Adult Indigo?* Foi traduzida para português por Vitorino de Sousa, adaptada, e foram-lhe acrescentadas algumas ideias provenientes de outras fontes e autores que constam no fim deste livro nas referências dos *sites* da *internet*.

- são muito criativos, ainda que na escola não tenham tirado as melhores notas;
- têm algumas características que fazem parte das crianças Índigo;
- apresentam alguns problemas de concentração e atenção (Sintomas de Desordem de Falta de Atenção). Podem apresentar problemas para se concentrarem em suas tarefas. Podem saltar de tema nas conversas (palestras, dissertações, etc.);
- têm uma verdadeira empatia por algumas pessoas e sentem-se bem com as que tenham sua vibração, mas têm também uma profunda intolerância pela estupidez;

- são muito intuitivos, muito criativos e desfrutam a fazer coisas, mesmo que espalhem tudo à sua volta como um caos: sentem-se bem assim... mesmo que os outros reclamem da desordem;
- é difícil para eles fazerem um trabalho repetitivo e obrigatório e, sobretudo na escola, recusam-se a fazê-lo;
- vivem em constante mudança e têm, ainda hoje, problemas com a autoridade; rejeitaram, muitas vezes, a autoridade do professor ou mesmo dos pais quando procuravam impô-la; questionaram e continuam a questionar a autoridade;
- aprendem rapidamente e, quando acham que já sabem o suficiente, aborrecem-se e desinteressam-se pelos assuntos;
- se uma coisa ou um tema lhes interessa, põem aí toda a sua atenção e não se importam de estar horas fazendo o mesmo;
- na escola parecia que tinham "picos" e não paravam quietos, quando a matéria não lhes interessava, não lhes servia para nada ou achavam que já sabiam o suficiente sobre o assunto;
- por vezes mostram ser extremamente sensíveis, ou emocionalmente instáveis, chorando ao mínimo motivo (sem proteção). Ou podem mostrar uma certa falta de emoção (proteção completa);
- por vezes, revoltam-se com certas coisas ou pessoas, parecendo que têm problemas com a ira;
- não compreendem e até se revoltam, ou irritam, com os chamados sistemas ineficazes que consideram caducos: sistema político, educativo, médico, jurídico, etc.;
- sentem uma verdadeira irritação e ira quando os privam de seus direitos e detestam que os observem ou controlem seus passos; ficam irritados quando alguém está sempre a observá-los e a criticá-los;
- procuram o significado da vida e sentem uma vontade grande de mudar ou até de melhorar o mundo, aderindo por vezes à espiritualidade, a alguma religião ou a grupos ou livros de autoajuda;
- tiveram alguma experiência psíquica, premonições (ver anjos, seres extrafísicos, fantasmas...), experiências fora do corpo, ouvir ruídos ou vozes, etc.;
- são sensíveis à eletricidade e por vezes os relógios não funcionam, as lâmpadas apagam-se quando passam por baixo delas, os aparelhos elétricos funcionam mal, queimam-se fusíveis ou rebentam lâmpadas;

- já, alguma vez, tiveram consciência da existência de outras dimensões, de extraterrestres ou da existência de outras realidades paralelas;
- são muito expressivos sexualmente, mas também podem recusar a sexualidade por aborrecimento ou para conseguirem uma ligação espiritual mais elevada; podem explorar tipos alternativos de sexualidade;
- tiveram poucos ou nenhum exemplo Índigo para imitar;
- se conseguem encontrar seu equilíbrio, podem transformar-se em indivíduos muito realizados, fortes, sãos e felizes.

As crianças Índigo e Kryon

"Os anos que se dedicaram a trabalhar com o Universo, até o momento, deveriam ter feito com que fossem mais sábios, assim como a não se manterem tão agarrados às vossas convicções a ponto de não conseguirem aceitar a transformação universal. Meus caros, estes são vossos tempos, tratem de aceitá-los."

KRYON, Livro 1 – *Os Tempos Finais*

Sabemos que, em vários locais do planeta, surgiram ao mesmo tempo informações sobre a existência das crianças Índigo. Por exemplo, James Twyman escreveu alguns livros abordando esse tema: sua obra mais conhecida, *Emissary of Love – The Psichic Children Speak to the World* e o filme *Índigo*, produzido e realizado por si, com a colaboração de Neale Donald Walsch e Stephen Simon, são sem dúvida um alerta ao mundo para a manifestação clara da existência dessas crianças que estão invadindo nosso planeta.

No entanto, a primeira informação que chegou até nós foi a partir dos livros de Kryon, os quais nos transmitem uma mensagem de Amor tão encantadora que não resistimos de partilhar convosco algum de seu conteúdo.

Não é de estranhar que os Seres de Luz se comuniquem com os humanos ainda hoje. Eles sempre o fizeram ao longo dos séculos, e a Bíblia nada mais é do que canalizações/comunicações feitas direta ou indiretamente desses Seres especiais, ou até diretamente da Energia Divina ao homem. O que seria esquisito é que Deus sempre tivesse se comunicado com os homens e agora, nesses tempos cruciais da História da Humanidade, deixasse de fazê-lo. Esses laços nunca foram quebrados, e nosso amoroso Deus, a Energia Criadora de todo o Cosmos, continua a transmitir-nos mensagens de Luz, Alegria, Esperança e Amor.

O texto que a seguir transcrevemos[33] é em agradecimento à entidade Kryon que, por intermédio de Lee Carroll e Jan Tober, nos inspirou e também porque este é um texto muito enternecedor e esclarecedor de quem é Kryon.

> "Grande parte da informação acerca das crianças Índigo foi transmitida telepaticamente ou canalizada por uma entidade, nunca encarnada na Terra, que se chama Kryon.
> A informação acerca das novas crianças deu-se a conhecer depois de ter sido publicado, em inglês, o livro escrito por Lee Carroll e Jan Tober: *As Crianças Índigo,* e a partir de então a notícia da chegada dessas crianças correu por todo o mundo.
> Mas, afinal, quem é Kryon? Kryon é uma gentil e amorosa entidade que se encontra atualmente na Terra desde o ano 1991, para ajudar a movimentarmo-nos em direção à alta energia a que chamamos "A Nova Era". Recebidas em sessões ao vivo por Lee Carroll, as inspiradas palavras de Kryon transformaram vidas e brindaram com amor e luz até algumas das mais obscuras e ocultas esquinas de nosso ser interior.
> Todas as mensagens de Kryon começam assim: "Eu Sou Kryon do serviço magnético. Não é nenhuma casualidade que estas palavras encontrem forma de chegar às vossas mentes e de penetrar em vossos espíritos, pois todos vocês se encontram em uma fase de descoberta".
> E acrescenta: "Meu nome não é realmente Kryon e não sou um homem, meu nome é um grupo de pensamentos ou pacote de energia que me rodeia. Sou uma entidade de serviço e nunca fui humano. Esse conceito marca uma notável diferença com os grandes mestres da humanidade como Jesus, Buda ou Krishna, que se tomaram corpo humano.
> Todas as comunicações de Kryon começam dizendo "Eu Sou Kryon" e ele diz que quando faz essa afirmação "existe uma comunicação no sentido em que eu pertenço à totalidade, e minha assinatura é Kryon".

Lee Carroll nasceu na Califórnia e foi sempre um homem de negócios, especializado em Economia e Administração de Empresas na Western University, Califórnia. É um líder mundial em estudos musicais de gravação e criou e dirige o Studio West, em San Diego, Califórnia. Começou a canalizar Kryon aos 48 anos, em 1991, e no ano 1994 é publicado o primeiro livro de Kryon: *Os Tempos Finais,* e assim começou o que ele chama o propósito de sua vida: "a canalização

---
33. Foi retirado de um pequeno artigo de Isabel Stelling.

das mensagens de Kryon". Em português estão publicados os seguintes livros: A *Alquimia do Espírito Humano*; *Não pense como um Humano*; *A Viagem para Casa* (publicada no Brasil pela Madras Editora, sob o título *A Jornada para Casa*); *As Parábolas de Kryon* pela editora Estrela Polar, e *As Crianças Índigo* pela editora Sinais de Fogo.

Lee fala acerca de sua esposa, Jan Tober, como sendo a outra metade do trabalho de Kryon e dito por suas próprias palavras, nunca fez um livro ou um seminário sem ela, porque sua energia impulsiona para a frente tudo o que ele faz.

Jan Tober chegou a prever o trabalho de Kryon muito antes de ele o fazer. Manifestou inquietações metafísicas e musicais desde muito jovem e chegou a ser uma cantora de jazz que teve seu próprio programa de televisão em Del Mar, Califórnia. Posteriormente foi contratada por Benny Goodman, o rei do Swing. Além disso, é uma artista desenhista de roupas, pinturas e joias que são vendidas em galerias e butiques norte-americanas.

Kryon está na Internet e encontram-no em www.kryon.com.

Ele nos fala acerca desse mecanismo moderno "como sendo o único sistema de comunicação de massas na história da humanidade que não foi estabelecido por nenhum governo" e acrescenta que "quando todo o mundo puder falar instantaneamente com todo o mundo, já não haverá mais segredos".

Kryon canalizou informações parciais acerca das crianças Índigo, e Lee e Jan decidiram escrever o livro com a colaboração de eminentes investigadores e profissionais, que por sua vez apresentam seus pontos de vista acerca dessas novas crianças. Entre outras coisas, diz: "não é um fenômeno norte-americano porque vi as novas crianças em três continentes e isso vai muito além das barreiras culturais. O pensamento de que poderíamos estar vendo uma nova consciência humana, que chega lentamente ao planeta agora, manifestada em nossas crianças, vai mais além do pensamento conservador estabelecido e o fenômeno aumenta a cada dia".

Lee Carroll decidiu escrever um livro, o primeiro que se escreveu acerca das crianças Índigo, para brindar a melhor informação acerca de suas observações, apresentando além disso aplicações práticas. Quase todos os colaboradores na edição do livro *As Crianças Índigo* são psicólogos, médicos, educadores, conselheiros transpessoais, videntes e curadores, alguns jovens e adultos Índigo que narram suas experiências de sua chegada a este mundo, quando ainda se desconhecia o que estava acontecendo.

A maioria é autoridade em seus campos de trabalho e investigação de ilustres e prestigiadas universidades norte-americanas.

Kryon expressa-se acerca da criança Índigo como uma das que será mais sábia e que nos trará impacto com a nova autodisciplina que ela mesma desenvolverá (é sua autorresponsabilidade). "Os pais descobrirão muito cedo que suas crianças responderão quando forem honradas e terão assim uma relação muito diferente da que tivemos nós, quando crianças, com nossos pais."

Quem ler os livros de Kryon não poderá deixar de, pelo menos, se contagiar com seu infinito amor, porque ele fala aos nossos corações de uma forma sensível e direta que honra, a todo o momento, o leitor e ajuda a sair das angústias existenciais em que se encontra o homem, em seu processo de mutação, convertendo-se em um guia seguro.

Considero Kryon um mensageiro do futuro que traz boas notícias para alegria dos humanos, muito antes de que alguma mente sobre esta Terra o tenha concebido. São notícias que você entende porque estão em seu coração ainda que, por enquanto, choquem com seu sistema de crenças.

A maior parte da informação contida neste artigo foi retirada textualmente dos livros de Lee Carroll e decidi fazê-lo como uma maneira de mostrar meu agradecimento, para honrar um Ser tão amado que mudou minha vida quando me ensinou a cocriar com Deus e quando constantemente me recorda que eu sou uma porção da Divindade.

Capítulo 3

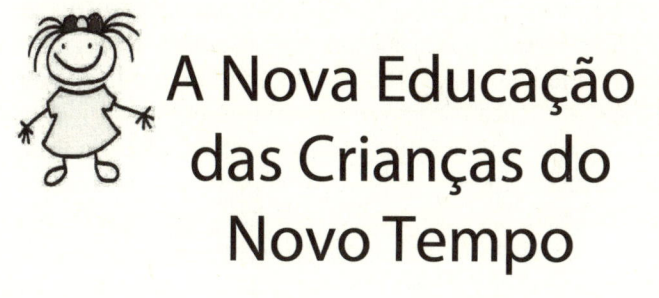

A Nova Educação das Crianças do Novo Tempo

"Tínhamos de atafulhar a mente com todas aquelas coisas, gostássemos ou não.
Essa coação tinha um efeito tão degradante que depois que passei no exame final descobri que pensar em qualquer problema científico passou a ser desagradável durante todo um ano...
É um milagre que os atuais métodos de instrução não tenham estrangulado totalmente o sagrado espírito da investigação: porque esta delicada planta, além de estímulo, precisa de liberdade para sobreviver; sem isto, naufragará e arruinar-se-á por completo.
É um grave erro pensar que o prazer de observar e investigar possa ser fomentados pelo medo da coerção e o sentido do dever..."

ALBERT EINSTEIN

Uma nova abordagem em educação

A educação, em geral, e a das escolas, em particular, deveria ter em conta que o ser humano não é apenas composto de intelecto e, portanto, não necessita só de conhecimentos racionais e científicos. A educação deveria ter a preocupação de abraçar as capacidades emergentes da natureza humana e de as desenvolver e integrar. Rogers (1970), pedagogo humanista, explicava que a aprendizagem é um processo pessoal, de índole vivencial, no centro do qual está a pessoa como ser que pensa, sente e vive. Por esse motivo nossas escolas deveriam começar por identificar o nível de crescimento em que cada criança se encontra, promover o interesse pela aprendizagem nas diversas facetas que ela apresenta, e não apenas no começo da existência, mas ao longo de toda a vida, cultivando e promovendo o interesse pelo desenvolvimento do corpo, dos sentimentos, emoções e evolução do espírito (ou alma) da pessoa, da mesma forma que estão preocupadas em desenvolver as aptidões cognitivas, ajudando-a a descobrir os valores fundamentais da vida. Além do mais, a criança e o jovem não conseguirão aprender nada, em profundidade, se não se tiver em conta seu todo e suas mais diversas necessidades. A educação deveria, pois, ter uma preocupação muito mais abrangente transcendendo os atuais debates sobre o valor relativo das aptidões intelectuais. Existem muitos outros valores na pessoa humana que deveriam ter-se em conta, já que não somos detentores, apenas, de corpo físico ou de corpo mental. Assim, dever-se-ia ter presente a promoção da saúde física, psíquica, espiritual, energética, a promoção da criatividade, dando-se mais espaço e tempo a atividades que desenvolvessem aptidões relacionadas com o hemisfério direito do cérebro (e que desenvolvessem atividades também de caráter feminino). Não podemos esquecer que as crianças, desde que nascem até os 8/9 anos, necessitam mais da energia feminina e que entre os 8 e os 11/12 anos necessitam da predominância da energia masculina (hemisfério cerebral esquerdo). Mas a predominância não significa, naturalmente, exclusão da energia feminina.

Como já referimos, nosso hemisfério direito é mais criativo e seu desenvolvimento promove atividades que desenvolvem mais uma energia feminina. Nossa sociedade tem se preocupado em dar maior ênfase a atividades que desenvolvem predominantemente a energia masculina, portanto, o hemisfério cerebral esquerdo, por meio da promoção e do desenvolvimento de atividades estritamente de carácter racional, lógico, ligadas ao pensamento intelectual. No entanto, existem atividades de carácter neutro que ajudam na coordenação e no equilíbrio dos dois hemisférios cerebrais e que se deveriam também considerar, já que esse tipo de atividades vai ajudar muito nossas crianças e jovens, principalmente, todos os que já integram a nova energia Índigo.

As atividades femininas que desenvolvem mais o hemisfério cerebral direito são as chamadas atividades passivas – ler, escrever...

As chamadas atividades ativas ou masculinas (hemisfério cerebral esquerdo) serão, por exemplo: o esporte, tocar bateria, correr...

As atividades neutras são as que põem em atividade os dois hemisférios cerebrais, pois promovem a criatividade e a ação ao mesmo tempo, como por exemplo: o teatro, a dança, o canto, a escultura, entre outras.

Nossas escolas têm, predominantemente, atividades ou só masculinas ou só femininas, não contemplando, assim, a possibilidade de as crianças desenvolverem os dois hemisférios cerebrais simultaneamente. Isso provoca nelas uma grande instabilidade e até nervosismo, por isso dizemos que não param quietas nas carteiras, que estão sempre a se mexer, que não prestam atenção, que parece que têm picos. É que as crianças ou os adolescentes de hoje não se satisfazem apenas com o fato de ouvirem passivamente e horas a fio, eles precisam de participar, de colaborar ativamente e com criatividade para se sentirem mais realizados e integrados com os saberes e, assim, aprenderem.

É evidente que isso implica também, da parte dos professores, muito mais criatividade e envolvimento para identificarem que tipo de alunos têm, para prepararem as atividades que devem desenvolver e como as desenvolver, de modo que se facilite uma verdadeira aprendizagem das crianças e dos jovens.

No entanto, nem sempre isso acontece e, portanto, é urgente adotarem-se formas de educar que tenham bases sólidas em pedagogias adequadas às características e necessidades que as "crianças da nova era" vêm apresentando.

A energia das crianças Índigo é uma energia de ruptura com antigas formas de ensinar, com as rotinas e os velhos hábitos que se vêm instalando na sociedade.

Essas crianças são fruto de uma evolução genética que o ser humano preparou ao longo de séculos e que agora, finalmente, está acontecendo. As crianças Índigo trazem consigo capacidade para atuarem como espelhos. Elas apenas pretendem dizer-nos o que está errado à sua volta. Em razão de sua forte intuição, facilmente se apercebem de tudo aquilo que é negativo em cada um de nós e tratam de o espelhar, imitando tudo aquilo que mais nos incomoda em nós próprios e que temos de trabalhar para nos modificarmos e melhorarmos. Elas também têm a capacidade de romper com estruturas e sistemas instalados (embora isso não seja algo consciente nelas, incomoda-nos seriamente), obrigam-nos a questionar as coisas e a mudar a forma como procedemos e até a forma de vivermos, com vista a um maior crescimento e progresso. Elas vêm provocar uma verdadeira revolução nas famílias e em nossas sociedades e, tal como as revoluções e as guerras, só depois de terem acontecido é que as pessoas se conscientizam e se modificam verdadeiramente. Será assim também com a revolução que essas crianças vêm fazer.

Conforme referiam os filósofos da Antiguidade, o propósito fundamental da educação é o desenvolvimento de nossas melhores e mais profundas qualidades pessoais, morais e espirituais. Desde Platão até os mais recentes e principais pedagogos têm vindo a desafiar as escolas no sentido de se tratar e educar a pessoa (e nesse caso a criança e o jovem) como um todo. A pedagogia e a psicologia tradicionais já não respondem adequadamente às necessidades e ao grau de evolução desses novos seres que são portadores de novas ferramentas psicológicas, conscienciais e espirituais demasiado avançadas e revolucionárias.

Guoege Leonard (1968) (citado por J. Redfield em *Deus e o Universo em Evolução*), já no século XX e em seu livro *Education and Ecstasy*, depois de ter visitado algumas escolas nos Estados Unidos, constatou o tédio e o aborrecimento de alunos e até de alguns professores, pela ausência de paixão e pela monotonia e tristeza evidenciadas em muitas escolas. Perante essa constatação escreveu artigos, como jornalista, na revista *Look*, e veio depois a propor formas de ensino mais ousadas, criativas e profundas com as quais as escolas, dos vários níveis de ensino, podiam desenvolver nos alunos capacidades físicas, emocionais, cognitivas e espirituais de uma forma integrada e, portanto, mais formativa.

Nessas escolas, o autor explica que os alunos podem:

- aprender e adquirir aptidões e conhecimentos culturais da atualidade (por meio da leitura, escrita, cálculo, história...) de um modo alegre e dinâmico, que resulte de um acordo cooperativo do grupo, decidido em comum;
- proceder a mudanças criativas, pela utilização do sentido crítico de cada um, em vez de pensarem e agirem todos de uma só forma acordada no geral, por exemplo, por um qualquer manual escolar;
- aprender pelo prazer e gozo de saber e não pela agressão da competitividade; pela partilha cooperativa e não por desejo desenfreado de adquirir e ter em demasia;
- aprender a desenvolver estados de consciência elevada: emocional, sensorial e corporal e, a partir daí, desenvolver uma empatia forte pelas outras pessoas, melhorando as relações interpessoais;

- aprender a aprender, pois a aprendizagem (utilizando em interação o canto, a dança, o teatro, a música, a poesia, a arte em geral) é fundamental para a vida.

Felizmente, existem escolas e pedagogias baseadas em valores que adotam um tipo de abordagem que vai ao encontro das crianças e jovens da "nova era" por possuírem uma visão mais integrada e holística.

Pedagogia do Movimento da Escola Moderna (MEM)

Em consonância com o estipulado na Lei de Bases do Sistema Educativo Português (que consagra algumas propostas da pedagogia contemporânea), o Movimento da Escola Moderna, por exemplo, defende que a educação deve contribuir para a realização global do indivíduo, por meio do desenvolvimento pleno da personalidade, da formação do caráter e da cidadania, que deve prepará-lo para uma reflexão consciente sobre os valores espirituais, estéticos, morais e cívicos, e proporcionar-lhe um equilibrado desenvolvimento físico e harmonioso das diferentes dimensões da pessoa.

Teoricamente tudo isso é correto; no entanto, sabemos que existem várias correntes comportamentais que defendem a ideia de que a criança é uma espécie de *tábua rasa*, ou seja, um recipiente vazio no qual é necessário introduzir estímulos, conhecimentos, de modo a obterem-se as necessárias facetas de seu comportamento, reduzindo tudo, portanto, ao mero comportamento.

Com Piaget e seus seguidores desenvolveu-se admiravelmente a ideia de que a criança passa por vários estágios de sua personalidade até manifestar suas capacidades em nível do desenvolvimento cognitivo (ser mental). No entanto, com os recursos que dispunham, nessa altura, não foi possível chegarem ao ser espiritual que a criança também é. Foram feitas inúmeras experiências com testes psicológicos de fatos empíricos, mas sem conseguirem chegar à origem dos fenômenos observados.

Nas ciências da educação, os construtivistas: Bruner, Ausubel, Vygotsky, entre outros, já salientaram a necessidade de se desenvolver uma aprendizagem diferente. Para eles, a aprendizagem é um processo em que os sujeitos ativamente participam e constroem seu próprio conhecimento. A perspectiva construtivista da aprendizagem reconhece que o conhecimento científico não é algo possuído pelo professor para ser comunicado e transferido ao aluno. É, antes, um processo de conhecimento construído pelo aluno (da mesma maneira que é construído pelo professor com vista a dar sentido às interações com os outros e com o mundo à sua volta). Nos Estados Unidos, John Dewey já em 1910 se encontra nesta mesma linha de pensamento, que na Europa foi adotada, nomeadamente, pela pedagogia *Freinet*. Em Portugal, o Movimento, da Escola Moderna (MEM) seguiu essa pedagogia progressista que tinha sua matriz nas práticas e nas posições educativas de *Freinet*. Esse movimento, por meio de Sérgio Niza, entre outros, sublinha que "toda a atividade educativa deve ser uma atividade integrada que corresponda ao interesse da criança e que a mobilize, a partir de seu interesse e de seu esforço...".

Pedagogia Montessori

A dra. Montessori, educadora, psicóloga e médica italiana, foi um dos primeiros teóricos a realçar a natureza desenvolvimentista do ser humano em um contexto evolutivo. Sua técnica educacional, designada atualmente por método Montessori, dava importância ao treino sensorial em um ambiente organizado. Apesar de haver semelhanças entre sua teoria e as de Piaget no sentido de se dar importância à experiência precoce no desenvolvimento cognitivo, sua abordagem foi rejeitada pela maioria dos comportamentalistas americanos. Está atualmente recebendo uma atenção renovada por parte de competentes psicólogos educacionais. Os fundamentos de sua pedagogia davam grande importância à criança integral. O objetivo principal é ajudar que cada criança desenvolva suas potencialidades em todas as áreas de sua vida. Suas atividades promovem o desenvolvimento de habilidades de âmbito social, de crescimento e equilíbrio emocional e de coordenação física, ao mesmo tempo da preparação cognitiva. Desenvolve um currículo com cariz holístico (equilíbrio entre corpo e mente) com a supervisão de um professor especialmente preparado, para proporcionar à criança experimentar a alegria de aprender, assegurando o desenvolvimento de sua autoestima e proporcionando que, por meio de suas experiências, as crianças cheguem ao seu próprio conhecimento. A dra. Montessori teve a preocupação de criar um método que se possa adaptar a cada criança, tendo em conta suas individualidades e necessidades próprias, e não para que a criança se molde ao método. O respeito pela individualidade de cada criança é, sem dúvida, o aspecto central de sua filosofia, que conduz a que se estabeleçam relações de confiança mútua não só em relação às crianças, mas extensivas às famílias.

Existem várias escolas na América que utilizam a pedagogia Montessori que também estão espalhadas por toda a Europa. Em nosso país também existem escolas que seguem esse tipo de pedagogia.

Pedagogia Waldorf

Outro sistema de educação também alternativo e muito conhecido é o da pedagogia Waldorf, que explica de forma harmoniosa a relação existente entre o processo íntimo do desenvolvimento da criança e do jovem e as modificações sofridas pelo homem em sua evolução histórica (desde a era do mito à razão). Assemelha-se à lei "biogenética" de Haeckel. Não se trata de comparar a mentalidade das sociedades primitivas com a da criança ou jovem, mas trata-se, apenas, de uma imagem na qual se podem encontrar algumas semelhanças que conduzem o homem da inconsciência à consciência, já que ambos estão dando os primeiros passos e despertam para um mundo que se quer conhecido e ambos revelam insuficiências próprias de um pensamento a germinar, como explica Piaget em *Psicologia e Epistemologia:*

> "(...) E como a pré-história intelectual das sociedades humanas corre o risco de ficar para sempre nossa desconhecida, é indispensável estudar a formação dessas noções na criança, recorrendo assim a uma espécie de embrião mental. (...) Não é pois exagero chamar "mítica" à opinião clássica e certamente simplista segundo a qual todos os nossos conhecimentos, ou no mínimo nossos conhecimentos experimentais, teriam uma origem sensorial..."

Nesse sentido, a criança terá de passar por um processo evolutivo de crescimento, amadurecimento e conscientização progressivos até atingir a maturidade. Para isso, necessita de acompanhamento adequado, com respeito por sua individualidade e criatividade, para que floresça e desabroche livremente em todas as suas vertentes.

Desde sua fundação, em 1919, o objetivo das Escolas Waldorf foi desenvolver seres humanos livres, criativos, independentes e com valores morais. Rudolf Steiner, fundador da pedagogia Waldorf, tinha como principal lema: "Aceitar as crianças com reverência, estudá-las com amor e deixá-las caminhar em liberdade".

Um artigo publicado em um jornal americano por R. Kotzsch, em 1989, citado por Lee Carroll, dizia o seguinte:

> "Entrar em uma Escola Waldorf é como passar através do espelho de *Alice, no País das Maravilhas,* na educação. É um mundo surpreendente que, algumas

vezes, até nos desorienta, por ser cheio de contos de fadas, mitos e lendas ou música, arte, demonstrações físicas, jogos e festivais de estação, de livros de tarefas escritos e ilustrados por estudantes, um mundo sem exames, graus, computadores ou televisão. É, em resumo, um mundo que as ideias e as práticas do sistema educativo americano tinham deixado para trás".

Na América existem bastantes escolas Waldorf e até há uma Associação de Escolas Waldorf norte-americanas. Em Portugal, existem muito poucas escolas que utilizam esse tipo de pedagogia, só temos conhecimento da existência de uma escola na zona de Lisboa e outra no Algarve. No entanto, já existem vários educadores e professores que estão fazendo um meritíssimo trabalho com crianças, adotando esse tipo de pedagogia.

Aprendizagem interativa

Analisando as crianças da Nova Era e as várias pedagogias e filosofias educacionais que existem e se podem utilizar na educação de crianças Índigo, Cristal, etc., percebemos que nem sempre é adequado utilizar uma única pedagogia. Por vezes algumas dessas escolas referidas anteriormente são consideradas escolas de elite, e os pais e educadores têm demonstrado descontentamento pelo fato de terem as crianças nesse tipo de ensino e, quando necessitam de transferi-las para o ensino regular, encontram sérias dificuldades. Esse foi um dos motivos pelos quais resolvemos criar pequenos cursos de autoconsciência Índigo na Casa Índigo, onde as crianças inseridas no ensino normal podem começar logo desde os primeiros anos de escolaridade a fazer sua adaptação serena ao ambiente escolar, sem grandes sobressaltos. Orientar e ajudar as crianças e os jovens em sua integração social e escolar deveria ser a grande preocupação de todos os educadores e professores, porque, como Osho refere:

> "A educação que tem prevalecido no passado tem sido insignificante, incompleta, superficial. Só ensina as pessoas a ganhar dinheiro para viverem, mas não abre os horizontes sobre a vida em si mesma (...) Não só é incompleta como daninha (...) Porque está baseada na competição. Qualquer tipo de competição tem uma raiz violenta e cria pessoas que não sabem amar (...) Naturalmente, têm de lutar e estar em conflito com elas mesmas. Isso destrói suas alegrias e destrói suas amizades".[34]

---

34. O *Livro da Criança*, de Osho.

Nesse livro, Osho aponta para cinco dimensões importantes para uma nova educação:

1. Informação – a educação deve ter um caráter informativo acerca dos conteúdos científicos.
2. Aplicação prática dessa informação de forma que o aluno perceba como usar a informação recebida em seu dia a dia.
3. Ensinar aos alunos a arte de bem viver na procura da paz interior e felicidade tendo o exemplo vivo de seus educadores.
4. Potencializar a criatividade por meio da ativação do hemisfério cerebral direito, equilibrando-o com o hemisfério cerebral esquerdo, promovendo a arte, a poesia, preparando-os para a verdadeira felicidade da quinta dimensão.
5. Vivenciar a arte de amar utilizando técnicas novas interativas e relacionais dinâmicas, tais como a cocriação, tendo consciência de que somos seres criadores de felicidade, alegria, paz.

As crianças Índigo enquadram-se perfeitamente em uma modalidade de aprendizagem interativa, porque elas próprias apresentam as características referidas no quadro a seguir referenciado. Por serem intuitivas, sensíveis e sensoriais, fazem relações de conecção com o mundo real e o imaginário com muita facilidade, apresentando grande abertura a outras ideias e relações, são abrangentes e revelam maior facilidade para a descentralização, coexistência de vários centros de interesse ao mesmo tempo, o que as caracteriza ordinariamente com déficit de atenção, por apresentarem dificuldade de se centrar em um só interesse ou em um único conteúdo.

No quadro seguinte, apresentam-se as características principais da aprendizagem na modalidade tradicional e interativa.[35] Sem invalidar o paradigma clássico, o professor deve ser consciente dessa distinção e assim verificar o ambiente comunicacional de aprendizagem que promove em sua aula. Ao compararmos as duas modalidades de aprendizagem existentes, percebemos como a segunda se encaixa muito melhor nas características que essas crianças apresentam do que uma aprendizagem tradicional que é bastante racional, lógica, reducionista, centrada na transmissão de conhecimento, enquanto a segunda se caracteriza por ser intuitiva, multissensorial, conectiva, descentralizada, utilizando a participação e colaboração dos alunos.

---

35. Proposta por Marco Silva, 2005.

No caso das crianças Índigo, não lhes interessa uma aprendizagem de mera transmissão de conhecimentos, exposição oral, leitura linear livresca, baseada na memorização e repetição, mas sim uma aprendizagem que fomente a navegação e criatividade, a experimentação, simulação, participação, bidirecionalidade e coautoria. É nesse contexto que se sentem mais realizadas e aprendem com maior facilidade e concentração, desenvolvendo mais facilmente suas capacidades.

Aprendizagem Tradicional/Interativa

Modalidade Tradicional	Modalidade Interativa
Racional: organiza, sintetiza, hierarquiza, causaliza, explica; **Lógico-Matemático:** dedutivo, sequencial, demonstrável e quantificável; **Reducionista:** separa corpo e mente, razão e objeto, intelecto e espírito, emissão e recepção, o lógico e o intuitivo; **Centrada:** parâmetro, coerência, delimitação, transcendência; **Procedimento:** transmissão, exposição oral, leitura linear livresca, baseada na memorização e repetição.	**Intuitiva:** conta com o inesperado, com o acaso, com uniões não lineares; **Multissensorial:** dinamiza a interação de múltiplas capacidades sensoriais; **Conectiva:** procura fazer analogias, em permanente abertura a novos significados e à construção de redes de relações; **Descentralizada**: coexistem múltiplo centros; **Procedimento:** navegação, experimentação, simulação, participação, bidirecionalidade, coautoria.

Como superar a crise da educação

Apesar de algumas crianças nascerem já com conhecimentos que não sabemos explicar de onde vêm, a verdade é que, para todas elas, é muito importante a educação. Segundo R. Lanz, podemos afirmar, com inúmeros autores, que a "crise da educação é, no mundo inteiro, um assunto que está à beira da calamidade. Já que a educação é considerada como "a indústria do saber...", o conhecimento é uma "mercadoria que se oferece no mercado da instrução...", "A escola pretende desmembrar o ensino em compartimentos, embutir no aluno um currículo composto desses blocos pré-fabricados e ler o resultado em uma escala internacional". Os próprios pedagogos reconhecem que a educação comum não sabe exatamente quais são suas metas pedagógicas – se são materiais, cognitivas, sociais ou afetivas. Sabe-se, contudo, que a crise na educação passa por uma falta de valores, e que valores serão esses? Serão políticos, sociais, religiosos, morais...? Será que hoje ainda se acredita verdadeiramente nesses valores, como antigamente? Uma coisa é certa: a crise passa também pelos próprios valores...

Quando se pretende educar, tem de se ter presente que uma realidade, capaz de formar e transformar, necessita que se definam bem alguns objetivos essenciais.

A criança Índigo, por suas próprias características e por sua complexidade e inteligência, necessita de uma educação adequada ao seu grau de evolução. Não pode nem deve ser lançada ao seu próprio abandono ou, o que seria pior, deixarem-na fazer sempre tudo o que lhe apetece acabando por ser a detentora de todo o poder em casa ou na escola. Por vezes apercebemo-nos de que os pais, para não se aborrecerem ou porque não sabem o que fazer, preferem não interferir e fazem tudo o que a criança quer e, a certa altura, constatam que têm diante de si um tirano que manda neles e que eles já não conseguem controlar as situações. Para não chegarmos a esse ponto é necessário os pais procurarem ajuda adequada e apoio eficaz com quem lhes possa dizer que as crianças, quando são compreendidas e orientadas corretamente, conseguem surpreender-nos e ser grandes amigas e companheiras dispostas a grandes causas e a comprometerem-se na mudança efetiva do planeta.

Como conseguir isso?

Em primeiro lugar é fundamental que exista para a criança uma só escola e uma só educação. O complexo processo educativo, para atingir seus plenos objetivos, deve fazer um compromisso com todos os seus intervenientes que, em conjunto, devem envolver-se em uníssono: pais, professores, alunos. Todos têm de ter consciência de três verdades insofismáveis:

1. O potencial humano é muito superior àquilo que nos convenceram. (Einstein desenvolveu, apenas, entre 5% a 10% das capacidades de seu cérebro...)
2. A educação deve ser adquirida naturalmente e com prazer, porque educar sem prazer é deseducar e é como um dia sem sol.

3. A educação e a aprendizagem são o único motivo que nos trouxe a este planeta, por isso, deve ser feita com esmero.

"A grande viragem tem de ser efetuada pela escola, é trabalhar para que a escola e a aquisição dos conhecimentos sejam um pretexto para as pessoas crescerem em autonomia e não o contrário, ou seja, só para os alunos terem notas. A escola existe para os meninos se socializarem, para crescerem, e a aprendizagem é um pretexto..."[36]

Cada vez mais se nota que a educação das crianças e dos jovens consistiu e consiste em adaptá-los, encaixá-los, formatá-los ao mundo dos adultos, o que antes era aceito, passivamente, mas desde há algumas décadas as coisas mudaram drasticamente. Existe, hoje, um verdadeiro abismo entre a criança e o mundo dos adultos e este tem vindo a aumentar vertiginosamente e com uma rapidez crescente. Por um lado, as crianças nascem com uma predisposição cada vez mais espiritual; por outro lado, o mundo dos adultos afasta-se cada vez mais e com uma rapidez crescente da espiritualidade. O mundo em que vivemos encontra-se impregnado de uma mentalidade e de um modo de vida puramente materialista, característica ainda do predomínio da terceira dimensão.

Desde há cerca de uns 20 anos que pais e pedagogos se dão conta de que um número crescente de crianças com comportamentos diferentes do habitual têm vindo a aparecer. Já não se trata de um caso ou outro desgarrado, mas de uma nova geração de consciências, até agora desconhecida. São crianças com uma maturidade cada vez maior, com uma energia diferente e que revelam descontentamento com o mundo dos adultos trazendo consigo uma verdadeira consciência espiritual. Perante essa realidade seria uma imprudência fechar os olhos e tentar ignorar sua existência, até porque a missão dessas crianças é real e é de ruptura com os velhos padrões e as antigas estruturas de vida Cristalizadas em nossa cultura. Vejamos, então, como se comportam essas crianças para podermos, depois, pensar em uma educação para a "Nova Era".

Comportamentos das crianças Índigo

As crianças Índigo não são crianças especiais ou diferentes das outras, como temos referido; elas apresentam, apenas, alguns comportamentos pelos quais revelam ser, por exemplo, mais independentes e autônomas.

---

36. I. Santana, professora ligada ao MEM.

Só apresentam comportamentos introvertidos ou dependentes se não são compreendidas e o ambiente à sua volta é hostil ou agressivo. Não há, portanto, um tipo de criança Índigo com modelo padrão, porque sempre haverá uma diferente da outra. Sabemos que neste momento já existe outro tipo bem definido de crianças que designaram de "crianças Cristal" e até crianças que podem trazer as duas características ao mesmo tempo e outras características irão aparecer daqui por diante... porque a evolução não para, nem é possível fazer parar a evolução em consequência da vibração energética que está acontecendo em nosso planeta, neste momento, e que influencia profundamente tudo e todos os seus habitantes.

As crianças Índigo não são seres estranhos, que apareceram agora em nosso planeta, porque sempre houve crianças Índigo e existem adultos Índigo habitando nosso planeta desde sempre. O que acontece é que, desde os anos 1990, o número dessas crianças tem aumentado bastante (Lee Carroll fala-nos que 90% das crianças que hoje nascem são Índigo e, por isso, é necessário estarmos, cada vez mais, preparados para as mudanças que aí vêm. Essas crianças aprendem de uma forma diferente e mais com a prática do que com a teoria. É essa a razão pela qual mostram desinteresse pelas formas tradicionais de ensino.

Todos nós sabemos que o ser humano, por instinto natural, começa sua aprendizagem por imitação. Começamos a andar imitando os que conosco convivem, aprendemos a falar também por imitação, e aprendemos a comer sozinhos porque imitamos os adultos.

É por esse motivo que é mais fácil para uma criança aprender a ler ou a escrever do que para um adulto que não tenha passado por esse processo na idade adequada. Porque a criança traz consigo essa capacidade de aprendizagem por imitação do que os pais, a escola e a sociedade lhe ensina. Imitar é natural e não é necessário ensinar ninguém a imitar.

Toda criança traz, portanto, consigo essa capacidade inata, é uma capacidade anímico-espiritual que começa com a dedicação, o carinho e o amor entre mãe e filho e, pouco a pouco, vai alargando-se ao pai e aos outros que com ela convivem. Essa capacidade já existia antes do nascimento, no mundo espiritual que habitava em união com as outras entidades-do-eu. Claro que nada disso pertence ao mundo material, porque aí, no mundo espiritual, tudo está livre da matéria.

Com efeito, pode dizer-se que a criança é, por natureza, um ser transparente, puro e livre (um pouco à maneira de Rousseau), mas como assim que nasce e na própria família começa por ver e ouvir dizer coisas que os adultos fazem e dizem (quantas vezes, bastante impróprias... e afastadas do amor de onde elas vêm), ela vai imediatamente e naturalmente imitar, e é desnecessário dizer-se a uma criança para não copiar ou não fazer algo porque, mais cedo ou mais tarde, ela o fará.

Pode dizer-se que a criança ao nascer só nos inspira energia de amor, paz, felicidade, tranquilidade, segurança, beleza, alegria, luz, mas a sociedade depressa lhe mostra que o caminho é outro, porque à sua volta os irmãos gritam, a mãe discorda do pai; se o telefone toca o pai diz "se for para mim, não estou", os vizinhos insultam-se, a televisão fala em crimes, assaltos, mortes, destruição... e a criança que tudo imita começa sua aprendizagem...

R. Steiner, em seu livro *A Prática Pedagógica*, conta, a esse respeito, a história de duas crianças com pouca diferença de idade que andavam juntas.

> "Quando ambas eram vistas andando uma ao lado da outra, ambas pisavam de um jeito que uma perna mancava e andava de modo irregular. (...) As crianças eram a cópia uma da outra, a mais nova era uma verdadeira cópia da mais velha. Mas só a mais velha é que tinha um defeito na perna esquerda, a mais nova era uma criança bem sadia, que incorporara tudo aquilo ao imitar a dinâmica errada da irmã. (...) No aprender a andar, em que a dinâmica e a estática são assinaladas, o ser humano assimila o espírito de seu ambiente. Portanto, podemos dizer que no aprender a pensar assimilamos o que vem da natureza exterior, no aprender a falar assimilamos o anímico do meio ambiente; e quando o ser humano penetra na vida terrena, a primeira coisa que faz é assimilar o espírito do ambiente."

A criança tem tendência natural para imitar todo o ambiente que a envolve. Nesse sentido poderíamos dizer que a sociedade corrompe, ou seja, ensina a criança a afastar-se de sua essência mais pura e espiritual, o Amor. A característica principal da existência humana na terra passa, então, pela separação.

Ela começa a ser, pouco a pouco, separada do mundo espiritual, de sua natureza original e progressivamente vamo-nos também separando uns dos outros. Mas todos aceitamos, um dia, fazer parte desse "jogo" e sabemos, no mais íntimo de nós próprios, que tudo não passa mesmo de um "jogo", que estamos sendo postos à prova por meio de toda essa separação, que tanto nos incomoda. Em certas culturas arcaicas havia uma consciência de grupo, a chamada consciência coletiva. Mas, nas sociedades atuais, cada vez mais as pessoas vivem separadas e isoladas umas das outras, tendo-se perdido completamente essa consciência de grupo.

A sociedade atual começa por ser, para a criança, logo desde a infância, a causadora da separação desta da família para ser colocada em um berçário a partir dos 4/5 meses.

As próprias escolas onde inserimos nossas crianças, logo desde a infância (infelizmente cada vez mais cedo...), podem ser comparadas a um bosque cheio das mais variadas espécies de plantas, árvores e arbustos que a Natureza se encarrega de fazer crescer em perfeita sintonia, harmonia e equilíbrio, porque naturalmente e, com muito amor, a cada uma chega exatamente aquilo de que necessita. No entanto, se apanharmos uma quantidade dessas plantas, árvores e arbustos e as metermos em uma estufa fechada e lhes dermos o mesmo tipo de tratamento e cuidados: adubo, água, luz... passado algum tempo, o que acontece? Começaremos a ver que essa separação de seu hábitat natural provoca, por exemplo, que uma dessas plantas necessita de mais água, outra tem água a mais, outra tem falta de minerais e está ficando débil e frágil demais, outra deixou de crescer por falta de luz e, se formos ver, cada uma delas precisa de cuidados especiais e diferentes por serem espécies distintas. O jardineiro que se escolher para essa estufa não pode ser qualquer um, é necessário alguém que seja especialista e tenha a sensibilidade de poder dar os cuidados personalizados a cada uma das plantas colocadas naquela estufa.

De igual modo, nossas crianças, a partir do momento em que as separamos e afastamos de seu hábitat natural (a família), revelam suas muitas e cada vez maiores dificuldades. Necessitam de quem tenha conhecimentos e sensibilidade para poder cuidar delas e ajudá-las a crescer da forma mais natural e personalizada possível. E isso não pode ser feito em série nem de forma massificada.

O que é essencial na educação da criança Índigo e Cristal

Além da separação da família, a sociedade insiste em retirar das crianças e jovens o tempo disponível dos pais e educadores a que elas têm direito. Os pais passam a vida correndo de casa para o trabalho, depois para as compras, sempre em um estresse imenso e sempre preocupados apenas com valores totalmente materiais: terem uma boa casa, um bom carro, boas roupas, boas férias... enfim, em uma luta infernal com a preocupação de ter, ter e ter cada vez mais e melhor... e aos filhos o que lhes dão? Tudo o que podem de material: dinheiro, brinquedos, jogos, boas roupas de marca, computadores, celulares... mas aquilo de que a criança mais precisa os pais não lhes dão: tempo disponível só para ela.

Tempo com qualidade e disponibilidade, sem estar sempre olhando para o relógio ou preocupados com coisas para fazer... É disso que a criança mais precisa para ter um bom e saudável crescimento: disponibilidade de tempo para dar uma atenção personalizada à criança, falar com ela, interessar-se por suas coisas (sem estresse, sem gritos, sem pressas). Viver cada momento da vida, desfrutando desse momento mágico. Se só tiver 15 minutos por dia, não prescinda deles e aproveite-os bem na companhia de sua criança. Se quer um amigo tem de conquistá-lo, tem de "cativá-lo", como dizia o principezinho de Saint-Exupéry.

Aprenda a cativar seu filho e terá um amigo, porque, ao contrário do que nossa cultura nos ensinou, desde sempre, ele não tem nenhuma obrigação de lhe dar amor se não o amar primeiro, e o que ele precisa em primeiro lugar e antes de qualquer outra coisa é de amor. Ele preferirá ter menos um brinquedo, ou qualquer outra coisa, mas que disponha de mais tempo para estar com ele.

Também na escola se o professor arranjar tempo para seus alunos, tratando-os de forma mais personalizada, procurando conhecê-los, um a um, e cativando-os, obterá deles resultados surpreendentes e isso não é difícil nem complicado. Basta que, em cada aula, disponibilize alguns breves segundos para se conhecerem e dialogarem um pouco.

O diálogo e a partilha fazem milagres também no âmbito da educação.

Além disso, existe algo importante e que poderá ser utilizado com todas as crianças, mas que com as crianças Índigo resulta bastante. É a capacidade de negociação e de pacto. Por vezes, nas relações interpessoais, surgem conflitos provenientes do convívio normal entre as pessoas e que é possível ultrapassar de forma simples e sem lhes dar grande importância. Basta, para isso, que cada um aprenda a ceder em alguma coisa, e os adultos, os professores, os pais têm de ser os primeiros a dar o exemplo. A criança, por simples imitação, aprenderá facilmente que essa altitude é correta e passará a tê-la também, naturalmente, e sem imposições: "Porque tu és criança tens de obedecer e eu que sou adulto não tenho de ceder em nada...". Isso está errado e não vai ensinar à criança que todos temos de saber ceder, em alguma coisa, para todos construirmos um futuro e uma sociedade melhor. As crianças Índigo, como já dissemos, não aceitam a autoridade como antigamente ela era aceita pelas gerações anteriores. Hoje a figura do pai, da mãe ou do professor só será aceita como autoridade se mostrarem, com sua atitude e seu comportamento, que disso são merecedores porque são justos, dignos, corretos, portanto, obterão respeito e amor por "merecimento". Atitudes de falsidade, hipocrisia, aparências, jogos de cintura... não são bem aceitos por essas crianças e, se assim procederem com elas, poderão provocar comportamentos de violência, de não aceitação e de revolta na criança ou no jovem. O adulto deve mostrar seus sentimentos com sinceridade, dizendo o que pensa, o que sente, o que necessita, mostrando que também é capaz de dar e de ceder, reconhecendo eventuais defeitos, e até que tem criatividade e originalidade, quando é necessário... isso é educar.

O excerto da vida de Einstein que se segue revela como é importante o apoio familiar, porque os comportamentos e as reações das crianças nem sempre são o que esperamos.

> "Albert Einstein preferia ler e ouvir música e as pessoas que o conheciam diziam que nunca o tinham visto ler um livro leve ou engraçado para se distrair, já que estava sempre sério e empenhado. Era também paciente, meticuloso e determinado, entretinha-se, por exemplo, durante horas a construir uma alta casa com cartas. Apesar de ser sossegado não era passivo e aconteceu até que sua primeira professora, que lhe dava lições em casa, quando ainda tinha uns 5 anos de idade, recusou-se a continuar com as lições depois de Albert lhe ter arremessado uma cadeira. Mas, com o tempo e a ajuda dos pais, que o acompanharam bastante, aprendeu a controlar-se, embora fosse sempre muito voluntarioso ao longo de sua vida. Embora aparentemente calmo, Albert escondia uma rica imaginação e uma grande sensibilidade. Um certo domingo os pais levaram-no para ver uma parada militar, pensando que ele gostaria dos tambores e das trombetas, e ainda do espetáculo dos soldados a marchar. Albert, contudo, desatou em um pranto, a chorar. Tiveram de o levar de volta à casa onde, são e salvo, explicou que lhe tinha feito muito medo tantos homens juntos a moverem-se de um lado para o outro, como se fosse um máquina enorme, impessoal e ameaçadora. Durante toda a sua vida nunca esqueceu essa imagem e os sentimentos de náusea e terror perante esta primeira visão do poder militar organizado." (F. Macdonald, 1992)

A família pode e deve ser um "porto seguro" no qual naturalmente a criança aprenderá e desenvolverá saudavelmente suas capacidades em um clima de compreensão, amor e verdade.

Empatia e pensamento crítico

Tal como aconteceu a Einstein, por vezes, as crianças Índigo sentem certo receio quando as levamos para lugares onde se encontram muitas pessoas juntas, e isso é normal acontecer por causa de uma reação energética, já que sua energia, em contato com outras energias, variadas e desconhecidas, pode fazer com que se sintam como que absorvidas energeticamente e, portanto, ameaçadas. Esse processo energético pode acontecer com qualquer pessoa quando não se sente identificada ou mesmo por não sentir qualquer empatia com as energias de outras pessoas. E, quando ainda não sabem o que fazer, para se equilibrarem energeticamente, podem entrar em pânico, ou simplesmente se afastarem.

Na escola também pode acontecer esse tipo de situações, por isso se recomendam turmas com poucos alunos, para que professores e alunos possam desfrutar um maior e melhor relacionamento e empatia. Grandes grupos de indivíduos não facilitam nem a relação nem o conhecimento, e muito menos uma aprendizagem personalizada e adequada à individualidade dos alunos.

Na opinião de vários autores das ciências da educação, a empatia é a dimensão mais importante no processo inter-relacional de ajuda e que mais pressupõe uma aceitação incondicional do outro. Esse processo é verdadeiramente necessário para haver aprendizagem. Todos sabemos como aprendemos melhor com aquele ou aquela professora de quem mais gostávamos e que nos compreendia e falava conosco de uma forma diferente, mais compreensiva. Essa era nossa disciplina preferida e quantos de nós despertamos para a definição da profissão que temos hoje por causa desse professor(a)... Também sabemos os danos, os malefícios e até os traumas que um mau relacionamento professor/aluno podem provocar...

A empatia pode promover a possibilidade do professor ser um facilitador do pensamento crítico. Na escola, como na vida cotidiana, é norma generalizada que todos temos de pensar da mesma maneira ou de forma muito parecida, consoante a cultura de onde somos provenientes. Todos temos os mesmos manuais escolares, lemos os mesmos jornais e vemos os mesmos noticiários, discutimos as mesmas coisas e a escola promove um pensamento único e unilateral com testes de respostas únicas aos quais todos têm de dar sensivelmente da mesma forma. Não nos é permitido ver as coisas por outro prisma de pensamento ou termos ideias diferentes, mostrando outro enfoque, que direcione a discussão em outro sentido. Os livros de textos ensinam-nos só um ponto de vista, o que não promove a discussão sadia de várias outras perspectivas de pensamento. Não nos ensinam a ver várias soluções para um mesmo problema e só nos é ensinada uma forma de resolvê-lo e todos temos de utilizar a mesma, caso contrário saímos da norma e avaliam-nos negativamente. Os próprios livros têm apenas uma linha de pensamento e é essa que tem de se seguir, caso contrário começam a surgir problemas. A disciplina de História é apresentada do ponto de vista dos vencedores e dos heróis, não se põem à discussão outras opiniões, mais atrativas ou controversas, pois isso pode ser ameaçador... Devemos ensinar nossas crianças a pensar e não o que devem pensar. Nosso papel não é o de transmitir conhecimentos (receitas prontas a ser consumidas), mas sim transmitir sabedoria, de modo a que saibam escolher o que melhor lhes convém e aprendam verdadeiramente a pensar e a desenvolver a criatividade de um verdadeiro pensamento crítico. Como diz Robert Ocker,[37]

> "Quando transmitimos às crianças sabedoria, não lhes estamos a dizer o que devem saber ou o que é certo – em vez disso devemos guiá-las para que sejam elas mesmas quem procura a própria verdade. É claro que não podemos ignorar o conhecimento existente quando ensinamos sabedoria. Certa dose de conhecimento deve passar de uma geração à seguinte, mas devemos permitir que as crianças a descubram por si mesmas. O conhecimento perde-se com frequência, mas a sabedoria nunca se esquece."

Já é tempo de as escolas e de as próprias famílias promoverem a análise de situações apresentando várias perspectivas, vários pontos de vista e, portanto, várias formas de fomentar situações que ponham as crianças à procura de variadas soluções e de outras perspectivas para uma mesma situação, habituando-se a utilizar a argumentação e a fundamentação de sua visão das coisas. Deve promover-se o desenvolvimento de habilidades e capacidades da criança em vez de se desenvolver apenas a memória. É importante dar às crianças oportunidade para descobrirem e criarem suas próprias verdades. A partir daí veremos como elas mesmas vão encontrar o verdadeiro sentido das coisas, porque, para haver educação, a pessoa tem de descobrir por si mesma que "aquilo" faz sentido dentro dela e acreditar nisso.

O uso do pensamento crítico, por si só, já promove a empatia porque as crianças e os jovens, ao saberem o que pensa cada um de seus colegas, professores, pais, amigos, mais facilmente se poderão pôr no lugar ou na situação do outro. Isso torná-la-á uma pessoa mais flexível e compreensiva, evitando extremismos e linhas de pensamento radicais e impostos de fora, que nada significam para si mesmas.

---

37. Citado por Lee Carroll.

Comunicação, diálogo e respeito

Comunicação, diálogo e respeito são, sem dúvida, fatores necessários na educação das crianças e dos jovens. Desde cedo, essa atuação poderá ajudar muito na construção de alicerces firmes para um bom relacionamento. Estudiosos da educação, filósofos e psicólogos também assim o entendem. Habermas (1990) considera o homem como um ser comunicativo que, no diálogo, se realiza a si mesmo e à sociedade, uma vez que a comunicação humana é também um princípio da ação capaz de marcar a ação social e, em caso de necessidade, de transformá-la, reivindicando, para o sujeito, o papel de sujeito em diálogo. A partir desse pressuposto, alguns autores julgam que estão lançadas as bases para se admitir que a educação não é um mero instrumento de transmissão, desde que os sujeitos intervenham comunicativamente, que a escola é o espaço público de criação cultural, que a aprendizagem é um processo de interação comunicativa; que o professor é um promotor do diálogo, do discurso. Aproximam-se de Habermas, dando ênfase ao diálogo, autores como Paulo Freire (1996), Henry Giroux (1992), Apple Bernstein (1990) e o psicólogo Vigotsky (1986).

Por sua vez, para haver comunicação deve-se respeitar e dar atenção ao outro. Por exemplo, uma pessoa pode adoecer por falta de atenção, por existir uma grande carência de atenção e de sentido ou de não comunicação. A atenção estimula a relação e fomenta a empatia. Daí a importância de estarmos atentos àquilo que a criança faz e diz, ouvindo com atenção e olhando-a nos olhos. Se o fizermos, veremos como essas crianças têm um olhar diferente, adulto, profundo, autoconsciente, cheio de dignidade, que caracterizará mais tarde todo o comportamento do jovem e do futuro adulto. Se lhes dermos atenção rapidamente, elas nos dirão o que querem e o que não querem. Não se pode dispor delas sem se falar com elas sobre aquilo a que nos propomos. Se não o fizermos, irão oferecer uma forte resistência, pois querem e exigem ser tratadas com respeito e dignidade. É fundamental, por isso, o diálogo e a comunicação, pois elas devem ser consultadas se queremos que colaborem. Se o fazemos, sentem-se profundamente reconhecidas, estimadas, apreciadas, respeitadas e vão certamente responder com outra atitude. Como salienta Steiner, em *A Prática Pedagógica,* o papel do educador é muito complexo, mas gratificante, já que

> "O educador e o professor que saibam compreender a criança a partir de todas as fontes (...) vão, passo a passo, tornando-se bastante humildes, porque paulatinamente ficam a saber que, no fundo, pelos meios mais fáceis, nós

pouco nos aproximamos da criança. Veremos, porém, que educação e ensino têm, apesar disso, uma boa motivação, e, se os cultivarmos corretamente na prática, já estaremos em condições de chegar à criança, justamente porque a maior parte da educação está na autoeducação. (...) E não nos devemos admirar se, ao trazermos algo para a criança, ela – não conscientemente, porque a vida consciente ainda não está bem desenvolvida – inconscientemente nos demonstrar uma certa oposição."

Apesar de esse pedagogo ainda não conhecer as crianças Índigo, ele tinha uma visão muito sensível de toda a criança e conseguiu transmitir-nos essa sabedoria. Se conseguirmos criar uma verdadeira empatia por meio da comunicação, do diálogo e do respeito, abrimos o caminho para a "autoeducação" da criança e do jovem.

Cidadania e partilha

Se a criança tem a capacidade de imitar com naturalidade e perspicácia, então é bom que lhes ensinemos a arte da partilha. É normal que as crianças pensem que o dinheiro dos pais vem de uma simples máquina como o caixa eletrônico, por exemplo, de onde estes veem os pais retirar dinheiro com a maior das facilidades. Recordo uma vez que um de meus filhos, quando lhe disse que não podia comprar qualquer coisa que ele queria, por não ter dinheiro disponível para isso, ele respondeu-me simplesmente: "então vai ao caixa eletrônico e já terás todo o dinheiro de que precisas"... A criança habitua-se a ter tudo, do bom e do melhor, desde muito cedo, nada lhe pode faltar. Muitas vezes os pais fazem sacrifícios e prescindem de muitas coisas para que os filhos tenham os jogos que os colegas já possuem... e muitas outras coisas que não são, de forma nenhuma, de primeira necessidade. É necessário que as crianças percebam que a vida não é só receber, mas, sobretudo, dar e partilhar. Os pais, para conseguirem ter a casa, o carro, as crianças nos colégios, etc., têm de trabalhar muitíssimo e nada aparece ao acaso e sem esforço.

É, portanto, importante que, desde muito cedo, as crianças e depois os jovens se habituem a colaborar e a partilhar em casa e na escola. Se há tarefas a fazer, todos devem ter parte ativa em sua execução e não apenas os pais. Desde cedo devem ser habituadas a fazer pequenas tarefas para conseguirem as coisas de que necessitam, tanto em casa como na escola. Em casa, podem ser responsáveis pela arrumação de seu quarto, de seus jogos, etc. Ajudarem a pôr a mesa, a pegar em uma vassoura, quando é necessário, não lhes faz mal nenhum. Na escola também devem ter suas tarefas, não só o estudo, mas também manterem a sala arrumada, seus lugares ordenados e limpos, colaborando para o embelezamento da sala, na seleção de jogos ou outras tarefas. Se tudo isso se tornar um hábito, rapidamente perceberão o valor energético da partilha e da "dádiva" que, por exemplo, o dinheiro tem, como energia que é. Porque todos sabemos que, em sociedade, ninguém dá nada a ninguém e que (até na velha energia) tudo faz parte de uma "troca". Então se habituarmos as crianças e os jovens a entenderem essa dinâmica, mais tarde terão menos problemas de adaptação à sociedade e também ao mundo do trabalho. Na "nova era" e com a nova energia (a célebre frase "tempo é dinheiro" é substituída por "tempo é arte"), fala-se de partilha e a "dádiva" faz parte de uma das leis do Universo. Como diz Deepak Chopra, é a chamada lei do dar e do receber. O Universo opera por essa dádiva dinâmica, que é muito poderosa... dar e receber constituem diferentes aspectos do fluxo da energia do Universo. Se estivermos dispostos a dar com generosidade e desinteressadamente, mais cedo ou mais tarde a abundância do Universo circulará em nossas vidas, e receberemos de volta a resposta do Universo. Ao amor o Universo responde com amor... experimentem e verão!

A escola pode ter papel importante nessa dinâmica, já que a educação não serve só para reunir pessoas, mas, como Dewey (1922), fundador da "Escola Progressista Americana"/Escola Democrática, defende, a escola deve ser um modelo e projeção da sociedade democrática. A escola deve ser uma instituição democrática, como uma comunidade de vida em "miniatura" que deve preparar o indivíduo para a vida social, pois está em causa o conhecimento, mas também a preparação da participação ativa do cidadão na vida em comunidade, citando na íntegra a fórmula da Comissão Internacional sobre Educação para o século XXI, de Jacques Delors – Relatório para a UNESCO:

> "A educação não pode contentar-se em reunir pessoas, fazendo-as aderir a valores comuns forjados no passado. Deve antes responder à questão: viver juntos, com que finalidades, para fazer o quê? E dar a cada um, durante toda a vida, a capacidade para participar ativamente em um projeto em sociedade. A *casa comum* (escola) surge, assim, como lugar de diversidade e de complementaridade, no qual a *sociedade educativa* combate ativamente a exclusão do conhecimento e da informação e promove uma maior coesão social firmada na partilha de seus benefícios, criando um sistema educativo permanente, pois toda a educação é assim, para a cidadania.

Na tradição de Dewey ou de António Sérgio, podemos estar 'perante a república escolar, a qual é chamada à elaboração de regulamentos, à criação de assembleias, à simulação do funcionamento de instituições democráticas, à gestão de equipamentos, elaboração de jornais e outros meios de comunicação social ou ao exercício da resolução pacífica dos conflitos. Aprender a ser com os outros constitui, assim, o primeiro objetivo a considerar para as crianças e os jovens inseridos na vida da escola'."

Esse exercício de cidadania é importante e torna a pessoa mais responsável por seus atos, suas atitudes, seu comportamento perante si mesmo e perante os outros.

Negociação e pacto

Uma outra aprendizagem a utilizar é o "pacto" ou, melhor dizendo, a negociação entre os vários intervenientes do processo educativo. Sem a vivência dessa negociação social, não será possível a harmonia, a estabilidade em uma escola e muito menos em qualquer aprendizagem. O exercício da negociação é uma arte humana, o que exige uma noção clara sobre a natureza e a importância primordial nas relações humanas em um processo coletivo de negociar regras, normas de consenso e de bom entendimento e relacionamento entre todos, permitindo um ambiente adequado ao sucesso educativo.

Grande parte dos problemas do educando, do educador, da escolha e estruturação de tarefas, da turma, da sala de aula e dos outros espaços pedagógicos, da escola, da família, está ligada ou reflete, em boa medida, as possibilidades e as dificuldades, os problemas e as contradições de sua envolvente que é a sociedade. Ora, a escola tem de ser observada como um sistema complexo de comportamentos humanos organizados de maneira a cumprir certas funções no seio da sociedade, mas em interação permanente com sua realidade envolvente.

Para que a escola cumpra essa sua nobre missão é necessário que cada um seja verdadeiramente responsável no cumprimento do papel que lhe cabe nessa "sociedade em miniatura", que é a escola.

John Dewey (1916) afirma que a aprendizagem é um processo de autodescoberta em que cada um de nós deverá ser o próprio descobridor, coisa que os outros não poderão fazer por nós, e para que essa descoberta aconteça na pessoa do aluno, é necessário que o professor se empenhe verdadeiramente, criando um ambiente propício à aprendizagem, ajudando a "fazer-se luz" no mais profundo de seu ser. O professor deverá ter consciência de que será apenas um instrumento de todo esse processo de aprendizagem (embora seja um instrumento muito útil e indispensável). Tal como dizia o filósofo Sócrates, ele (o professor) poderá ser comparado à "parteira" que ajuda a criança a nascer, cujo papel é indispensável para que o nascimento aconteça de forma adequada e harmoniosa. Nesse caso, para que a aprendizagem se faça com sentido, é necessária a intervenção harmoniosa e criativa do professor. Este deve ser um elemento conciliador, diplomata, capaz de utilizar, sempre que possível, o pacto ou a negociação, pois não é possível promover a aprendizagem sem que haja um clima de tranquilidade e harmonia entre todos.

A economia do ensino

A pedagogia Waldorf utiliza um processo que consiste na economia do ensino, com o qual o professor deve trabalhar. Se a finalidade é formar os alunos, o professor deve ensinar economicamente. Deve procurar que os alunos pensem histórica ou matematicamente: mais do que lhes ensinar uma fórmula, o importante é ensiná-los a saber deduzi-la por eles mesmos. Da mesma forma, ensinar-lhes conceitos tampouco é interessante. Os conceitos devem ser interrelacionados, formando um tecido orgânico para poderem crescer e adaptar-se na medida em que a cosmovisão do aluno se amplia e vai se construindo.

O professor deve apresentar as matérias de forma viva, atraente e, sempre que possível, de maneira lúdica, para que se gravem facilmente na memória dos alunos, evitando o cansaço, o aborrecimento e, o que ainda é pior, a ansiedade e o estresse.

O papel dos professores, assim como o de seus pais, é dar instrumentos às crianças e aos jovens para que estes aprendam a organizar-se e a saberem libertar-se das tensões diárias, eliminando o estresse, ajudando-os e orientando-os de forma interessante, agradável, prática e econômica, promovendo momentos de pausa e reflexão, criando espaço para a:

- Comunicação diária
- Planificação semanal
- Avaliação das tarefas
- A arte como terapia

Esses momentos ajudarão muito na tarefa de orientar e educar, porque será sempre necessária a orientação e a ajuda dos pais e da escola para que as crianças e os jovens se integrem em sociedade de uma forma agradável e natural, sem se sentirem inadaptados ou rejeitados, em um futuro próximo. Além disso, é necessário que o jovem, mais tarde, consiga levar a cabo sua missão e, como sabemos, a mensagem será tanto mais bem aceita quanto seu mensageiro também o for. Para isso, ele tem de aprender as regras básicas para se integrar e desenvolver sua atividade. Um dia mais tarde, ainda que opte por formas criativas de atuação, pelo menos tem conhecimento dos limites existentes na sociedade na qual está inserido e até onde poderá ir para desenvolver sua futura atividade com serenidade e maturidade. Essas práticas enunciadas serão desenvolvidas mais adiante, já que as consideramos capazes de poderem dar resposta a algumas das questões que seguidamente abordaremos e que se prendem, entre outras coisas, com a atenção.

A atenção

Quando a escola não consegue dar resposta às necessidades globais da criança ou do jovem e estes se sentem desmotivados, desmobilizados, desintegrados, surge, com frequência, a chamada falta de atenção. A criança ou o jovem passa a ser distraído, não presta atenção, está sempre, ou quase sempre, desatento e, portanto, perturba o normal funcionamento das aulas. Em casa, está frequentemente desligado e desinteressado.

A propósito de concentração e de atenção, é preciso que se saiba que as crianças Índigo trazem consigo, em geral, um excesso de energia vital e espiritual. Por isso é vulgar associar a falta de atenção ou hiperatividade a essas crianças. Na verdade, as crianças que estão chegando, cada vez em maior número, vêm para mudar as velhas estruturas e fazer a ruptura com as culturas instaladas de uma sociedade que, há várias gerações, insiste em não querer mudar, nada ou quase nada, principalmente no que se refere à educação. Ora, quando se obriga as crianças a se encaixarem dentro desses velhos modelos caducos e desajustados, elas reagem mal e mostram desinteresse, falta de atenção e não conseguem permanecer quietas e estáticas, como é exigido pelos professores. O que os estudiosos dessas questões dizem é que essas crianças vêm completamente cheias de uma nova vibração energética e anímica e com a consciência de que o tempo urge e a mudança é necessária o quanto antes. Não há tempo a perder. Sua excessiva energia não lhes permite manterem-se quietos e prestarem atenção ao que não lhes interessa e as aborrece tremendamente.

> "Sabemos que as crianças Índigo nascem trazendo na manga os dons divinos. A maioria delas é filósofa por natureza e pensa sobre o significado da vida e como salvar o planeta. Elas são inerentemente científicas, inventoras e artistas, mas nossa sociedade, construída com a velha energia, está a reprimir os dons naturais das crianças Índigo.
> A Fundação Nacional Americana para as crianças dotadas e criativas é uma organização sem fins lucrativos, não sectária, que tem a missão de ajudar essas preciosas crianças. De acordo com os líderes dessa organização, muitas crianças dotadas são diagnosticadas erroneamente como crianças com "dificuldades de aprendizagem" e estão a ser destruídas pelo sistema público convencional."[38]

Em Portugal, criamos a Fundação Casa Índigo, instituição sem fins lucrativos, para ajudar crianças e famílias com essas características, que encontram dificuldades por meio do sistema público normal. Na maior parte das vezes, e por desconhecimento, elas são catalogadas de especiais atribuindo-lhes o rótulo de terem dificuldades de aprendizagem, serem disléxicas e, por último, inserem-nas em programas de NEE (Necessidades Educativas Especiais) e passam a pertencer ao ensino especial de crianças assinaladas com alguma deficiência e/ou de difícil integração escolar. Ora, isso é um erro que lhes vai dar, de imediato, um estatuto inferior e lhes proporciona pouco estímulo e acentuada falta de autoestima que pode vir a ter repercussões no futuro.

As crianças Índigo e Cristal não têm nenhum atraso mental, mesmo quando começam a falar mais tarde que as outras crianças. Isso apenas significa que elas precisam um pouco mais de tempo para se adaptarem, mas com alguma ajuda e muita motivação e com uma forma mais criativa de ensinar elas conseguem superar suas imaturidades e ir muito mais longe do que muitas outras. As crianças Índigo são geralmente mais imaturas e aparentemente mais infantis em seu comportamento relacional, mas isso não é de forma nenhuma sinônimo de incapacidade. Pelo contrário, porque quando a família as entende e tem paciência, acaba por perceber que as crianças, de repente, superam outras da mesma idade.

Recordo que quando fui para a escola preparatória, ou seja, para o atual quinto ano de escolaridade, tinha dificuldades em ler e trocava as letras com muita facilidade (se fosse hoje, seria diagnosticada

---

38. Doreen Virtue, citado por Lee Carroll em *As Crianças Índigo*.

disléxica). Embora tivesse bons resultados em matemática, as letras e as línguas eram mais difíceis para mim. Aí tive a sorte de encontrar uma professora que me ensinou que bastava treinar em casa sozinha, e todos os dias ler em voz alta, durante algum tempo, ou o jornal ou um livro qualquer. Passei a fazer isso e, passado pouco tempo, já conseguia ler em voz alta sem dificuldade nas aulas, para espanto de todos. Afinal, não tem nada a ver com ter mais ou menos inteligência, tem a ver com paciência e treino. Essas crianças necessitam, isso sim, de alguém que tenha calma, paciência e esteja disponível, todos os dias, com elas para ajudá-las a concentrarem-se, porque em virtude do excesso de energia que trazem têm tendência a dispersarem-se com facilidade dos estudos, quando não encontram atração no que têm para saber ou estudar. Não é necessário gritar nem estar sempre a mandá-las estudar, porque elas não o conseguem fazer sem ajuda, pelo menos nos primeiros anos de escolaridade. A partir de certa altura e assim que começam a encontrar um método que as motive, aí passam a ser ótimos alunos, porque são inteligentes e muito capacitados. O método que encontrei para mim e que me ajudou muito foi andar de um lado para o outro no quarto com os livros e ir dizendo em voz alta a matéria. Assim, como era muito ativa e enérgica, aprendia facilmente enquanto me movimentava e repetia em voz alta as lições. Parada não conseguia, porque me distraía com qualquer coisa ou dava-me sono e tédio.

 Outro aspecto importante é descobrirmos o que lhes desperta a atenção. Então veremos como essas crianças são excepcionais e podem passar horas entretidas com esse seu interesse. Seja a música, os astros, a construção ou desmanchar objetos, o teatro, os computadores, a dança... Segundo alguns autores, essas crianças estão processando dias em minutos, por essa razão elas têm consciência clara de que não têm muito tempo para cumprir sua missão. Já não aceitam, nem permitem, ser "normalizadas". A imposição de muitas normas já não funciona com essas crianças e muito menos a massificação, pelo que elas reagem para chamar a atenção.

 A única forma de podermos ajudar as crianças Índigo, para que desenvolvam serenamente suas potencialidades, é por meio da compreensão, do amor, da criatividade e da motivação. Elas não se sentem minimamente motivadas ou despertas nem lhes interessa, em absoluto, moldes de aprendizagem feitos a partir de objetivos adequados a crianças especiais, porque a criança Índigo não se adapta ao método, seja ele qual for: necessita de um método que se adeque a ela, que tenha em conta seus interesses e suas necessidades. Mas, para isso, é necessário que as escolas, os educadores e professores procurem interessar a criança procurando temas e abordagens que lhe despertem a atenção e a façam participar ativamente na aula e na matéria. É necessário que os professores e educadores tenham amor à sua profissão e sobretudo às crianças, procurando com talento e paixão as respostas e os temas a abordar, adequando-os a cada situação, turma ou criança, seja ela Índigo ou não, utilizando criatividade e dialogando continuamente com elas e com os pais, envolvendo-os e responsabilizando-os na educação das crianças. Se a criança fica atenta ao tema e começa a participar, é sinal de que não tem qualquer problema de atenção e, a partir daí, o professor deixa de ter dificuldades com sua aprendizagem.

Existem escolas que contemplam esses e outros tipos de criatividade e de exigências e que se interessam pelas crianças de forma mais adequada a cada uma delas, dando-lhes a devida atenção e respondendo às suas necessidades (como já referimos, são, por exemplo, as Escolas Waldorf ou escolas Montessori...). Contudo, estas são realmente dispendiosas e nem sempre as famílias têm possibilidades de manter ali as crianças. Além disso, nos últimos anos, muitas famílias, em desespero de causa, têm "despejado" nessas escolas muitas crianças com problemas de adaptação e outros, o que não tem facilitado o cumprimento dos objetivos das referidas escolas.

É necessário, por isso, criar alternativas que viabilizem uma educação não massificada, na qual as crianças sejam tratadas de forma personalizada, pessoal e humana e possam fazer sua adequada aprendizagem.

Transcreve-se uma carta escrita por uma criança Índigo a um professor que nos parece ser portadora de alguma informação esclarecedora.

Carta de uma criança Índigo a um professor

Olá e obrigado por ler minha carta.
Eu sou aquela criança que normalmente não para quieta na carteira, e a quem está sempre a dizer para se calar. É que, às vezes, eu entendo as coisas antes de o senhor acabar de explicar a matéria e, se tem de repetir, aborreço-me. Às vezes posso ser muito mal-educado ou explosivo para chamar a atenção. Gosto de falar de temas que o senhor "acredita" não serem para minha idade. Está sempre a dizer aos meus pais que não consigo aprender, no entanto, se alguma coisa me interessa aprendo facilmente, mas quando já tenho conhecimentos suficientes ponho de lado porque me aborreço.

Não contesto a autoridade, mas o entendimento e as explicações. Aprendo por imitação: seu exemplo para mim é muito importante. Segundo o senhor, estou sempre a transgredir as normas e a criar outras. Sou esse gênio em "potência" que, se se concentrasse em algo, seria melhor...
Meus pais levaram-me ao médico e dizem que tenho ADHD, uma coisa chamada "Deficiência de Atenção com Hiperatividade", e isso quer dizer que não paro quieto, não posso prestar atenção durante muito tempo, distraio-me facilmente e, além disso, sou hiperativo.
O médico queria que eu tomasse Ritalina (minha mãe recusou, dizendo que as anfetaminas criam toxicodependência). Então, ela investigou e agora faço coisas que direcionam minha energia (esporte, artes marciais, Tai-chi, Ioga), e ela evita dar-me alimentos com açúcar ou glicose e sinto-me mais calmo.
Não gosto que me tratem como criança, talvez saiba menos de certas coisas, mas isso não significa que não saiba. Estou em meu processo.
Dê-me mais tempo para assimilar as coisas, pois aprendo de maneira diferente. Se eu não aprendo de uma forma tradicional... por que usa sempre a mesma maneira? Quem sabe se fosse um método mais prático?
Estou sempre a perguntar... por quê? Isso não quer dizer que o questiono estou pondo à prova, tenho somente curiosidade. Se não souber a resposta, diga-me. Não seja evasivo, guie-me para eu encontrar a resposta.
Gostaria que me incluísse quando tomasse decisões que me afetam, não sou simplesmente mais um aluno.
Gostaria que reconhecesse que sou diferente e não que me classificasse como diferente.
Não sou nem mais nem menos que o senhor. Se me explicasse para que serve o que estudamos e que para conseguir certas coisas preciso de disciplina, reagiria de maneira diferente. Quando não me conseguir concentrar, faça alguma atividade para me distrair: um jogo, música, dança... Mas não grite comigo.
Sei que muitas vezes se desespera na sala de aula, pois nenhum de nós lhe presta atenção. Já se preocupou em saber o que realmente nos interessa?
Despeço-me com Amor
José Manuel

Este texto foi escrito por José Manuel Piedrafita Moreno, educador e Índigo adulto. (É livre de usar e divulgá-lo desde que não altere integral ou parcialmente, incluindo os créditos).

O autor dessa carta explica que é possível educar uma criança Índigo e até se torna um prazer, no entanto, essas crianças exigem de nós outras formas de educar, outra atenção e muita criatividade.

Segundo esse autor, sabemos que o dinheiro vai e vem. Nosso planeta está cheio de gente que corre atrás de dinheiro, de propriedade, ou atrás de fama, poder, fortuna e desejos egoístas (a que incorretamente chamam amor). Tudo isso está ligado à competição e faz-nos ver nossos colegas, colaboradores e familiares, muitas vezes, como inimigos. A competição sempre trará a destruição. Ao contrário do dinheiro e da competição, a moral e a ética promovem o espírito de colaboração e cooperação e, à medida que são fomentadas, crescem e florescem nos corações das crianças e dos jovens.

Todo bom educador, desde tempos imemoráveis, salientou que a verdadeira educação deve formar o caráter do educando, em vez de estar só preocupado em lhe transmitir conhecimentos. De fato, tem-se dito que a educação é o caráter ou formação de uma personalidade. Já se tentou definir o caráter de muitas formas; no entanto, Molitemi, colaborador do livro *Consciência Índigo, Futuro Presente*, definiu o caráter como unidade de pensamento, palavra e ação. Não há dúvida de que a finalidade do processo educativo deve ter como primeiríssima prioridade a integração do ser humano em seu todo. E são os valores humanos, como o amor, a verdade, a retidão, a paz e a inocência, entre outros, que simbolizam a integração do pensamento, palavra e ação, que se pode definir como caráter e que é, por sua vez, o objetivo de uma nova educação baseada em uma pedagogia de valores.

A educação surgiu, na história da humanidade, em tempos remotos a partir de comunidades mais evoluídas que resolveram dar a conhecer aos homens sua verdadeira missão, salientando seu valor, ou seja, descobrindo o que, em cada um, há que valorizar e desenvolver, para que se realize em comunidade e na relação com os demais. Todos têm valores para ser descobertos e para desenvolverem, então tem de se começar por aí, procurando que a educação volte a ser uma descoberta que deverá ser feita em comum pela criança e pelo educador (primeiro pelos pais, depois pelos educadores e professores).

A disciplina severa e rígida com a imposição de matérias que nada interessam à criança não a fará despertar, certamente, para a aprendizagem. Há que saber distinguir entre a disciplina dura e uma compreensão empática; a indiferença e a compreensão e o carinho. Qualquer uma dessas atitudes e comportamentos dos educadores e, sobretudo, dos pais (logo a partir dos primeiros anos da criança) irão ter consequências profundas e duradouras na vida emocional da criança.

Os três ou quatro primeiros anos de vida são uma etapa em que o cérebro da criança evoluiu em complexidade e a um ritmo que jamais voltará a alcançar.

Esse período de aprendizagem emocional é o mais importante de todos. O pior que se lhes pode fazer é absorvermos-lhes a própria energia inicial (que trazem consigo, pela vontade expressa de fazerem coisas), corrigindo-os constantemente e de forma agressiva (quantas vezes aos gritos e com maus modos, quando a paciência se esgota...). Deve-se, em vez disso, dialogar com a criança, carinhosamente, salientando aquilo que ela fez bem, em primeiro lugar, mostrando em seguida que é possível fazer-se ainda melhor o que ela supostamente fez menos bem. Para que cresça e floresça, qualquer criança, Índigo ou não, necessita de aceitação, aprovação e elogios. Até os adultos reagem melhor quando lhes mostramos que há formas "melhores" de fazerem as coisas em vez de lhes dizermos pura e simplesmente que as fizeram "mal". Quando se sentem bem, compreendidas, e se dialoga com elas, explicando outras formas de se fazer as coisas e as consequências bem mais positivas que daí advirão, reagem de forma admirável e fazem tudo o que lhes pedimos e como queremos e até gostam de nos presentear e agradar. Desenvolvem-se, assim, maravilhosamente. Então, devem ser ditas à criança frases como estas:

- Gosto muito de você e sei que está fazendo o melhor que pode.
- Você é um ser perfeito e maravilhoso e gosto de você tal como é.
- Cada dia você está mais inteligente e encantadora.
- Concordo com você e gosto de saber o que pensa e de ouvi-lo.
- Vamos ver se em conjunto encontramos uma outra maneira de fazer isso.
- Crescer, aprender e mudar é divertido e podemos fazê-lo em conjunto.

Podemos sempre dizer a verdade de forma que as crianças entendam e reajam positivamente. A educação das crianças deve começar com a educação dos pais, que antes do nascimento de seus filhos deveriam ter a preparação adequada para receberem devidamente o novo membro da família.

A diferença entre ter e ser

Desde muito cedo deve ser dada à criança uma explicação básica de que ela não é apenas seu corpo físico, mas que o corpo é uma propriedade sua. Ensinar à criança que existem diferenças entre aquilo que se é e aquilo que se possui. Temos amor, temos sabedoria, temos mente, temos desejos, temos um corpo, roupa, propriedades, uma conta bancária: isso é o que temos, que é diferente do que somos. O que somos chama-se consciência, espírito ou alma. Tudo o que faz parte de nosso conhecimento, mente, sentimentos, corpo, são veículos pelos quais atuamos. A informação acerca do ser humano é essencial, é como dar-lhes o livro de instruções para saberem o que é melhor para o corpo e para o espírito, aprendendo a alinhar os vários veículos de forma equilibrada, de modo a sentirem-se bem e ser mais felizes.

Doreen Virtue, citado por Lee Carroll, apresenta algumas características de uma criança dotada, embora pareça ter dificuldades de atenção. As características que se seguem podem ajudar a identificar esse tipo de crianças:

- Tem grande sensibilidade.
- Tem energia em excesso.
- Aborrece-se facilmente – apresentando períodos muito curtos de atenção.
- Precisa de adultos emocionalmente estáveis e seguros à sua volta.
- Pode resistir à autoridade se esta não está democraticamente orientada.
- Prefere outras formas de aprender – leitura e matemática especialmente.
- Pode sentir-se frustrada com facilidade porque tem grandes ideias, mas poucos recursos ou pessoas dispostas a ajudá-la a realizá-las.
- Aprende facilmente em um nível exploratório e resiste a aprender de memória ou escutando apenas.
- Não consegue estar muito tempo sentada, a menos que esteja absorvida em algum assunto de seu interesse.
- É muito compreensiva e tem muitos temores acerca da morte e da perda de entes queridos.
- Se experimenta fracassos, em muito tenra idade, pode chegar a desenvolver bloqueios de aprendizagem permanentes.

Aquilo que os professores e os médicos diagnosticam como síndrome de déficit de atenção e hiperatividade é um transtorno de conduta caracterizada por uma hiperatividade motora constante e desordenada, falta de atenção com comportamentos de impulsividade. Não é mais do que a energia mal dirigida, revelando distração e, portanto, pouca capacidade de prestar atenção. Esses sintomas começam a parecer mais evidentes quando a criança vai para a escola e, portanto, são associados a dificuldades na aprendizagem escolar e a problemas de adaptação àquilo que a escola exige: um comportamento disciplinado, quase imóvel, no qual a criança deve estar calada, sentada, sossegada, ordenada, só falar quando é interrogada ou se é solicitada, cumprindo regras e obedecendo à autoridade do(a) professor(a).

Por sua vez, uma criança Índigo é, geralmente, muito inteligente. Quando submetidas a testes de inteligência, são avaliadas acima da média das crianças de sua idade... no caso de não se recusarem a fazer o teste. E, como sabemos, não é fácil fazerem-se testes à originalidade, porque aí estariam muito acima da média. Por essa razão reagem mal à forma tradicional que as escolas tentam impor, mostrando comportamentos de inquietação, irritabilidade e muitas vezes até de rebeldia.

A síndrome de falta de atenção ainda chamada ADD (Attention Deficit Disorder), ou seja, perturbação com deficiência de atenção e o chamado ADHD (Attention Deficit Hyperactivity Disorder) também é designado por Distúrbio da deficiência da atenção com hiperatividade.

O distúrbio da deficiência da atenção é um diagnóstico normalmente dirigido a crianças e adultos que mostram certas formas de comportamento durante certo período de tempo, enquanto a perturbação com deficiente atenção com hiperatividade é considerado um subtipo de ADD.

O diagnóstico que é feito quando aparecem sintomas de falta de atenção está ligado a três sintomas: falta de atenção/distração, hiperatividade e impulsividade. Segundo o estudo da Associação de Psiquiatria Americana, o diagnóstico de ADD e ADHD refere nove sintomas de falta de atenção e nove de hiperatividade (em que é incluída a impulsividade), que podem desenvolver-se antes dos 7 anos de idade e interferir nas atividades sociais e escolares normais das crianças.

Os sintomas mais comuns são:

Sintomas de déficit de atenção

Os sintomas de Déficit de Atenção caracterizam-se por uma incapacidade de manter a atenção dirigida à tarefa a realizar, mas não significa que o indivíduo seja incapaz de aprender, apenas que o faz de uma forma diferente e que aquela forma que estão utilizando com ele não serve. Uma criança ou a pessoa com ADD pode apresentar alguma das seguintes características:

- Parece não ouvir, transparece afastamento e distanciamento.
- Comete erros por distração ou descuido, mostra fraca realização acadêmica.

- Revela dificuldades em manter a atenção.
- Por vezes, não dá resposta às instruções dadas.
- Tem dificuldade em se disciplinar e organizar tarefas.
- Evita fazer esforço mental e revela alguma incapacidade de aprendizagem.
- Perde ou esquece-se de objetos e até das tarefas diárias.
- Distrai-se com facilidade, até com uma mosca.
- Apresenta excessiva ansiedade ou timidez.

Sintomas de hiperatividade:

Uma criança ou uma pessoa com ADHD pode mostrar alguma das seguintes características:

- Atividade excessiva e agitação física (que pode exprimir-se em uma inquietação com as mãos ou com os pés).
- Revela dificuldade em estar sentada (parece que tem picos no assento).
- Salta ou corre em situações desajustadas, subindo a lugares impróprios.
- Dificuldade em permanecer tranquila ao jogar ou até em ócio (não consegue adaptar-se a certos jogos moderados).
- Por vezes, fala excessivamente ou responde com agressividade.
- Está sempre em movimento, como que ligada à eletricidade, ou como se tivesse um motor.
- Esquece-se com frequência de atividades rotineiras.

Hiperatividade ou incapacidade de estar quieto é um dos muitos problemas com que pais e professores muitas vezes se debatem em seu dia a dia. As crianças não sossegam um minuto e têm dificuldade em permanecer no lugar, tendo uma atividade motora excessiva, parecendo ligadas "à corrente". Seu comportamento é de irrequietude, impulsividade, não conseguindo concentrar-se nem prestar atenção a nada, acabando por não ter aproveitamento escolar, embora sejam inteligentes.

As soluções usuais são a medicação, mas como todos sabem a medicação não cura, apenas pode ter algum efeito de estabilizar temporariamente os sintomas ou o sistema nervoso, o que nem sempre se verifica nesse tipo de crianças que, por vezes, têm reações secundárias de agressividade e ainda maior desajustamento social e familiar.

Por quê? Porque as causas, a origem dos sintomas, ficam por resolver... e como tal o problema mantém-se. A situação é que "ninguém" conhece as causas da hiperatividade e não sabem o que fazer para corrigi-las.

No entanto, hoje em dia já se sabe muito acerca desse problema e de algumas de suas causas, e existem muitos profissionais trabalhando as causas da hiperatividade com resultados que antes nunca se pensava que fossem possíveis. Inúmeras vezes existem causas físicas e emocionais por trás da hiperatividade, apesar de nada ser detectado nos exames e testes que atualmente se fazem.

Corrigindo essas causas, a hiperatividade desaparece ou diminui significativamente.

Sintomas de déficit de atenção e hiperatividade

Os sintomas de Déficit de Atenção vêm normalmente relacionados com alguma hiperatividade. Porque a criança ou o jovem que tem Déficit de Atenção ou dificuldades de concentração mexe-se mais e revela alguma irrequietude só pelo fato de não conseguir concentrar-se. Sempre que revelam essas características é comum nos Índigo serem recomendadas medicações com drogas do tipo Ritalina, entre outras. O psiquiatra americano Peter R. Breggin, autor do livro *O Que o Seu Médico Não Conta Sobre o TDAH e As Drogas Estimulantes,* salienta que não existem evidências sólidas nem investigações sérias de que o TDAH seja um distúrbio real. Nem sequer existem exames médicos que o comprovem: "Pais, professores e médicos estão sendo vítimas de uma eficiente campanha de *marketing* dos laboratórios de medicamentos". Aliás, as próprias famílias estão dando um péssimo exemplo aos filhos quando lançam mão de drogas para resolver problemas emocionais. "É uma geração que começa muito cedo a aprender e a ser encorajada pelos adultos a depender de drogas psiquiátricas em vez de aprender outras formas mais saudáveis e equilibradas de encontrarem dentro de si recursos para se entenderem e equilibrarem."

Cada vez as famílias apresentam mais dificuldades e disfunções que vão afetar as crianças desde muito cedo. Então é preciso olhar primeiro para as famílias e perceber e ajudar as crianças que apenas são espelho perfeito das famílias, começando por atacar o problema em sua origem, caso contrário não serve de nada dar drogas às crianças.

Sintomas de impulsividade

Uma criança ou uma pessoa com sintomas de impulsividade pode apresentar alguma das seguintes características:

- O controle de seus impulsos está afetado.
- Responde antes de acabarem de lhe fazer a pergunta (fala antes de pensar).
- Não respeita a vez dos outros (espera com dificuldades em uma fila).
- Interrompe com frequência as conversas.
- Envolve-se em conversas paralelas.
- Tem fortes explosões temperamentais.

A observação de pessoas e crianças com impulsividade, dislexia, autismo, hiperatividade, desordens de atenção, problemas de aprendizagem e muitas outras condições tem mostrado a existência de disfunções no corpo e no sistema sacro-craniano.

Mais, tem-se visto que a correção dessas disfunções resultam em um melhoramento bastante grande em muitas das condições que as pessoas ou crianças apresentam, como sejam a dislexia, a hiperatividade, o autismo, as desordens de atenção, os problemas de aprendizagem, paralisias, etc.

Infelizmente muitas das disfunções existentes no corpo ou no sistema sacro-craniano não são detectáveis nos exames que atualmente se fazem, e apenas podem ser detectadas e corrigidas por pessoas que têm sensibilidade, intuição e são treinadas para o efeito.

Uma vez que essas disfunções não são visíveis nos exames e uma vez que são muito poucas as pessoas treinadas em sua detecção e correção, essas disfunções passam completamente despercebidas da grande maioria dos profissionais de saúde.

E, se não são detectadas, não são corrigidas.

É dessa forma que apenas se detectam as consequências ou os resultados dos maus funcionamentos do corpo e do sistema sacro-craniano, mas não as suas causas ou origens.

E enquanto não se corrigirem as causas por detrás da dislexia, da hiperatividade, das desordens de atenção, dos problemas de aprendizagem, do autismo, impulsividade, etc., esses problemas não serão convenientemente resolvidos. Dessa forma, há que saber detectar e saber corrigir suas origens e causas.

Hoje isso é possível e é possível fazer algo, quer pelas crianças quer pelos pais, professores e sociedade.

Hoje podemos passar de um estado de sem respostas para um estado de resolvido, mas isso depende apenas dos pais e professores que querem fazer algo de diferente daquilo que lhes é frequentemente proposto ou aparentemente imposto.

As soluções existem e é uma questão de tempo até as pessoas perceberem que não têm de aceitar aquilo que lhes dizem e que podem viver a vida que merecem. As soluções existem e só precisam ser encontradas para cada caso e aplicadas por pessoas conscientes e preparadas para o efeito. Muitos casos destes não são apenas clínicos, mas podem ter uma origem mais profunda que é necessário detectar.

Como não se sabe tratar esses sintomas que em sociedade são incômodos, a primeira coisa que fazem é procurar suprimir essa sintomatologia recorrendo a certos fármacos. O tratamento médico com o qual estão sendo tratadas tantas pessoas (inclusive crianças), pelo menos é o que se passa ainda em muitos lugares nos Estados Unidos e infelizmente em Portugal, são medicamentos do tipo anfetamínico (Ritalina, Concertta, Dexidrina, Atarax...). Esse tipo de medicação faz da pessoa um dependente (psicologicamente) desse tipo de droga. E como são produtos químicos, trarão desequilíbrios ao campo energético da pessoa. A venda desses medicamentos nos Estados Unidos supera os 350 mil dólares, e na América do Norte mais de 1 milhão de crianças toma diariamente esses fármacos. Segundo Nuñes Bastos, estudos realizados entre 1980-1985 apuraram que mais de 70% das crianças que apresentavam SDA com hiperatividade melhoravam aparentemente os sintomas com um tratamento de psicoestimulantes em menos de quatro semanas. Essas crianças passaram a apresentar:

- Redução da atividade motora.
- Permaneciam mais tempo sentadas e apáticas.
- Conseguiam estar mais tempo concentrados em uma tarefa.

Apesar dessas vantagens, relatadas pelos defensores desses psicoestimulantes, existe grande controvérsia em razão dos efeitos secundários e colaterais imediatos e ulteriores, tanto em crianças como em adolescentes. Entre eles os mais referidos são: insônia, nervosismo, anorexia, cefaleia, dores de estômago e alucinações.

Nuñes Bastos, em artigo publicado em uma revista chilena, explica que em relação a efeitos a longo prazo, um estudo feito pelo Hospital Montreal, durante cinco anos, em pacientes tratados com psicoestimulantes, apesar de apresentarem alguma diminuição da hiperatividade, um quarto deles continuava com problemas de concentração, com sintomas de imaturidade emocional e incapacidade de manter metas e ainda uma baixa autoestima. O grupo analisado apresentou, ainda, as seguintes características:

- 25% passou a manifestar comportamentos agressivos.
- Um estilo de vida mais impulsivo.
- Mais acidentes de automóvel e motos.
- Menores resultados em testes cognitivos.
- Personalidade mais imatura.
- Abuso de drogas de várias espécies.

Então não será, certamente, este o caminho para um tratamento adequado para essas pessoas e muito menos para crianças e jovens...

Não haverá outras alternativas que se possam experimentar para minorar e até curar esses sintomas sem termos de recorrer a esse tipo de fármacos?

Diferença entre uma criança hiperativa e uma criança Índigo

A etiqueta que lhes põem de hiperativos deve-se à sua grande quantidade de energia. Mas nem todos os hiperativos são Índigo, nem todos os Índigo são hiperativos, ainda que possam passar por etapas hiperativas. A diferença é que o hiperativo não pode concentrar-se em nenhum lugar por causa da disfunção neurobiológica, que pode ter em maior ou menor medida. Uma criança hiperativa tem um movimento mais compulsivo e move-se inclusive quando dorme. Pede atenção continuamente, mas não presta atenção, necessita sempre de estar com alguém e aprende por repetição. O Índigo sabe concentrar-se sempre que tenha um estímulo criativo e pede que lhe deem atenção. Aprende por explicação porque pode escutar, o hiperativo não. A criança Índigo atua compassadamente, e o hiperativo não controla bem o espaço, tem problemas de psicomotricidade e não é consciente de que pode fazer danos aos demais. O Índigo é prudente, o hiperativo não tem sentido de temor; o Índigo precisa de explicação, o hiperativo de repetição. Ao começar a falar o Índigo faz frases inteiras, o hiperativo faz frases curtas, repetitivas e com falta de conexão e coerência com a realidade temporal/espacial. Mas uma diferença essencial é que o Índigo expressa suas emoções. As crianças Índigo são chamadas "rompedores de sistemas". Os cristais são os "pacificadores".

Informação sobre ADD e ADHD[39]

Os estudiosos do fenômeno Índigo explicam que nem todos os Índigo são ADD ou ADHD. Por outro lado, nem todas as crianças com ADD ou ADHD são Índigo. Contudo, pesquisas efetuadas (NRP – mediconsult.com citado por Dalton Menezes em www.astv.hpg.ig.com.br/kry-16.html) referem que existem cerca de 5 milhões de crianças com ADHD, não contando com as que apresentam dificuldades de aprendizagem, o que poderá chegar pelo menos aos 10 milhões de crianças. Por esse motivo, o Instituto Nacional de Saúde Mental dos Estados Unidos passou a considerar ADHD como sendo uma prioridade nacional de pesquisa, à qual atribuiu uma verba específica.

Referindo-se à Polaridade de Reserva Crônica (CRP), o investigador Keith R. Smith explica que o corpo físico é baseado em eletricidade. Existe em nosso corpo um vasto sistema que utiliza a eletricidade em seu funcionamento, como por exemplo: o cérebro, o sistema imunológico e o coração. O corpo humano é um sistema elétrico que se autocontém e se autogera, criando campos magnéticos, quando essa eletricidade está em ação/operação. Esses campos magnéticos criam polaridade (polo norte e polo sul). Se submeter um ímã ao estresse, ele reverterá a polaridade, o que quer dizer que serão trocados os polos norte e sul. O mesmo pode acontecer no corpo humano, já que seu funcionamento é baseado em eletricidade e possui um campo magnético útil. No entanto, isso pode ser tratado por profissionais de medicina alternativa/ holística, mas também pode tornar-se uma doença crônica, sendo fator de causa de síndrome de fadiga crônica, depressão, ansiedade, doenças do sistema imunológico, cancro. ADHD e muitas outras disfunções, pelo que parece, não são possíveis de curar com os tratamentos padrões e convencionais da medicina tradicional.

Keith R. Smith verificou que quase todas as crianças com ADHD que estiveram em seu consultório apresentaram mais tarde sintomas de CRP. Foi possível sua cura a partir da prescrição, em seu plano nutricional, de um remédio herbáceo, o que fez com que as crianças começassem a responder positivamente ao tratamento e melhorassem significativamente. A maioria conseguiu curar-se.

---

39. Retirada da Internet.

Existe a alga azul-verde que tem tido resultados muito positivos no tratamento do ADHD em crianças e adultos. Essa alga azul-verde AFA ajuda a reativar cada célula do corpo tornando-a mais flexível, permitindo uma melhor absorção de nutrientes, eliminando de forma mais eficiente produtos nocivos. Não só colabora no sentido de eliminar as toxinas do corpo, mas também ajuda a absorver nutrientes. A alga azul-verde existe em nosso país com a designação de Spirulina, mas convém verificar se se trata de uma composição de algas ou microalgas, porque existem no mercado outros produtos com essa designação que não são algas.

Transcrevemos a seguir três artigos que achamos bastante elucidativos e que podem complementar o que até aqui foi dito.

Juan Manuel Cevallos (reside atualmente no México) é um psicoterapeuta Gestalt com especialidade em crianças e adolescentes e atualmente faz terapia para crianças, adolescentes e grupos terapêuticos de adultos. Para além do curso terapêutico vivencial "Janelas do Coração", que é dirigido a crianças dos 6 aos 12 anos de idade, em que trabalha com a autoestima, explica que atualmente se tornou uma espécie de moda "diagnosticar" as crianças com déficit de atenção. O ADHD existe, mas, em sua opinião, apresenta-se com muito menor frequência do que o que costuma ser diagnosticado.

É habitual que as crianças sejam fortemente medicadas sem haver a certeza de que têm essa síndrome. Mesmo no caso de a terem, desgraçadamente os medicamentos utilizados, até a data, servem somente para mitigar os sintomas e, até ao momento, não se descobriu uma cura definitiva. Se pensou medicar seu filho, convido-o a considerar que os medicamentos que se usam atualmente chegam a ser altamente aditivos. Podem ser a porta aberta para o uso e abuso de drogas no futuro.

As Nações Unidas alertam-nos sobre a Ritalina. Segundo a JIFE (Junta Internacional de Fiscalização de Entorpecentes), existe um grave risco causado pela prescrição de estimulantes em crianças. A utilização de anfetamínicos está alcançando proporções epidêmicas. O consumo mundial da chamada Ritalina e de outras substâncias similares está atingindo proporções assustadoras não só em jovens e adultos, mas também em crianças, de tal forma que já tem provocado morte em muitas crianças e jovens.

Existe uma página da Internet (www.ritalindeath.com) que denuncia claramente que, entre 1990 e o ano 2000, um número significativo de crianças perdeu a vida em consequência da Ritalina. É lamentável que crianças de tenra idade, entre 1 e 5 anos, já estejam no mundo das drogas com o apoio e concordância de seus pais/educadores, pois, se fomenta esse tipo de utilização de drogas legais desde que se tranquilize a sociedade em geral e desde que as crianças, em particular, não incomodem, tudo é válido!

Porque, como diz o psicólogo Bob Jacobs, da Rede dos Direitos da Criança e da Anistia Internacional, que não acredita que o ADD e ADDH seja algum tipo de doença: "Desde quando comportamentos infantis normais se tornaram um distúrbio?".

A Fundação Casa Índigo e a Associação Lusa de Ioga promoveram em 2006 um encontro no norte do país onde estiveram presentes cerca de cem médicos, a fim de esclarecer e de chamar a atenção para vários aspectos que caracterizam as crianças Índigo, salientando a importância de outras formas de atuação no sentido de ajudá-las a superar algumas das dificuldades que por vezes apresentam, principalmente os benefícios da ioga em crianças e adultos. Essa iniciativa teve boa aceitação e pensa-se que é alertando e esclarecendo que podemos em conjunto ajudar a mudar muitas formas distorcidas de proceder que podem afetar definitiva e gravemente as gerações vindouras, muito embora se saiba que por vezes elas acontecem sem essa intenção declarada, mas por mero desconhecimento de certos fatos e suas consequências.

A Fundação Casa Índigo tem feito protocolos com universidades portuguesas e centros de formação tendo em vista levar ao maior número de educadores, pais e professores a informação necessária para que novas e positivas mudanças se implementem em nosso país.

Propõem-se algumas ideias para diminuir, notavelmente, os sintomas do transtorno do ADHD sem recorrer a drogas e de uma forma não agressiva e tolerada por crianças, jovens e adultos. Esses cuidados podem ser dados a crianças normais sem que lhes façam nenhum mal e obtido benefícios claros de sua aplicação.

Como ajudar nossas crianças

Segundo a opinião de vários estudiosos do tema, alguns diagnósticos de Transtorno de Deficiência de Atenção e de Hiperatividade estão baseados em testes de caráter comportamental, não se detêm a analisar se existe alguma causa física e/ou emocional. Para vos dar um exemplo, se a criança toma muito açúcar ou cafeína, se dorme mal, se chama a atenção, se tem transtornos no sono, se vê mal, se não escuta corretamente ou simplesmente se é uma criança mal-educada, pode apresentar sintomas semelhantes aos do "chamado" transtorno de Deficiência de Atenção e de Hiperatividade.

Normalmente, a maioria dessas crianças pode concentrar-se em algo que lhe interesse, proceder de maneira profunda e sem nenhum problema. Quer dizer que, quando não se conseguem concentrar em tarefas que não lhes interessam, têm Transtorno de Deficiência de Atenção? O que sucede? Que só sofrem dessa "chamada" patologia em certos momentos e esses momentos só acontecem quando algo não lhes interessa? Realmente existem tanto a Hiperatividade como o Transtorno de Deficiência de Atenção, mas o que significam? Significam tão só a falta de canalização de suas energias.

Por esse motivo, muitas crianças de idades que podem ser até de 3 anos são medicadas principalmente com Ritalina, uma droga legal, mas que não deixa de ser uma droga e do tipo das anfetaminas.

Conhecemos uma menina de 10 anos que foi medicada com Ritalina, e a sua aparência apática transmitia-nos a mesma energia que uma pessoa totalmente drogada e anulada. Tinham-lhe prescrito Ritalina aos 5 anos porque era agressiva e tiveram de tirá-la do colégio na sequência dos efeitos secundários da Ritalina, visto ter-se tornado ainda mais agressiva.

Hoje em dia, em quase todas as escolas e praticamente em todas as turmas há alguma criança medicada e há educadores que já exigem nas suas aulas que mediquem as crianças, senão não as aceitam na aula. Isso é no mínimo discriminatório, para não dizer criminoso. Não haverá outras formas de se resolverem as situações sem cairmos em radicalismos dessa natureza?

Como as crianças são "socialmente" incômodas, anulamo-las. Olhem à vossa volta e verão as consequências do que a heroína fez e está fazendo com muitos membros da sociedade. A Ritalina não é muito melhor. É até chamada a cocaína das crianças porque lhes provoca efeitos psicológicos semelhantes à cocaína ao nível da conduta.

As crianças tornam-se dependentes desse tipo de droga e dessa forma abrimos-lhes a porta a futuros consumos.

Acredita-se que é muito difícil ajudar as crianças, mas a verdade é que não é bem assim. Porque vejamos: elas aprendem por imitação, e nós estamos vivendo em uma sociedade hiperativa e com Transtorno de Deficiência de Atenção. Vivemos a 200 quilômetros por hora, sem tempo para nada nem ninguém. As crianças só estão fazendo uma coisa: imitando-nos. Se nós modificarmos nosso estilo de vida, as crianças também mudarão. Então, o que fazer?

- Dar-lhes tempo de qualidade e atenção. Não são necessárias dez horas de atenção, mas pelo menos meia hora com atenção e carinho.
- Mudar a alimentação para uma que se adapte mais à sua natureza e que seja o mais natural possível, porque nós somos aquilo que comemos.
- Utilizar *Feng Shui* nas casas para uma harmonização perfeita.
- Vesti-las com cores suaves, as cores fortes dão mais energia.
- Utilizar aromaterapia para as noites de maior agitação.
- Em vez de ler-lhes um conto, leia-lhes uma meditação sobre o Universo.
- Respeitar seu espaço e seu tempo.
- Levá-las até junto da Natureza tão frequentemente quanto possível.
- Se tiver de lhes dar algum tipo de medicamento, que seja homeopático, ou floral de Bach, que atua em nível energético e as acalma naturalmente.
- Que seja a criança a escolher o colégio para o qual terá de ir. Se tiver de passar muitas horas ali, ela saberá se gosta ou não.
- Os sistemas pedagógicos mais adequados são os humanistas: Freinet, Montessori e Waldorf. Mas estes podem ser adaptados conforme as necessidades da criança.
- Há crianças que não se adaptam a nenhum sistema educativo. Para essas a melhor opção é criar a Escola em Casa.
- Trate sua criança como seu melhor amigo, pois com os amigos temos limites, com a família, por vezes, não.

Técnicas que ajudam no tratamento de ADD e ADHD

No entender de vários autores, estudiosos e investigadores sobre a temática das crianças Índigo, todas as técnicas que ajudam a equilibrar as energias (ioga, Reiki, EMF, reflexologia, musicoterapia, nutricionismo, medicinas alternativas, acupuntura, bioenergética, florais de Bach, etc.) ajudam a equilibrar e a curar essas situações relacionadas com esse tipo de crianças. Já existem, em nosso país, boas terapias que podem auxiliar as crianças e até adultos, durante certo período de tempo, até que equilibrem e aprendam, por si mesmas, algumas técnicas de controle energético, emocional e mental e o possam passar a fazer por si sós de forma autônoma. Queremos ter cidadãos autônomos e responsáveis, e não seres dependentes e doentes para a vida toda.

Alimentação equilibrada

Existem muitas formas e técnicas, no entanto, é importante ter-se em conta que tipo de alimentação é ministrada à criança ou ao jovem. Para se equilibrar o déficit de atenção, por exemplo, o melhor tratamento que se pode fazer, para começar, é uma alimentação equilibrada. Segundo muitos terapeutas, nós somos aquilo que comemos. Nosso corpo físico é energia, pois ele é, por si mesmo, formado por componentes químicos, mas esses componentes químicos provêm de átomos e os próprios átomos são energia. Dessa forma, não é difícil perceber que nosso corpo reage a tudo aquilo que ingerimos e comemos.

Se, por exemplo, as crianças apresentam sintomas de hiperatividade, deve ser-lhes dado menos açúcar e menos hidratos de carbono, porém mais fruta e legumes frescos. Uma alimentação mais natural, biológica de preferência, ajuda a equilibrar a energia das crianças e nossas energias e a sentirmo-nos melhor. Não se deve ser radical com nenhum tipo de alimentação, mas aquilo que habituamos a criança a comer é aquilo que ela comerá, porque somos animais de hábitos e, como já referimos, a criança tem sempre tendência a imitar tudo aquilo que os adultos fazem ou têm, por rotina, o hábito de fazer. Criar o hábito de nos alimentarmos bem e racionalmente (explicando à criança os benefícios e malefícios de certos alimentos), procurando alimentos biológicos, mais naturais, só nos ajudará a sermos mais saudáveis e, portanto, mais felizes.

Talvez poucas pessoas saibam que na agricultura biológica, para se conseguir que a terra produza alimentos mais naturais, saudáveis e equilibrados, ela tem de estar algum tempo em repouso, para se libertar da saturação dos produtos químicos (por vezes, até, alguns anos). Daí se pode perceber o mal que os químicos fazem e, se isso se passa com a terra... como será com nosso organismo? Não nos esqueçamos de que a terra é um ser vivo tal como nós. Sabendo isso, talvez, muitos de nós precisássemos também de passar por um período de limpeza e desintoxicação, para voltarmos a ter um melhor equilíbrio físico, psíquico, emocional, etc. É necessário que comecemos por fazer uma vida e uma alimentação equilibradas, para prevenirmos as doenças, as indisposições, os desequilíbrios. Nossa alimentação, como tudo na vida, deve ser de prevenção e nunca de radicalismos e muito menos de fundamentalismos. Os extremismos nunca levaram a nada nem ninguém à felicidade.

Muitas crianças parecem não precisar de ingerir muito alimento de cada vez e, com frequência, dizem que não têm fome.

É verdade, elas podem não sentir vontade de comer. Porque a criança ainda tem a capacidade de se alimentar de amor. Isso pode parecer algo sem nexo, mas não é. Quando estamos muito felizes e vivemos sintonizados com a fonte de energia universal, com o amor verdadeiro, não sentimos fome. Devemos alimentar nosso corpo quando for necessário e não devemos empanturrar-nos de comida nem estarmos sempre pensando em comida. Isso é doentio e desequilibrado.

É desaconselhável obrigar, à força, as crianças a comer. Mais vale que se habituem a comer pouco, de cada vez, e com mais frequência, do que fazermos da hora da refeição um drama familiar...

Para os hindus, a comida é algo divino e sagrado, por isso comem com enorme respeito e, enquanto se alimentam, esquecem tudo porque esse momento é como se fosse uma prece existencial. É como se estivessem comendo a própria Energia Universal e essa energia alimenta-os física e espiritualmente. É uma dádiva que deve ser aceita com amor profundo e gratidão. Não empanturrem seus corpos, porque isso é ser anticorpo, é o outro polo oposto que se transforma em desequilíbrio. Deve procurar-se, apenas, o equilíbrio e é para isso que nos alimentamos, não para voltar a ficar desequilibrados. Como salienta Osho, o conhecido filósofo hindu, em seu livro *Amor, Liberdade e Solidão:*

> "Um verdadeiro amante do corpo come só até o ponto em que o corpo se sente bem, equilibrado, tranquilo; quando o corpo sente que não pende nem para a esquerda nem para a direita, mas se encontra no meio. É uma arte compreender a linguagem do corpo, compreender a linguagem do estômago, compreender o que é necessário, dar-lhe só o que é necessário e fornecê-lo de uma forma artística, de uma forma estética..."

Comer é uma arte, e saber se a criança realmente precisa se alimentar também é. Não é necessário empanturrar a criança com comida nem obrigá-la a comer à força. Normalmente ela tem sensibilidade e sabe dizer o que precisa para estar equilibrada. Se a enchermos de comida, com certeza não conseguirá ter um comportamento adequado, nem sequer ter a atenção necessária à aprendizagem.

Uma técnica infalível para tratar crianças com sintomas de falta de atenção é tratá-las especialmente com amor, pois as crianças Índigo revelam ter grande sensibilidade e grande compaixão e naturalmente seus atos impulsionam-nas para o amor o que, por vezes, chama a atenção das pessoas.

Cuidar o regime de alimentação

A alimentação é outro fator importante para nosso equilíbrio. Já muitos de nós ouvimos falar que a refeição mais importante do dia é o café da manhã. Um bom café da manhã é também importante para as crianças e sobretudo para os estudantes. É a refeição que melhor pode prepará-los para enfrentarem as tarefas do dia.

Nesse sentido, é aconselhável tomar um café da manhã rico em:

- Cereais sem açúcar branco e sem corantes, sem conservantes ou quaisquer outros químicos, por mais coloridos e atraentes que a publicidade os torne.
- Leite de cereais de aveia, soja, arroz.
- Utilizar como adoçante: mel, frutose ou geleias (de arroz, trigo).
- Bolachas de arroz.
- Uma fruta fresca ou seca.
- Suco de fruta natural (nunca refrigerantes com gás).

É aconselhável:

1. Diminuir a quantidade de açúcares e hidratos de carbonos na dieta (para diminuir a formação de seratonina), químico cerebral causador de irritabilidade, falta de atenção e intranquilidade durante o dia.
2. Evitar o uso de guloseimas e gomas artificiais, já que podem causar alergia e por consequência hiperatividade. Também deve evitar-se o consumo de carnes vermelhas, pelas mesmas razões. Se o café da manhã passar a ser rico em cereais, vão ter energia de uma forma mais equilibrada e constante durante grande parte da manhã e só será necessário comerem algo ao fim da manhã para se manterem em forma.

Meditação, concentração e equilíbrio de energias

A meditação é um exercício excelente para ajudar no processo de atenção e concentração da criança porque ela é induzida a concentrar-se em um determinado local, já que a meditação pode levar-nos à concentração em um objeto, em um tema, em uma ideia... Se queremos obter resultados, é muito importante ser feito com certa frequência para criar o hábito e o estímulo interior da concentração. Podemos utilizar uma música suave e própria para meditar e deve ser conduzida pela voz suave da educadora, professor(a) ou, em casa, por um dos pais. Se já fizemos esse exercício, percebemos que temos naturalmente tendência para desviar a atenção, constantemente, para outras coisas que temos no consciente ou mesmo no subconsciente. Existem exercícios de meditação (alguns deles se encontram no fim deste livro) que se podem fazer com crianças e jovens e que os ajudará bastante a desenvolverem sua capacidade de atenção e concentração.

Sabemos que a criança, tal como o adulto, é um ser espiritual que está fazendo uma experiência humana e corpórea neste planeta. Ted Andrews explica que existem muitas coisas que incomodam o ser espiritual que há em nós, porque vemos a criança e o adulto como se fossem apenas corpóreos, terrenos, portadores somente de certas recordações, hábitos, pensamentos, sentimentos, atos de vontade. Se fôssemos seres autoconscientes de nosso "eu espiritual" e de que este é parte de uma entidade à qual pertence o adulto, assim como a criança... então tudo mudaria em nossa própria forma de ver o adulto e a criança. É preciso aprendermos a olhar e a saber ler com profundidade o significado das coisas. Mal comparado, é como se não soubéssemos ler e olhássemos um texto com estranheza, mas, se soubermos ler, acharemos esse texto interessante e entenderemos seu significado e, a partir do visível, conseguiremos ler o invisível que também somos. A criança como o adulto são seres muito mais complexos do que um simples ser físico, e ao conectar-se com seu "eu superior" por meio, por exemplo, da meditação, ela pode começar a transcender-se e a "cocriar" tudo o que quiser e que esteja em consonância com as leis do Universo, que são, como sabemos, equilibradas e boas para tudo e todos, e não apenas para si mesmo. Neale Donald Walsch, autor das famosas *Conversas com Deus* publicou, recentemente, um livro que se intitula *A Pequena Alma e o Sol,* e um outro, *A Pequena Alma e a Terra,* que se recomendam como tema de leitura para crianças. Recentemente, publicamos com Alain Aubry: *Spalitron, o Mistério dos Maias,* para crianças dos 9 aos 99 anos.

Estamos habituados a comunicar pela linguagem, informando os outros daquilo que pensamos e achamos, e expressamos nossos sentimentos e emoções de maneira artística (por meio da poesia, pintura, música, dança...), mas as experiências que não se podem expressar dessa forma são as chamadas vivências espirituais que desde muito cedo toda criança quer saber e que se relacionam com questões básicas sobre a essência do mundo, do ser humano, da realidade, do espírito e da alma. Estas, por vezes, não são perceptíveis pelo entendimento porque são simbólicas e encontram-se com abundância em textos de meditação na Bíblia, nos sermões de Buda, em textos místicos de Rudolf Steiner e, mais recentemente, nos textos transmitidos por Kryon a Lee Carroll, entre muitos outros.

As crianças e os jovens que forem habituados a desenvolver sua criatividade e as potencialidades de seu hemisfério cerebral direito, por meio da meditação, encontrarão serenidade e paz interior e aprenderão mais facilmente, por intermédio da reflexão e da concentração. O caminho da cura começa por ser não só físico, mas psíquico, emocional e espiritual.

Se em vez de passar o tempo a ralhar e a perturbar-se com o comportamento da criança ou do jovem, a mãe ou o pai (ou os educadores) se habituar a criar um espaço para a meditação (cinco minutos por dia poderá ser suficiente), verá que aquilo que não conseguiu resolver com a lógica das palavras e a irritação de horas a fio poderá solucionar-se, quase por magia, com esse momento de meditação, pois a própria palavra meditar significa concentrar-se.

Vivemos em uma época muito poderosa e mágica, cheia de estresse e energia, por isso, também uma excelente época para desenvolvermos nosso conhecimento e consciencialização da espiritualidade que existe em todos e em cada um de nós como seres espirituais.

Mas, para aceder a esse mundo mágico e maravilhoso, é necessário tempo e muita dedicação porque o processo de evolução espiritual não é estático, mas muito dinâmico; temos de aprender a investir em nós mesmos logo desde muito cedo. Há pessoas que pensam que podem aceder de qualquer maneira a esse processo evolutivo e não dedicam nem tempo nem a energia necessária à aquisição de conhecimento e discernimento espiritual, ficam apenas com algumas informações e pensam que o restante é charlatanice, não assumindo a responsabilidade que lhes cabe em trabalhar sua própria ascensão espiritual. Estão em seu direito, mas não sabem o que perdem. Outras vezes, porque já têm alguns conhecimentos, julgam deter o controle de todo o processo de evolução e na realidade as coisas não se passam dessa forma. Trata-se de um processo dinâmico e não de um estádio que se atinge e pronto. Mesmo que se traga algum conhecimento de outras vidas anteriores (o que muita gente atribui à facilidade natural em aceder ao processo), é necessário muito mais que isso, porque se necessita do treino adequado para descobrir o caminho certo e benéfico de sua reanimação e evolução. Até Jesus Cristo, que era Mestre, teve de passar por esse processo de reeducação, para ir se libertando do *ego* e aceder cada vez mais ao seu "Eu superior". Para isso, é necessário começar por aprender a fortalecer seu próprio campo de energia de modo a obter sua harmonização consciente, só assim poderá vir a aceder à verdadeira luz, amor e poder espirituais. Mas, para aqui chegar, tem de começar por fazer um trabalho básico de limpeza, por meio da libertação do:

- Uso de drogas (tabaco inclusive).
- Intoxicação televisiva (que provoca falta de concentração).
- Ignorância e desconhecimento do processo evolutivo.
- Descontrole e desequilíbrio energético.
- Descuidar da higiene ou da saúde física.
- Falta de exercício físico e ar puro.
- Alimentação descuidada e desequilibrada.
- Maus hábitos generalizados e continuados.
- Estresse e contínuos desequilíbrios emocionais, psíquicos e mentais.

A meditação continuada pode ser uma ajuda preciosa para aprender a libertar-se desses aspectos negativos, mas há um trabalho urgente que só a própria pessoa pode fazer com a consciência e responsabilidade de quem sabe que, para aceder a níveis mais elevados e sutis, tem de fazer esse processo de libertação. Para isso, deve começar por coisas básicas, mas que são essenciais para uma saúde física, mental e espiritual, sobretudo se está em contato com crianças que, como já vimos, têm grande capacidade de observação e imitação.

O uso de drogas (inclusive o tabaco) tem nefastas consequências para a saúde física, psíquica e, principalmente, energética e espiritual. É urgente eliminar esse hábito e ensinar às crianças seus malefícios, porque só têm a ganhar se nunca o iniciarem. A falta de concentração pode, muito bem, ser proveniente do contato constante da criança com pais fumantes ou com ambientes onde habitualmente se fuma muito.

A intoxicação televisiva é outro aspecto que prejudica a concentração (das crianças e dos adultos), entre muitas outras coisas, das quais referiremos apenas algumas. Já salientamos que a educação massificada é negativa e até nefasta para as crianças (quaisquer que elas sejam). O mesmo se diz de *meios de comunicação de massa*. No entanto, referimo-nos mais concretamente à TV por ser um meio de comunicação muito utilizado em nossos lares. Se pretendemos formar crianças harmoniosas e equilibradas, não podemos permitir que se viciem ou alienem, logo desde a infância, diante de um aparelho de televisão. Tudo o que não é feito com equilíbrio e moderação pode causar danos, quantas vezes, irremediáveis.

Segundo alguns autores, os aspectos negativos da TV são, nomeadamente, o alheamento e comodismo que provoca a falta de concentração, além de uma infinidade de distúrbios psicomotores: dislexia, incapacidade de memorização e, ainda, preguiça ótica pela irrealidade e falsidade da imagem bidimensional (sem qualquer relevo) que produz um autêntico embrutecimento sonoro e visual. Apela para os instintos mais primários e vulgares das massas, solicitando-os, por seu lado mais irracional, no ponto onde o ser humano não oferece resistência, como refere Rudolf Lanz em *A Pedagogia Waldorf*: "Procura-se salientar a falta de gosto, os aspectos não somente antipedagógicos, mas anti-humanos, nos quais a violência e a estupidez disputam a atenção dos espectadores, assim como o erotismo, a superficialidade, a vulgaridade na maior parte dos programas – isso no mundo inteiro – são características que só o subdesenvolvimento mental deixa de discernir". A ignorância e o desconhecimento do processo evolutivo provocam insegurança, descontrole e desequilíbrio energético e a seguir vêm as doenças de toda a espécie, que alertam para a necessidade de se cuidar da saúde física, muitas vezes também em razão de uma sistemática falta de exercício físico e ar puro provocada por uma vida demasiado sedentária e até, por vezes, a falta do banho diário que prejudica, para além de outras coisas, o campo energético de qualquer pessoa; de uma alimentação descuidada e desequilibrada que, como já referimos, para além de muitos outros maus hábitos generalizados e continuados que por imitação a criança acaba por seguir, e vai prejudicar gravemente afetando suas capacidades naturais, nomeadamente a atenção e a concentração.

Para prevenir essas situações, é importante que não apenas as escolas se esforcem por educar e ajudar a criança, mas a família pode ter um papel insubstituível na criação de hábitos sadios e de responsabilização da criança que, mais tarde, na escola e na sociedade darão, certamente, seus frutos. Esses são apenas alguns exemplos que, adiante, desenvolveremos um pouco melhor.

A meditação é, pois, um exercício que ajuda a serenar e tranquilizar qualquer ser humano ajudando-o a recolher-se em seu mundo interior, onde não há lugar para o pensamento nem para as turbulências racionais da vida, mas apenas para a paz e infinita plenitude criativa do ser. Ali, no interior de si mesma, a consciência pode buscar as respostas para as questões que o cercam ou preocupam, entendendo melhor os próprios pensamentos, sentimentos e emoções, discernindo intuitivamente qual o melhor caminho a seguir. Pela meditação, podemos encontrar o equilíbrio interior, para que possamos alcançar o equilíbrio exterior, possibilitando assim trabalhar de maneira harmoniosa, sintonizando o mental, o físico, o emocional e conectando-nos naturalmente com a dimensão criativa e espiritual que existe em todos nós.

É comum pensar-se que a meditação faz parte, apenas, das tradições orientais e que esta se aplica exclusivamente ao desenvolvimento espiritual ou para se alcançar estados alterados de consciência. Esse conceito é muito restritivo, já que essa atividade é uma prática aberta e disponível a todos e pode afetar beneficamente todos os aspectos da vida da pessoa. Veja-se algumas razões pelas quais se deve praticar a meditação com frequência, independentemente de qualquer atividade mística ou espiritual, pois ela promove:

- Redução do estresse, relaxamento e descontração das tensões da vida.
- Compreensão, serenidade e pacificação.
- Unificação e purificação com níveis mais elevados de energia.
- Harmonização e sintonização com as energias superiores.
- Criatividade e clarividência até a cura física, psíquica, mental e espiritual.
- Consciencialização de vidas anteriores.
- Elevação e evolução da consciência.
- Desenvolvimento de capacidades extrafísicas e paranormais.
- Conhecimento e desenvolvimento dos níveis físico, emocional, mental e espiritual.
- Consciencialização e conhecimento de outras dimensões e aspectos da vida, incluindo a existência de seres angélicos e outras formas não físicas.
- Alegria e paz interiores por se ter uma consciência mais intuitiva, atenta, desperta e alerta.
- Unidade com o Universo e com o Todo.

À medida que se inicia o hábito da meditação a evolução da consciência entra em seu processo próprio, portanto, novos horizontes se abrem para um novo mundo. As situações de tensão e estresse, as discussões e os mal-entendidos habituais, tanto na escola como em casa ou no trabalho, que acontecem com frequência, desvanecem-se e perdem significado quando nos conectamos com o mundo espiritual. Tudo começa a ter outro sentido mais abrangente e transcendente. Não são só as crianças que necessitam de momentos de meditação e relaxamento. Os pais e os professores também precisam desses momentos para descontrair, relaxar a mente "trazendo-a para casa", preparando-se, em cada momento, para a difícil tarefa de educar em harmonia, serenidade e amor. Nessa matéria os tibetanos são mestres, por isso atentemos ao que nos diz Rinpoche em *O Livro Tibetano da Vida e da Morte*:

> "A meditação é pura e simplesmente o repouso na visão, sem distrações... A finalidade da meditação é despertar em nós o que é natural, a própria natureza, *semelhante ao céu*, de nossa mente, para conhecermos aquilo que realmente somos. Nossa consciência pura e imutável subjacente à totalidade da vida e da morte. (...) Estamos fragmentados em muitos aspectos diferentes, não sabemos quem realmente somos nem quais os aspectos de nós mesmos em que podemos acreditar ou com quem haveremos de nos identificar. São tantas as vozes contraditórias, as ordens e os sentimentos que lutam entre si para controlar nossas vidas interiores, que ficamos como que espelhados por todo o lado, em todas as direções... e nossa casa fica vazia. Assim, a meditação consiste em fazer com que a mente volte para casa."

Muitas pessoas pensam que para se conseguir um estado de meditação e relaxamento é necessário muito tempo. No entanto, isso hoje já não é assim. Todos nós já temos uma maior predisposição e capacidade de concentração, que não se conseguia antes. A própria vibração do planeta, que tem aumentado bastante nos últimos anos, permite-nos um grau mais elevado e mais rápido de concentração e capacidade de sintonização com outras dimensões. É uma questão de experimentarmos e, em poucos minutos, conseguimos atingir um estado de paz e harmonia impressionantes. Basta que se concentre e siga o ritmo de sua própria respiração e verá que alguns minutos por dia são suficientes para se sentir um pouco melhor consigo e com os outros. Pôr, de vez em quando, uma música relaxante (música de fundo) ajuda a concentração, a criar atmosfera e acalma os adultos e as crianças e todo o ambiente envolvente.

Meditar é uma aprendizagem que se faz como qualquer outra. Aprende-se a comer comendo, a andar andando, e aprende-se também a meditar, meditando. A ação é importante para se alcançar o que se pretende, níveis cada vez mais elevados não só de atenção e concentração, mas também de criatividade, intuição e sabedoria. A esse respeito Rinpoche afirma que:

> "A ação é ser verdadeiramente observador de nossos próprios pensamentos, bons ou maus, olhando para a real natureza dos que possam surgir sem os se-

guirmos até o passado nem convidarmos seu futuro, sem permitirmos qualquer apego a experiências de alegria nem nos deixarmos dominar pelas más situações. Assim procedendo, tentamos alcançar e permanecer no estado de grande equilíbrio onde o bem e o mal, e a paz e a perturbação, são coisas despidas de verdadeira identidade (...) Sejam quais forem as percepções que surjam, devemos ser como uma criancinha a entrar em um templo maravilhosamente decorado, que olha, mas sem que o apego participe de modo algum em suas percepções. Assim deixamos tudo em seu estado de frescura, natural, vívido e imaculado. Quando tudo fica assim, então as formas não mudam, as cores empalidecem e o brilho não se perde. O que quer que surja não é manchado pelo apego, pelo que tudo aquilo de que nos apercebemos surge como a sabedoria (...), que é indivisibilidade da luminosidade e do vazio."

A comunicação diária

Na opinião da maioria dos estudiosos, a criança Índigo é um adulto em desenvolvimento, cuja inteligência emocional é grande e sua sabedoria, inata. Como referimos anteriormente, toda criança é muito sensível, mas as crianças Índigo têm ainda mais sensibilidade e capacidade para saberem o que vai no íntimo dos que com elas se relacionam, por isso não serve de nada esconderem-se sentimentos, aborrecimentos e outras questões relacionadas com o dia a dia da vida familiar ou escolar. Elas têm um saber intuitivo grande, leem os pensamentos e apercebem-se bem das mentiras ou dissimulações dos adultos. Será, pois, recomendável que se trate as crianças com verdade e sinceridade no relacionamento diário, comunicando e partilhando com elas não só as coisas positivas e boas que vão acontecendo, mas também os sentimentos e até os fatos que são incômodos e nos fazem sentir menos bem.

É importante comunicar e partilhar sentimentos, alegrias, tristezas, diariamente, para que as crianças e os jovens percebam que os adultos também são pessoas. Isso torná-las-á mais atentas e ajudá-las-á a ter um procedimento mais atento, comunicativo, saudável, sincero e responsável. O exemplo do adulto é indispensável e é também a melhor forma de se relacionar com elas de uma forma construtiva, pois elas respeitam na medida em que são respeitadas. O comportamento de falta de comunicação e de atenção que, por vezes, desencadeia outros comportamentos como a indisciplina ou rebeldia que se revelam nessas crianças pode estar relacionado com sua revolta pela falta de comunicação e atuação defasada e pouco coerente que os adultos mostram, falando com elas de forma oposta à sua atuação. O que essas crianças precisam é de uma comunicação verdadeira no sentir, pensar e agir dos adultos. A criança Índigo reage mal à mentira e detesta falsidade e hipocrisia, como já referimos.

No Movimento da Escola Moderna, a primeira vertente do processo pedagógico, segundo Sérgio Niza, defende que "toda a atividade educativa deve ser uma atividade integrada que corresponda ao interesse da criança, que deve mobilizá-la a partir de seu interesse e esforço...". Tudo isso só é possível na base do diálogo permanente com a criança, fazendo uma organização do trabalho e das tarefas em que ela participe ativamente desde o primeiro momento, aprendendo assim a construir sua própria autonomia. Retomando as ideias defendidas pelos construtivistas (Vigotsky, Bruner...), Sérgio Niza considera muito importante a unidade da percepção, da ação e da comunicação (a partir da linguagem, da fala) no desenvolvimento da criança. "Nesse sentido sugere a criação de um espaço ou de um ritual de construção e revisão das normas sociais, pelas quais se rege toda a interação na turma ou na escola." Para os professores do Movimento da Escola Moderna, essa instituição é o Conselho de Cooperação Educativo, entendido como um "momento, no início e no fim das atividades e no princípio e no fim da semana, em que se planeja, organiza e avalia toda a gestão dos conteúdos, das tarefas, das responsabilidades. Analisam-se e resolvem os conflitos e se discute tudo o que se vive e faz, nessa microssociedade que é a sala de aula ou a escola". Todos, alunos e professor, devem participar dessas reuniões com abertura e verdade, o que facilitará a aprendizagem. E salienta ser "extremamente, importante o papel da fala, da palavra, falar das coisas, com verdade. Não se pode deixar de falar das coisas, isso também é um aspecto cultural muito importante. Sempre que estamos em Conselho o que é importante é a palavra, porque é por meio da palavra que a gente se entende". No entanto, para que nada fique esquecido ou por dizer, deve haver também um registro escrito que sirva de instrumento ao Conselho – Diário de Turma – onde se registram e recolham as aspirações, os desejos, as realizações e os incidentes críticos, positivos ou negativos dos alunos. Niza atribui-lhe um valor especial, pois permitirá "reconstruir permanentemente as regras que regulam a vida da turma. Esse lado da instituição que permanentemente se renova, que permanentemente se reinstitui, esse valor instituinte que se verifica no tempo do conselho é o vértice, a cúpula, a alma, no sentido aristotélico, a força, a energia da mudança organizacional".

A verdadeira comunicação com o estabelecer de regras é, pois, fundamental quando se trata de educar crianças e jovens, porque elas serão a alma da comunidade. Na pedagogia Waldorf existe mesmo a ideia de que a turma possui um elemento *cármico,* pois não é por acaso que aqueles alunos a compõem e que aquele professor ali está, durante um ano letivo inteiro. Por vezes, anos a fio, sua composição não muda, criando-se um verdadeiro espírito comunitário, já que se estabelecem amizades que, muitas vezes, se vão estender às próprias famílias dos alunos e com o tempo criam-se laços indissociáveis que ficam para a vida toda. Sabemos que nada é por acaso, e o Universo se encarrega de nos colocar junto das pessoas certas (ainda que, por vezes, não o entendamos logo) para realizarmos e cumprirmos o que desejamos, como dizia Goethe a um amigo, citado por Steiner em *A Prática Pedagógica*:

> "Se na vida olharmos para o passado, descobriremos facilmente que, ao passarmos por um acontecimento decisivo e seguirmos esse acontecimento, é como se tivéssemos sido conduzidos para esse acontecimento decisivo, como se não só o passo anterior, mas muitos passos anteriores tivessem sido dados justamente porque aspirávamos chegar a isso por um impulso anímico interior."

É tão importante a comunicação autêntica e verdadeira com as crianças na escola como na relação diária dentro da família e aqui, por vezes, ela não existe mesmo. José Manuel P. Moreno referia-se mesmo à necessidade de as famílias procurarem dar às crianças "tempo de qualidade", isso significa que haja, pelo menos, uma hora por dia só para dar atenção à criança, para se fazer uma verdadeira comunicação com ela: brincando com seus brinquedos, passeando com ela, ouvindo-a com atenção e amor, para saber o que pensa, o que mais gosta ou o que menos gosta, aquilo que sente, deseja e é. Deve-se também tirar uma tarde, no fim de semana, para sair com a criança, dar um passeio pelo campo e junto ao mar, desfrutar de sua presença. Isso é tempo de qualidade e não custa quase nada.

Planificação semanal

Na escola, as atividades costumam ser planificadas semanalmente e por norma deveriam ser afixadas as tarefas que cabem a cada um. No entanto, em casa nem sempre assim é. As famílias vivem assoberbadas de trabalho e responsabilidades, por isso nem sempre têm tempo para pensar em distribuir tarefas e muito menos em criar um calendário de programação. Por isso, apresentamos um exemplo simples de como é possível fazer essa distribuição que poderá ser afixada em um lugar-chave de forma a que toda a família possa ter acesso para poder colocá-lo em prática.

Tarefas semanais	Mãe	Pai	Filho	Filha
2ª feira	Levar os filhos à escola	Fazer compras	Levar o cão para passear	Arrumar a louça do jantar
3ª feira	Preparar o jantar com a filha	Levar os filhos à escola	Arrumar a louça do jantar	Levar o cão para passear
4ª feira	Ir à ginástica com a filha	Uma hora disponível para os filhos	Tratar dos animais domésticos	Ir à ginástica com a mãe
5ª feira	Fazer compras	Ir ao ginásio com o filho	Ir ao ginásio com o pai	Levar o cão para passear
6ª feira	Uma hora disponível para os filhos	Levar os filhos à escola	Levar o cão para passear	Fazer pequenas compras do dia
sábado	Ir ao ginásio com a filha	Preparar o almoço com o filho	Ajudar o pai a preparar o almoço	Ir ao ginásio com a mãe
domingo	Reunião semanal de família e passeio	Reunião semanal de família e passeio	Reunião semanal de família e passeio	Reunião semanal de família e passeio

Essas atividades devem ser programadas em função das idades e atividades das crianças.

Esse é apenas um pequeno exemplo, pois deve ser dada margem às próprias famílias para, em conjunto e em um verdadeiro espírito comunitário, criarem com criatividade seu plano semanal distribuindo as tarefas em consonância com os gostos, as aptidões e os desejos de todos e de cada um. Deve respeitar-se todos e cada um em particular e deve ser explicado à criança que, quando alguém falha, prejudica um grupo inteiro. No Universo, todos dependemos de todos. Se o pai ou a mãe se esquece de ir buscar os filhos à escola isso afetará não só as crianças, mas também a própria organização da escola, da educadora que, por sua vez, tem sua família e seus compromissos... Vivemos em sociedade e, portanto, quando alguém falha, vai sempre afetar outros. Se o padeiro adormecer, não haverá pão nesse dia... e assim sucessivamente. Daí ser tão importante criar o sentido de responsabilidade nas crianças, desde muito cedo. Isso ajudará que amanhã a sociedade seja constituída por cidadãos mais competentes e responsáveis e isso não é, de forma nenhuma, um papel exclusivo das escolas. Quando vão para as escolas, as crianças já deveriam levar consigo essas noções e certos hábitos enraizados. Porque todo homem é também um animal de hábitos. Aquilo que nos habituamos a fazer, desde muito cedo, é aquilo que faremos, pela vida fora. Da mesma maneira devemos ensinar a criança a pensar e a expressar-se positivamente, porque como nos habituamos a pensar, logo, desde que aprendemos a falar e a expressar, nosso pensamento será aquilo que pensaremos no futuro. Se nos habituarmos a pensar de forma negativa, seremos uma pessoa negativa e as coisas não nos correrão bem, nem de forma positiva. Temos de aprender a criar hábitos positivos se queremos mudar e melhorar. Para que a vida nos sorria temos de começar por sorrir e ser positivos. Um estudo que foi feito há cerca de um mês em vários países europeus indicava nosso povo como o mais negativo de todos os selecionados na amostra. Já é hora de invertermos essa situação e incutirmos nas crianças e nos jovens uma nova forma de pensar, de ser e estar.

A avaliação de tarefas

As escolas tradicionais limitam-se a medir o rendimento dos alunos comparando-os com modelos abstratos. Um sistema pedagógico que visa à formação integral dos alunos, e não apenas uma ordenação numérica destes, deve ter como objetivo o aluno em si e sua personalidade, caracterizando suas várias facetas, potencialidades e níveis de desenvolvimento em que se encontra, perspectivando sua futura atuação tendo sempre em vista a etapa seguinte de superação de si mesmo. E, se julga os resultados, fará isso comparando-os não com modelos abstratos, mas com as potencialidades do aluno.

As escolas Waldorf, por exemplo, não se baseiam em uma avaliação dos alunos por meio de provas, testes ou exames preparados para facilmente serviem apenas a fins estatísticos. Pelo contrário, elas procuram avaliar a personalidade dos alunos a partir do trabalho escrito, sua criatividade, a aplicação, a forma, a riqueza de pensamento, a fantasia, a capacidade lógica, o estilo, a ortografia e os conhecimentos reais dos alunos. No entanto, a avaliação tem sempre uma análise geral do aluno tendo em conta seu esforço, seu comportamento e seu espírito de integração social. Será sempre uma avaliação qualitativa e nunca expressa apenas por meio de números, procurando realçar o que há de positivo mas também mostrando o que de negativo poderá ser superado pelo aluno. Não é o aluno que será posto em causa, mas seu trabalho e o que ele ainda poderá melhorar. Quando o sistema educativo exige uma classificação quantificada, a escola procede em conformidade com as exigências, no entanto mantém essa classificação em sigilo, nunca a afixa e só a entrega ao aluno e aos seus pais quando aquele sair da escola. Assim, o aluno não terá de ver julgada apenas uma parte de sua personalidade, nem sequer terá de ver expressa por meio de cifras numéricas. Sabemos que isso seria uma forma de procedimento bastante importante em nossas escolas e evitaria muitos traumas e problemas aos alunos e às suas famílias que, em muitos casos, sentem verdadeiro pânico em ter de ir "às célebres reuniões de pais" nas quais se salientam os aspectos negativos das crianças e dos jovens, implacavelmente e de uma forma, quantas vezes, desumana e hostil. Pôr em causa os problemas dos alunos, suas deficiências e incapacidades e, ainda por cima, os próprios pais, é revelador de muito pouca psicologia, para não se falar em muito pouca sensibilidade. Nenhum pai gosta de ouvir dizer mal de seu filho, mesmo que saiba que ele nem sempre procede corretamente. Os pais estão tão ou mais aflitos que os professores, eles precisam de ajuda, de apoio para que a educação dos seus filhos seja a melhor. Porque é isso que eles desejam. Nenhum pai quer o mal de seus filhos e, se não lhes dão o melhor, é porque não podem ou não sabem. Na maior parte dos casos não se trata de negligência, mas de desconhecimento, acompanhado de um forte sentimento de incapacidade e até de culpa.

  Não há nada mais prejudicial do que a falta de comunicação entre a escola e a família ou de uma comunicação errada, o que também será prejudicial para todos. O fato de a escola e de a família não estarem em sintonia com a educação da criança e do jovem pode ser gerador de inúmeros problemas. Nada pior do que a existência de duas escalas diferentes de valores que, portanto, irá originar uma falta de unidade na educação. É urgente que a escola e a família encontrem formas de entendimento, e sobretudo a escola tem de fazer um esforço para cultivar o contato e a relação com os pais, promovendo cursos pedagógicos e artísticos para pais e amigos da escola, festas populares ou outras, concertos, apresentações teatrais, onde os pais possam entrar e participar ativamente, excursões... Isso ajudará a criar um verdadeiro espírito de comunidade educativa cujos maiores beneficiários serão as crianças, pois o trabalho pedagógico passará a ser integrado, o que lhes dará segurança e maior confiança.

Lançamos algumas ideias que poderão ser úteis aos pais na educação de suas crianças, sejam elas Índigo ou não, pois nas famílias pode também se fazer um trabalho pedagógico que será muito útil e ajudará as crianças a sentirem que não é só na escola que deve haver disciplina, partilha e diálogo, o que ajudará a fazer a ponte entre a escola, a criança e a família. No fim de cada semana, em dia e hora marcados para o efeito, a família deve reunir-se com todos os seus elementos, para que possa ser feita, também aí, uma avaliação das tarefas, sua distribuição e consequências pelo fato de todas as tarefas terem sido bem ou mal executadas; análise do tempo disponibilizado para cada tarefa; responsabilização de todos os membros da família mostrando o que de positivo ou negativo resultou pela boa ou má execução das tarefas semanais. Os adultos devem mostrar firmeza tanto na distribuição das tarefas como em sua execução, responsabilizando as crianças ou os jovens, mostrando os direitos e deveres de cada um e a necessidade de haver uma colaboração entre todos para que o crescimento da família ou do grupo seja uma realidade. Nunca deve ser posta em causa a pessoa da criança, mas apenas sua ação, atuação ou cumprimento incorreto da tarefa, e toda pessoa deve ter sempre oportunidade de poder corrigir/alterar sua atuação e deve dar-se oportunidade a que livremente expresse suas razões ou suas sugestões com vista a uma melhoria futura.

A arte como terapia

Toda a expressão da arte ajuda o ser humano a elevar-se e a superar suas dificuldades, sejam elas quais forem. Como dizia Virgílio Ferreira:

> "A redenção de nós mesmos não a procuremos em nada separado de nós, mas na vivência profunda de nossos inexoráveis limites. A arte não é assim uma dádiva para uma *elite*, mas para o homem verdadeiro; e se ela é de fato para uma *elite*, é porque entre os homens é uma *elite* o que não é animal. Falo do instante primeiro, face original da vida, porque conhecer o limite é incorporá-lo a nós, consubstanciarmo-nos com ele – é por isso que a própria imagem da amargura, revelada na arte, é para nós um pronuncio de plenitude."

A arte ajuda a elevar o espírito e ensina o homem a encontrar o caminho da transcendência. A arte como terapia é considerada, desde há algum tempo, essencial em muitos setores de nossa sociedade. A pintura, a poesia, a dança, o teatro, a música são já utilizadas, frequentemente, como formas de ajudar as crianças, os jovens, adultos e até idosos a sentirem-se melhor consigo mesmos e a libertarem-se das tensões e estresse, próprios do dia a dia. Por outro lado, a sensibilidade do mundo ocidental tem despertado seu interesse pela filosofia oriental, o que tem ajudado a fazer a ponte entre a mente e o espírito, acedendo à energia universal, energia da arte, do amor e da cura.

A esse respeito James Redfield escreve:

"Um contributo fundamental para o despertar do Ocidente foi o dado por aqueles que começaram a estudar e praticar a filosofia oriental, por meio da meditação *zen*, do *yoga*, das artes marciais, da acupuntura e de outras correntes terapêuticas. (...) Este afluxo de informação sobre a ligação entre a mente e o corpo contribuiu significativamente para alargar nossa percepção do mundo. Até os espetaculares filmes de caratê e *kung fu* servem para derrubar a barreira da separação entre a mente e o corpo, tão enraizada no Ocidente.

Com a perspectiva oriental da unidade da mente e do espírito adquirimos uma excelente ferramenta para ter acesso à variedade ilimitada de energia universal (chamada *chi, ki* ou *prana*). A disciplina e a intenção põem este caminho ao alcance de todos os que desejam aplicar-se."

Os métodos adotados pela pedagogia Waldorf diferenciam-se dos outros porque estes, desde sempre, tiveram em conta a "necessidade de corresponder aos impulsos evolutivos que estão prescritos pela ordem cósmica geral", que corresponde a uma harmonização entre o humano *superior*, o ser humano anímico-espiritual, e o ser humano físico-corpóreo, o ser humano *inferior*. O método utilizado vai no sentido de utilizar sempre o ser humano por inteiro, e isso só é possível focalizando o desenvolvimento de uma sensibilidade artística inerente ao homem.

Diz a esse respeito Steiner, em *A Arte da Educação*:

"Com isso faremos com que mais tarde a pessoa se incline, com todo o seu ser, a possuir um interesse pelo mundo. O erro fundamental, até agora, sempre foi o de os homens se haverem colocado no mundo apenas com a cabeça; a outra parte eles apenas arrastaram atrás de si. E a consequência é que agora as outras partes se orientam de acordo com os instintos animalescos (...). Isso acontece porque não se cultivou o homem inteiro. Mas não apenas por ser necessário cultivar também o lado artístico. Todo e qualquer método deve ser mergulhado no artístico. A educação e o ensino devem tornar-se uma verdadeira arte. Ao saber cabe apenas estar subjacente."

Toda a educação deveria ter esse lema e tornar-se uma verdadeira arte. Em seguida, apresentaremos algumas terapias que ajudam na concentração e no desenvolvimento global da criança e do jovem. Começaremos pela já conhecida musicotetapia.

A musicoterapia

"... tudo o que de artístico se apresenta ao ser humano divide-se em duas correntes – a plástico-pictórica e a poético-musical. Esses dois âmbitos artísticos são na realidade polarmente distintos entre si, embora justamente por essa distinção polar possam encontrar-se muito bem em uma síntese superior, em uma unidade superior. (...) Tudo o que provinha do povo grego ou lhe era afim, tudo o que brotou etnicamente da essência do povo grego possui uma disposição extremamente pronunciada para a configuração plástico-pictórica do mundo; por outro lado, tudo o que brotou do elemento judaico possui particular disposição para o elemento genuinamente musical do mundo."

R. STEINER

O que é musicoterapia?

Musicoterapia é uma ciência paramédica que utiliza a música e seus elementos constituintes, ritmo, melodia e harmonia, além de movimentos, expressão corporal, dança e qualquer outra forma de comunicação não verbal, com objetivos terapêuticos. Desenvolve-se em um processo coordenado por um musicoterapeuta qualificado, com um paciente ou grupo. O objetivo primário da musicoterapia é possibilitar aos pacientes a realização de necessidades físicas, emocionais, mentais, sociais e cognitivas.

A quem pode beneficiar?

Qualquer um de nós:

- crianças;
- adolescentes;
- adultos;
- idosos;
- pessoas com necessidades do foro da saúde mental;

- pessoas com distúrbios de aprendizagem ou de desenvolvimento;
- doentes de Alzheimer e outras doenças relacionadas como processos de senescência;
- problemas de abuso de substâncias;
- danos cerebrais;
- distúrbios físicos;
- dor crônica;
- dor aguda, incluindo mães em trabalho de parto.

Desde quando a musicoterapia é utilizada em cuidados de saúde?

A ideia de que a música tem influência curadora e que pode afetar a saúde e o comportamento é pelo menos tão antiga quanto os escritos de Aristóteles e Platão. No século XX começou após a Primeira e Segunda Guerras Mundiais, quando os músicos (amadores ou profissionais) foram enviados para os hospitais dos veteranos de guerra com a finalidade de tocarem para os milhares de pessoas que sofriam de trauma emocional e físico. As respostas físicas, psicológicas e emocionais foram notáveis por parte dos pacientes, de tal forma que levaram os médicos e as enfermeiras a requisitarem a contratação de músicos para os hospitais. A partir daí, verificou-se a necessidade de uma formação mais acadêmica por parte dos músicos. A primeira licenciatura em Musicoterapia no mundo foi emitida em 1944 pela Universidade do Estado do Michigan, nos Estados Unidos. A Associação Americana de Musicoterapia foi fundada em 1998.

Técnicas de musicoterapia podem ser aplicadas em indivíduos saudáveis?

Os indivíduos saudáveis podem usar a música para reduzir o estresse, seja por meio de uma via ativa da composição musical ou de uma via passiva pela simples audição para relaxamento. A música é normalmente um suporte vital para a atividade física. O trabalho de parto assistido por musicoterapia também pode ser incluído nessa categoria, já que faz parte do ciclo de vida normal da mulher. Em todas as escolas, centros de saúde, entre outros locais terapêuticos, deveria haver sempre música ambiente.

A musicoterapia nos hospitais

A música é usada em hospitais nos Estados Unidos, na Alemanha, entre outros, para:

- aliviar a dor em conjunto com anestesia ou analgesia;
- promover o movimento na reabilitação física e psíquica;
- acalmar normalmente e adormecer de forma natural;
- afastar a apreensão e o medo;
- diminuir a tensão muscular para relaxamento, incluindo sistema nervoso autônomo.

A musicoterapia nas escolas

Nos Estados Unidos já se contratam musicoterapeutas para prestarem serviços em nível do Plano de Educação Individualizado de alunos com necessidades especiais de educação. A aprendizagem musical é usada para fortalecer certas áreas, tais como habilidades de comunicação e coordenação física, que são importantes na vida diária.

Em Portugal também já existem salas de musicoterapia para harmonização e tratamentos especiais, que algumas Cercicas[40] utilizam com bons resultados globais na educação de crianças com necessidades educativas especiais.

Na escola como em casa deve proporcionar-se à criança espaços e momentos de tranquilidade e de paz. Não é difícil criar um ambiente de serenidade, basta colocar uma música suave, como ambiente de fundo, que inconscientemente relaxa e tranquiliza a criança. A música suave ajuda na concentração e estimula a criatividade, tem por isso uma função terapêutica. Aliás, toda a arte pode ajudar a criar momentos de profunda paz e ajuda conseguindo desligar-nos do mundo físico, conectando-nos à inspiração do artista e portanto ao mundo espiritual. O fundador da pedagogia Waldorf, em uma de suas conferências a professores, explicava:

> "Depois que a criança passa pela troca dos dentes, todas as suas forças anseiam por imagens plásticas interiores. E nós sustentamos essa detenção de imagens quando usamos imagens em tudo o que transmitimos à criança. Depois, entre os 9 e os 10 anos de idade, algo notável se apresenta. Pois é então que a criança, muito mais do que antes, quer ser abordada musicalmente, ritmicamente. Quando observamos a criança, quanto à assimilação

---

40. Cercica – Cooperativa para a Educação e Reabilitação de Cidadão Inadaptados do Concelho de Cascais.

musical, até esse momento da vida entre os 9 e os 10 anos, observamos que também o elemento musical vive, na verdade, plasticamente dentro dela e se torna naturalmente a estrutura interior do corpo. Observamos que, na criança, o elemento musical passa a ter, facilmente, características de dança, de movimento: é então que temos de reconhecer que o próprio captar interior do elemento musical só surge justamente entre os 9 e os 10 anos. (...) É evidente que as coisas não são tão rigidamente diferentes umas das outras e quem compreende isso vai cultivar o elemento musical antes dos 9 anos".

É sabido, e os cientistas já comprovaram, que a música acalma os animais ferozes, e recentemente constataram também que a música clássica faz crescer as plantas; quer dizer que o mundo vegetal é sensível à suavidade dos sons, principalmente à música clássica.

É, portanto, uma importante ferramenta que ajuda a acalmar, a relaxar e à concentração das crianças e dos jovens, podendo ser um bom aliado no ensino, nas salas de aula e sobretudo em casa quando a criança e os pais regressam depois de um dia agitado pelo estresse do trabalho. As crianças Índigo têm grande sensibilidade e capacidade para se concentrarem em várias coisas ao mesmo tempo, por isso não é desaconselhável deixá-las ter música enquanto estudam ou fazem alguma outra tarefa, desde que seja uma música tranquilizante. Caso contrário, pode dar ainda mais energia e pôr a criança ou o jovem em estado verdadeiramente eletrizado: depende do tipo de música que se utiliza.

Em muitas de nossas escolas ainda existe o hábito de tocar uma campainha, bastante irritante, por sinal, para anunciar o início das aulas e em todos os intervalos, antes da aula que se segue. Isso provoca uma irritação nervosa em qualquer pessoa normal, quanto mais em crianças, e muito pior em crianças Índigo... Essas campainhas deveriam ser substituídas por uma música suave. Aliás, nas escolas deveria haver sempre uma música, bem suave, como ambiente de fundo, para estimular uma melhor concentração e um clima de tranquilidade. Qualquer ruído estrondoso ou irritante vai provocar reações de desconforto e até pode levar a comportamentos de descontrole e agressividade, nada benéficos em ambientes que pretendemos que sejam educativos e formativos. Em locais onde existem grandes concentrações de pessoas (crianças, jovens, adultos ou idosos), deve ser fomentado um ambiente de paz, harmonia e serenidade para que tudo funcione como o próprio Universo, onde os milhares de estrelas e astros de todas as formas e feitios se cruzam e viajam pelo espaço em sinfonias de profunda musicoterapia.

A visualização criativa

Quando fazemos meditação, fechamos os olhos e podemos manter-nos serenamente sem pensar em nada, simplesmente tranquilizando nosso espírito, o que é muito relaxante e benéfico. Podemos, no entanto, fechar os olhos e visualizar um objeto, uma pessoa ou uma situação; nesse caso estamos dando uma ordem ao nosso cérebro que ele registra para agir em conformidade. Essa atitude é chamada visualização. É como se estivéssemos fazendo uma programação que nosso cérebro registra naturalmente. Ele não quer saber se isso é bom ou mau, só tem a função de registrar, por isso é tão importante visualizar cenas, ou situações positivas e tranquilas, pois elas vão influenciar, beneficamente, todo o nosso ser e provocar a chamada autocura. As visualizações funcionam não só em nível fisiológico, mas também no mental e emocional. Por exemplo, se todos os dias ao acordar disser ao meu cérebro que estou cada vez melhor, melhor e melhor, visualizando-me sorridente, feliz e junto de quem mais gosto, essa ordem irá instalar-se pouco a pouco em minha mente, dando seus frutos. É muito fácil, basta experimentar...

Quando a criança se encontra agitada, nervosa ou inquieta, por exemplo, depois de um intervalo, é bom colocar uma música tranquila que ajude, durante alguns minutos, para que ela se aquiete e acalme, concentrando-se. Por exemplo, pode aproveitar-se a música de fundo para lhe contar uma história ou conto. Além do efeito calmante tem, ainda, o efeito de pôr a imaginação da criança em atividade.

Pode então aproveitar e, ao som da música, levar a criança à visualização de imagens coloridas, pois isso pode, ainda, ajudar a equilibrar e tranquilizar, sintonizando-a com uma visualização benéfica de autocura. As cores têm um efeito terapêutico de cura excelente na pessoa. Vários autores relacionam os chacras existentes no ser humano com os aspectos benéficos que estão associados a cada cor:

- Vermelho: chacra base, cor da energia, inicia vitalidade (segurança, poder).
- Laranja: chacra esplênico, cor enérgica e dinâmica, cor da procriação.
- Amarelo: chacra plexo solar, cor do intelecto, é usada para estímulos mentais, ajuda a clarificar a mente; também conhecida como cor da longevidade e do amadurecimento.
- Verde: chacra cardíaco, cor do equilíbrio e da participação, equilibra as emoções e cria um sentimento de harmonia.

- Azul: chacra laríngeo, cor da verdade, do conhecimento, da serenidade e também da harmonia. Ajuda a acalmar a mente.
- Índigo: chacra do terceiro olho, cor da autorrealização, possui as propriedades do azul, acalma o sistema nervoso.
- Violeta: chacra da coroa, cor da união, do equilíbrio, que se utiliza como tranquilizante para ajudar a acalmar e dormir.
- Branco: é a cor da pureza e utiliza-se quando a energia está baixa, tem propriedades e vibração de cura em todos os chacras.
- Prateado: é a cor da paz e da perseverança, alinha e estabiliza os chacras.
- Dourado: dá força e energiza com rapidez todos os chacras (deve ser utilizada por pouco tempo).

A visualização tem ainda, em nível espiritual, a finalidade de equilibrar as energias e pode ser feita de uma forma simples, ao som de música clássica ou qualquer outra tranquilizante. Depois de um intervalo, de um exercício físico ou de qualquer outra atividade escolar, quando as crianças se encontrem bastante agitadas, pode ser feito esse exercício de visualização, com a mesma naturalidade com que se faz um jogo. Mostrando alguns cartões coloridos e pedindo à criança que escolha um e fixe as cores, de uma forma bem nítida, em sua mente. Depois deve dizer-lhe que feche os olhos e que procure descontrair-se ouvindo uma meditação (por exemplo, uma das que se encontram no fim deste livro) e que são próprias para visualização (escolha uma que faça referência às cores... um prado verde, o azul do céu...). Além dessa visualização que serve para equilibrar energias, em que devem ser utilizadas as cores azul, verde e amarelo, podem ainda ser utilizadas outras cores, como por exemplo a cor violeta e a cor Índigo, que têm ainda a função de tranquilizar as crianças ou jovens quando estes se encontram inquietos, agitados, nervosos ou com problemas de concentração.

Promover novas atividades

1. Definir e aplicar limites concisos e claros (regras e consequências lógicas de ultrapassar os limites). Aplicá-los com congruência, firmeza e afeto.
2. Limitar o uso da televisão e videogames, já que promovem irritabilidade e encurtam os períodos de atenção, por estarem programados nesse sentido.

Adicionalmente, evitem o movimento e o desenvolvimento social da criança. Quanto mais a criança tiver seu ritmo próprio, sua rotina diária, melhor se habituará a estar tranquila e a saber o que deve fazer e em que horários.
3. Promover disciplinas desportivas tais como ioga, tai-chi, natação com jogos, balé ou dança, artes marciais, entre outras, para encontrarem coordenação, autocontrole e concentrar a atenção.
4. Canalizar a energia criativa para atividades artísticas, tais como: pintura, música, modelação com plastilina ou argila, teatro, etc.

Criar hábitos

1. Ajudá-lo a criar hábitos e rotinas que o auxiliem no desenvolvimento de suas atividades. Formação de bons hábitos.
2. Ensinar-lhe técnicas de relaxamento e concentração, assim como ioga e meditação (meditar significa não pensar, ou fazer o vazio da mente, para acalmar os níveis de estresse).
3. Ajudá-lo a adquirir competência nas atividades cotidianas.
4. Apoiá-lo para que desenvolva atividades sociais.
5. Ensiná-lo a resolver problemas (analisá-los, procurar soluções e levá-las a cabo).
6. Permitir-lhe e ensiná-lo a escolher por si só, dando-lhe exemplos práticos e pessoais para que perceba.

Melhorar a autoestima da criança

1. A autoestima melhora com respeito, carinho, aceitação e apoio. Criticar constantemente a criança é desalentador e prejudica muito.
2. Conhecer melhor seu filho, aproximar-se, fomentar uma boa relação de camaradagem.
3. Procurar a forma mais adequada para se aproximar e captar sua atenção (ver se é tátil, auditivo, visual, etc.).
4. Aceitar as limitações da criança e não forçá-la a nada. Deixando-a tentar sozinha, motivando-a com alegria.

5. Orientar os professores sobre a melhor forma de se aproximarem de seu filho. Em caso de necessidade, considerar a hipótese de outras escolas onde o respeitem e apoiem. Se o professor não o entende e só faz queixas dele sem falar das suas capacidades e qualidades, é momento de procurar outra escola.
6. Se necessário, inscreva-o em um programa de psicoterapia humanista, com alguém que goste e entenda de crianças e com quem a criança tenha empatia.
7. Considerar a terapia familiar, porque não é só seu filho que precisa de ajuda: quando começam a aparecer dificuldades, toda a família necessita de apoio e orientação.
8. Não devem etiquetá-lo negativamente nem acusá-lo de preguiçoso, infantil, imaturo, irresponsável.
9. Ter muita paciência e procurar perdoar sempre, escolhendo de preferência que fique algo por corrigir do que ser injusto e precipitado.
10. Proporcionar à criança muita atenção e afeto em cada momento que se sentir desmotivada e deprimida.

Perguntas a um médico homeopático[41]

Do ponto de vista médico, o que observa de diferente ou novo nas crianças da nova geração?

Nas consultas médicas observo as crianças das novas gerações como crianças muito mais sensíveis na parte emocional, muito intuitivas, adiantadas em seu desenvolvimento psíquico e em sua aprendizagem. São crianças que em geral respondem mal a tratamentos químicos. São mais acentuados os efeitos colaterais desses medicamentos e, pelo contrário, respondem muito bem à homeopatia, porque tratamos a doença como um todo de causa (emocional) e efeito (sintomas físicos – doenças nosológicas). A medicina floral também ajuda a prevenir muitas doenças e a resolver os conflitos emocionais.

---

41. Dr. José Fernando Díaz, da Bolívia.

Existem investigações e explicações sobre como interagem as crianças?

Cada dia se fala com mais insistência da interação daquilo a que se chama sistema psico-neuro-endócrino-imunológico, ou seja, que a imunidade vem a ser consequência do psíquico-emocional. Como diz Deepak Chopra, quando uma pessoa está triste, por exemplo, todas as suas células estão tristes e trabalham mal, pelo que suas células de defesa estão deprimidas e essa pessoa pode ser mais propensa a infecções ou doenças. Para isso, recomendo um livro chamado *Cura Quântica*, de Deepak Chopra.

Em outro aspecto, sabe-se que o hemisfério direito é o que controla o que chamaríamos intuição-coração, e o esquerdo a inteligência-razão, pelo que sem dúvida as crianças da nova geração utilizam cada vez mais o hemisfério direito.

Meu filho dorme muito pouco, o que devo fazer? Não deixa ninguém descansar na família.

Pode ser o caso de uma criança inquieta ou hipercinética em quem funciona muito bem a essência de *Verbena* do sistema floral de Bach.

Como se pode diferenciar uma criança Índigo de uma criança com déficit de atenção e/ou hiperatividade?

Às vezes é difícil diferenciar esses dois aspectos, visto que um paciente com déficit de atenção pode ser inquieto ou não, mas o primeiro implica um problema de concentração, a criança não consegue se concentrar em uma atividade, ou qualquer coisa a distrai. Uma criança normal é inquieta, o anormal é ser um "furacão" que "enlouquece os pais" ou que durante uma consulta médica não consegue estar quieta um só instante, põe em desordem todo o consultório do terapeuta, etc. Geralmente essas crianças não comem e não dormem por causa de sua inquietude. De novo recomendo as essências de Bach, *Clematide* para o distraído, e *Verbena* para o inquieto.

Algumas crianças (como as de tendência Cristal) sofrem de alergias e de problemas das vias respiratórias. O que recomenda a esse respeito?

Dizem os que estudam a origem psicodinâmica das enfermidades, primeiro, que toda doença é de origem emocional. No caso das alergias, a medicina convencional pergunta a que é alérgico o paciente (frio, calor, pólen, pó, animais, etc). Caso contrário, na medicina alternativa deve averiguar-se a quem ou a que situação é alérgica a criança (a um professor, um colega, um conflito entre os pais, etc.), visto que as alergias expressam sempre uma rejeição a algo. Por exemplo, um espirro pode querer dizer: "Não se aproxime de mim que vou contagiá-lo!"

A que espécie de medicina respondem melhor, em geral?

Para a criança hipercinética a medicina convencional costuma receitar altas doses de cafeína e, se isso não funciona, usam anfetaminas (Ritalina ou Metilfenidato), drogas perigosas para o crescimento das crianças e cujos efeitos colaterais podem ser dramáticos a longo prazo. Apenas suprimem o sintoma enquanto a criança as consome, mas não solucionam o conflito.

Em meu campo de trabalho recomendo a homeopatia unicista e a medicina floral, com o que obtenho muito bons resultados. Também sabemos que existem outras terapias como, por exemplo, a musicoterapia, dança, arte – terapias que ajudam bastante, além das meditações em movimento como tai-chi e ioga e as artes marciais (kung fu, caratê, etc.).

Em geral, o que recomenda para as crianças?

Tudo isso para as crianças e para os pais também. Há que recordar que toda criança, seja Índigo ou não, é uma alma velha em um corpo novo, motivo pelo qual deve receber um tratamento igualmente respeitoso como se fosse adulto. Pô-la à nossa altura, por exemplo, sentá-la à mesa para que, ao falar com ela, fiquemos em igualdade, etc. Os que pensam que as crianças compreendem tudo, têm toda a razão.

Algumas recomendações para os pais?

Uma terapia que tenha êxito deve ser administrada a toda a família, em especial aos pais e muito em particular à mãe, visto que dizem que a criança compartilha a energia da mãe e é seu reflexo energético, pelo que tratar as crianças sem tratar os pais seria algo absurdo.

Isso me faz recordar um psiquiatra amigo de meu pai a quem consultaram perguntando se lhe poderiam levar à sua consulta uma criança "problema"; ao que respondeu: "A mim não me tragam a criança, tragam-me seus pais".

No instituto onde estudei homeopatia tínhamos uma grande mestra que, quando era visitada por uma mãe com seu filho enfermo, seja mental ou fisicamente, durante a consulta trocava uma conversação com a mãe e, de uma forma dissimulada, tirava-lhe os sintomas mentais. No fim da consulta, pedia à mãe autorização para medicá-la também, receitava a medicação a ela, e à criança dava uma festa. Nas consultas de controle quase sempre constatamos que a criança se cura apenas com a cura da mãe. Isso, dizia a minha professora, se aplica a crianças com menos de 9 anos, em geral.

F. Díaz Glauser, médico –
Fundação Instituto Colombiano de Homeopatia.

Luis G. Páez. Bogotá –
Colômbia. Associação Médica Homeopática.

Essa entrevista pode ser complementada com o artigo "Perguntas frequentes", da doutora Jeaneth Suárez, publicado na Revista #1, outubro 2003.

A Fundação INDI-GO e o Ministério da Educação e Cultura do Equador assinaram um convênio de cooperação institucional

Na Revista *Amerika Indigo*, de novembro de 2003, vem assinalado o primeiro passo de uma grande colaboração mútua a favor da infância e juventude, já que a Fundação INDI-GO assinou, em 28 de outubro de 2003, um convênio de cooperação institucional com o Ministério da Educação do Equador, no qual a Fundação INDI-GO se compromete a:

- investigar estratégias pedagógicas alternativas e elaborar um Plano de Capacitação dirigido aos profissionais, docentes e pais de família;
- desenhar e produzir material psicopedagógico de apoio;
- promover campanhas de conscientização e promover palestras, conferências e seminários;
- e poder contar com o apoio de profissionais na área da relação com crianças e jovens da nova geração, superdotados, talentosos, com altas capacidades, Índigo, e outros.

A Fundação INDI-GO é uma instituição sem fins lucrativos, apoiada pelo Ministério do Bem-Estar Social do Equador, e tem como finalidade procurar o bem-estar da infância e da juventude e o desenvolvimento humano sustentável. Seus objetivos fundamentais são o enriquecimento cultural, educativo e científico da sociedade e a procura permanente de conhecimentos e superação em defesa dos direitos fundamentais dos seres humanos.

"Estamos convencidos de que têm de se orientar novos trabalhos dirigidos aos pais de família, docentes e outros profissionais da educação, pilares principalíssimos do processo da coconstrução da futura sociedade. Eles estão a pedir urgentemente informação e ferramentas práticas, para poder responder às novas características e idiossincrasias da geração que já chegou", comenta Noemi Raymal, presidente da Fundação INDI-GO.

Seria bom que em nosso país também se começasse a pensar, seriamente, no futuro das gerações que já estão aí, isso seria o caminho para a verdadeira felicidade de todos nós, já que, como dizem Billy Mille e Nicholas Sparks no livro *Uma Viagem Espiritual*: "A felicidade devia ser nosso objetivo pessoal. Devia ser prioritário em relação a todos os outros objetivos de nossa vida. Se formos felizes, nossa vida melhora em todos os aspectos. É a forma mais poderosa do pensamento positivo. Com ele, todas as nossas metas podem ser alcançadas".

A educação do futuro

Para concluirmos este capítulo sobre a educação da nova era, deixamo-vos um texto de Andrea C. Ramal, intitulado "Avaliar na cibercultura".

"Estamos em 2069, em um ambiente de estudo e pesquisa, antigamente chamado 'sala de aula'. Os aprendizes têm entre 12 e 16 anos e conversam com o dinamizador da inteligência coletiva do grupo, uma figura que em outras décadas já foi conhecida como 'professor'. Eles estão a fazer o levantamento e a confrontar dados sobre os Centros de Cultura e Saberes Humanos (ou, como diziam antes, as 'escolas') ao longo dos tempos. Admirados, não conseguem conceber como funcionava, no século passado, um ensino que reunia os jovens não em função de seus interesses ou temas de pesquisa, mas simplesmente por idades. O orientador de estudos fala-lhes da avaliação: ela classificava os alunos por números ou notas segundo seu desempenho e, em função disso, eles eram ou não 'aprovados' para o nível seguinte. Os aprendizes ficam cada vez mais surpresos. Como determinar 'níveis de ensino'? Como catalogar 'fases de conhecimento'? O que seriam 'etapas' escolares? Em que nó da rede curricular eles se baseavam para fundamentar isso? A surpresa maior dá-se quando descobrem que essas avaliações ou 'provas' eram aplicadas a todos os estudantes do grupo. A MESMA PROVA? – espantam-se todos. Não conseguem conceber uma situação em que todos tivessem de saber exatamente os mesmos conteúdos, definidos por outra pessoa, no mesmo dia e hora marcados. 'Eles não ficavam angustiados?' – comenta um aprendiz com outro. Os jovens tentam imaginar-se naquela época: recebendo um conjunto de questões a resolver, de memória e sem consulta, isolados das equipes de trabalho, sem partilha nem construção coletiva. Os problemas em geral não eram da vida prática, e sim coisas que eles só iriam utilizar em determinadas profissões, anos mais tarde. Imaginando a cena, os aprendizes começam a sentir uma espécie de angústia, tensão, até mesmo medo do fracasso, pânico de ficar na mesma 'série', de ser excluídos da escola... 'Assim, eu não ia querer estudar', diz um deles, expressando o que todos já sentem. Mas em seguida, envolvido pelos outros temas da pesquisa, o grupo inicia uma nova discussão ainda mais interessante, e todos afastam definitivamente da cabeça aquele estranho pensamento."

Aquele "estranho pensamento" deveria ser definitivamente e, com urgência, retirado da realidade das crianças, dos jovens, das famílias e dos professores, pois muitos já estão sofrendo as consequências de um tipo de ensino que não tem futuro e, pior do que isso, está danificando...

As novas crianças já estão entre nós e vieram para nos mostrar que a mudança está chegando a grande velocidade. É tempo de abrirmos nosso coração e deixarmos acontecer, mais do que nunca com a certeza de que chegou a hora de dizer, com Santo Agostinho, "ama e faz o que quiseres", porque o segredo para encontrarmos o caminho que nos levará a novas e mais sutis dimensões está no Amor. Isso já o disse há 2 mil anos o "homem das sandálias", Jesus Cristo, e outros mestres, sábios, profetas e mensageiros da paz que experimentaram e viveram conseguindo aceder e elevar sua energia até outras dimensões... de sabedoria.

As crianças Índigo são as sementes que, por intermédio da serenidade, do equilíbrio, da música, da arte, da visualização, da criatividade, da espiritualidade, em uma palavra, por meio do Amor incondicional que lhes dermos, acederão mais facilmente à sua essência espiritual... e ajudar-nos-ão nessa viagem...

Essa dimensão densa em que aceitamos viver, na condição temporária humana, impede-nos de ver a realidade daquilo que realmente somos. "Porque nada é o que parece ser" como nos diz *Kryon*... As novas crianças, que estão chegando (cada vez em maior número), trazem consigo essa mensagem, muito claramente gravada, em suas mentes, em seus coraçõezinhos. Trazem até nós uma mensagem de amor e de Luz... Por isso, não nos admiremos porque, a partir de agora, muitos "milagres" vão começar a acontecer... e tudo o que antes só acontecia muito raramente e em pessoas muito especiais vai começar a ser cada vez mais usual e habitual nos seres que habitam este planeta, porque, afinal, que somos nós senão seres disfarçados de humanos?

À medida que vamos tomando consciência de nossa realidade, as transformações vão acontecer e a máscara de atores cairá e os papéis que desempenhamos deixarão de fazer sentido e reconhecer-nos-emos todos... A partir daí já não haverá só alguns a ser inspirados com canalizações e mensagens do "alto", porque seremos atores principais, totalmente sintonizados com o Todo, cada vez em dimensões menos densas, onde tudo vai ser mais puro, claro, transparente, porque é cheio de LUZ...

Para tal acontecer temos de unir forças, pais e professores, e construirmos juntos a educação do futuro. Que as gerações Índigo e Cristal, que já aí estão, um dia, possam dizer, como em uma das fábula de *La Fontaine* (adaptada): o tesouro estava dentro de nós, mas com a educação que tivemos conseguimos ampliá-lo, crescendo e florescendo em verdadeira sabedoria...

> **"Evitai vender a herança que veio de nossos pais, ela esconde um tesouro em seu seio... Mas à hora da morte o sábio pai confessou:**
>
> — **O tesouro está dentro de vós."**

Capítulo 4

A Casa Índigo

Existe uma energia recentemente criada no planeta, uma energia que vocês iniciaram em 1987 e que irão finalizar em 2012.
Esta é a janela de energia de 25 anos na qual estão a trabalhar. Vocês nasceram em uma energia mais velha.
É por isso que vossa autoestima está um pouco baixa.
Mas, para os humanos que nasceram agora, já não é dessa forma. Estou a falar-vos das Novas Crianças!
Nós chamamos-lhes Índigo. Outros têm-lhes chamado cristais.
Alguns chamam-lhes Crianças da Nova Terra, Crianças do Novo Milênio, as Novas Crianças.
Chamem-nas da maneira que quiserem, a verdade é que todos estão a notar que as crianças estão diferentes!
Elas estão a nascer com uma autoestima mais capacitada e equilibrada. Mas quando vocês pegam em uma criança destas e a põem junto de adultos com baixa autoestima, as crianças parecem rebeldes...
Talvez isso aconteça porque elas sabem quem são!
Alguma vez uma criança olhou para vós curiosamente e vocês puderam ver em seus olhos a pergunta: Por que será que você é dessa maneira? (riso)
É uma consciência olhando para outra!
É uma consciência que vem capacitada e equilibrada olhando para outra que veio com a velha energia das incertezas, dúvidas e medos... Elas são neste momento vossos filhos, o que piora as coisas. Essas crianças não deveriam ser consideradas difíceis!
Mas, para vocês que nunca tiveram os atributos da autoestima equilibrada, elas parecem ser difíceis de lidar e educar!

KRYON, *Livro X*

Uma carta de James Twyman:

Gostaria de partilhar um artigo que escrevi para uma revista na Austrália sobre o novo documentário filmado *A Evolução Índigo*. Creio que acharão a mensagem pouco usual e pouco ortodoxa, mas irá ajudar-vos a pensar acerca das crianças de uma nova forma. Eu estou entusiasmado com este filme porque me deu uma nova perspectiva sobre o fenômeno e creio que, se o virem, perceberão exatamente o que quero dizer. Um olhar surpreendente sobre as crianças Índigo. Pode surpreender a maior parte das pessoas que eu não me considere um verdadeiro "crente em Índigo". Sim, é verdade que escrevi vários livros sobre o assunto, que fui o produtor e argumentista do filme *Índigo* e que sou agora o realizador/produtor do novo documentário *A Evolução Índigo*. Como é então possível que eu prefira ficar do lado de fora a olhar para dentro, descomprometido em minha opinião e mais do que um pouco cético acerca da infindável fila de rótulos: desde "Índigo" a "cristais", passando por "arco-íris", todos tentando identificar um fenômeno que a maioria de nós reconhece e experimenta, mas que escapa ao nosso senso comum. Talvez não se trate de eu ser um descrente, mas sim do fato de eu já ter visto demasiado para deixar as crianças serem agrupadas por várias formas tão convenientes, mais para nosso benefício do que delas. Eu conheci demasiadas crianças e ouvi demasiadas histórias delas para deixar isso ser reduzido a uma moda de Nova Era e a sair do mapa mal chegue uma nova distração. Sim, eu acho que essa é mais minha posição – eu acredito nas crianças, só não acredito que elas possam ser depositadas em caixinhas bonitinhas para nos ajudar a perceber quem elas são e quão importante é sua missão em um planeta que está muito necessitado de uma missão. E essa é razão pela qual eu acho que este documentário é tão importante. Não estejam à espera de muitas respostas fáceis, mas podem esperar muitas boas perguntas. Muitas delas serão feitas pelas próprias crianças e pelos chamados "especialistas", muitos dos quais parecem partilhar minha incapacidade de atar um lindo laço colorido nesse embrulho. A maior parte das crianças com quem trabalhei dispensa o rótulo "Índigo" ou "Cristal". Elas desafiam as caixinhas em que nós tentamos colocá-las e isso, em minha opinião, torna-as ainda mais intrigantes. Isso me faz querer trabalhar ainda mais para que sua mensagem seja passada para todo o mundo; e essa mensagem pode ser resumida em poucas e simples palavras: "Chegou a Hora!!!". Talvez uma outra parte da mensagem seja: devíamos parar de nos pormos a nós mesmos em caixinhas.

As Novas Crianças, que são a expressão de minha própria evolução, são parte de uma Nova Humanidade, na qual todos estamos incluídos. Não há nada de novo acerca dessas crianças, de fato a maioria de nós faz parte da primeira vaga, ou da quinta vaga, ou da 547ª vaga, dependendo de quanto recuamos.

Os Índigo têm sempre estado por aí; acontece que só agora temos olhos para vê-los. Esperemos que também tenhamos olhos para nos vermos igualmente. Isso seria o melhor dom que essas crianças poderiam inspirar. Então, nós não teríamos de agitar o estandarte em frente delas nem tecer-lhes todos os elogios que negamos a nós mesmos. Então dar-nos-íamos conta de que estamos todos no mesmo barco e que cada um de nós, independentemente da idade, etnia ou religião, tem um papel único a desempenhar nesse teatro desdobrável que é a Vida. Se eu não achasse que isso era um assunto importante, não teria gasto o último ano a fazer este filme – um documentário que eu acredito que irá abrir os olhos a milhões de pessoas em todo o mundo. Eu acho que esse é um dos mais importantes assuntos da atualidade, mas só se alargarmos nossa perspectiva para ouvir a mensagem real que essas crianças estão a tentar ensinar-nos. É a mesma mensagem que muitos de vocês têm igualmente tentado ensinar, pois "quem sai aos seus não degenera". Nós temos andado a plantar essas sementes há já algum tempo e o momento da colheita está quase em cima de nós. Chegou a hora de abrirmos nosso coração e nossa mente a um novo mundo, um mundo que possamos criar juntos. Isso é o que eu espero que este filme inspire!

James Twyman

Como nasceu a Fundação Casa Índigo

Foi no ano em que eu concluía mais uma formação acadêmica em Educação que encontrei um *site* na Internet que falava acerca de crianças Índigo. Fiquei estarrecida ao verificar que eu mesma me enquadrava naquelas características e comecei a investigar mais aprofundadamente. Em 29 de janeiro de 2004, recebi um telefonema de um amigo que me convidava a escrever sobre o tema, salientando que havia uma editora interessada em publicar um livro. Tinha defendido tese nesse mesmo dia e sentia-me bastante cansada, precisava de férias, contudo a proposta era tentadora e algo me dizia que era importante aceitar mais esse desafio em minha vida. Ao contatar a editora, percebi que havia uma certa urgência na publicação do livro e resolvi pôr mãos à obra. A partir desse dia em que meu SIM foi proferido, todas as ajudas e apoios foram-me concedidos. Senti e percebi desde o primeiro momento que não era eu que escrevia o livro *Crianças Índigo,* mas uma força superior e amorosa acompanhou-me desde o primeiro momento e ajudou-me a concluir com sucesso tal tarefa. A verdade é que, em maio de 2004, o livro estava concluído e foi entregue na editora que se prontificou a publicá-lo em setembro do mesmo ano. Passei a ter comigo uma presença e ajuda sobrenatural, e minha vida começou a mudar radicalmente. Em 18 de setembro do mesmo ano e às vésperas do lançamento do livro *Crianças Índigo,* fui assaltada à porta de minha casa por dois rapazes jovens de raça negra que me empurraram e atiraram para o meio da estrada, levando com eles minha carteira, com todos os documentos e o automóvel, recém-comprado e com pouquíssimos quilômetros. Ao cair no chão, desamparada, senti uma mão que me segurava e uma voz dentro do peito que me repetia:

"Tenha calma, tudo não passa de uma prova, o automóvel vai aparecer!". E, contra todas as espectativas, 78 dias depois de seu desparecimento, a polícia liga-me para o celular avisando que tinham encontrado o automóvel, que fosse buscá-lo. Serenamente lá fui, e qual não foi meu espanto quando olhei para a matrícula do veículo e vi que eram exatamente 18-78 os números que compunham sua matrícula e que eu nunca tinha reparado. Fiquei arrepiada com a "coincidência". Desde então, tem sido uma constante coincidência minha vida. Esse acontecimento ensinou-me a confiar completamente na providência divina, porque nada tem importância sem sua ajuda. Aprender a desprendermo-nos diariamente das coisas terrenas, sabendo que elas não são nossas, mas apenas estão à nossa disposição para cumprirmos a missão que nos está destinada. Agradeço cada dia, cada hora, todo o amor que o Universo me dispensa e a proteção que tenho, apesar das muitas atribulações que por vezes acontecem à nossa volta. Com a publicação do livro *Crianças Índigo* surgiu a ideia de se criar um *site* dinâmico e interativo que levasse a mensagem a todos os que necessitavam. Alain Aubry disponibilizou-se de imediato para fazê-lo e assim nasceu o *site* Casa Índigo.

Em 2005, chega a todo o mundo o filme *Índigo*, produzido por James Twyman, Neale Donald Walsch, Stephen Simon, entre outros. Tínhamos acabado de criar o *site* Casa Índigo e preparávamo-nos para apresentar o referido filme em Portugal. Os telefonemas choviam de todo o país, e no dia Mundial do Índigo, a 29 de janeiro de 2005, enchemos duas salas de interessados no tema Índigo. A divulgação foi feita depois por todo o país e levamos o filme *Índigo* a todos os que nos contataram, desde Famalicão, Porto, Aveiro, Coimbra, Faro, Portimão, Lagos, entre muitos outros locais. A partir de então, passamos a ser procurados e verificamos que bastantes famílias começavam a despertar para o tema, porque tinham em casa um pequeno ser que lhes fazia perceber que alguma coisa estava errada e era preciso alterar algo. Só que as famílias não sabiam por onde começar.

Em 2006, conseguimos os direitos exclusivos para Portugal do documentário filmado *Índigo Evolution* e mais uma vez fizemos várias exibições em Lisboa e arredores e depois em Porto, Aveiro, Faro, e a digressão continuou até percebermos que era necessário levar esse filme a todos os que mostrassem interesse e passamos a exibi-lo no fim do Seminário Índigo Cristal orientado por mim e com participação de Alain Aubry.

Em 22 de junho de 2006, nascia finalmente a Fundação Casa Índigo, instituição sem fins lucrativos, com a finalidade de ajudar todos os que necessitassem, com técnicos especializados e competentes capazes de dar respostas e ajudar famílias, educadores e professores, as crianças e os jovens que se identificassem com a Nova Era e que precisassem de ser esclarecidos e orientados em seu processo de crescimento evolutivo e consciencial.

Tínhamos pela frente um longo caminho a percorrer e colocamos mãos à obra mesmo sabendo que nem sempre seríamos compreendidos e aplaudidos, mas tínhamos consciência plena de que os Índigo não aceitaram vir neste momento crucial ao planeta para receber aplausos e apoio, pois se nem Jesus Cristo conseguiu tal proeza, como poderíamos estar à espera de aprovação? Sabemos que nossa missão não é muito agradável, porque temos de alertar e denunciar o que está errado e prejudica o crescimento pleno e saudável de crianças e jovens. Sabemos que a sociedade de hoje é a chamada sociedade da vertiginosa velocidade, mas também da facilidade. As pessoas habituaram-se a ter tudo resolvido num abrir e fechar de olhos e, se estão com dor de cabeça, tomam um comprimido para que instantaneamente e rapidamente a dor passe, sem escutarem seu corpo que, possivelmente, apenas necessitava de um pouco de ar puro, de respirar fundo, de fazer um exercício de relaxamento... mas isso é estranho para a maior parte das pessoas, e preferem eliminar logo a dor, mesmo que o comprimido vá afetar o estômago e não lhe tire a dor de cabeça. E quem diz dor de cabeça diz coisas mais sérias e que necessitariam de um entendimento especial, como por exemplo aprendermos a programar nossa mente de forma correta com um calendário natural e harmônico, em vez de intoxicarmos a mente de informação distorcida e errônea que nos provoca alterações orgânicas, físicas desajustadas. No livro que publicamos em 2005, *O Poder Índigo,* é explicada a importância do tempo e do Calendário Maia.

Tudo porque vivemos tão envolvidos com as tecnologias que já achamos que somos meras máquinas e que nos basta apertar um botão e instantaneamente tudo o que queremos conseguimos. Esquecemos de que somos parte integrante do Cosmos, somos seres do Universo. Em tempos passados regíamo-nos pelas luas, pelas estrelas, pelos astros e tudo era tranquilo e natural. Hoje temos um calendário cujo lema é "tempo é dinheiro" e passamos a vida correndo desenfreadamente atrás de dinheiro sem saber por quê, e enquanto isso temos filhos hiperativos, desconcentrados, nervosos e inquietos. Mas qual é o exemplo que essas crianças têm, todos os dias, em casa? Uma família que corre de um lado para o outro desenfreadamente... Passamos a propor na Casa Índigo outro tipo de vivências com a utilização de um calendário diferente e natural: o Calendário Maia, das 13 luas e dos 28 dias, cujo lema "Tempo é Arte" nos sintoniza com nossa origem criativa e divina. Uma outra filosofia de vida que nos traz de volta à nossa essência de seres da Natureza e do Universo. Viver o Tempo Natural é viver em Paz e Harmonia cada dia de nossa vida.

Atividades da Casa Índigo

Com um novo espírito, todos os colaboradores da Casa Índigo têm de passar por um processo de transformação pessoal e tanscendental que começa com alguma formação baseada no Seminário Índigo Cristal, Reiki Universal/Multidimensional ou outras experiências de Reiki, desde que sejam vividas, Calendário das 13 Luas e dos 28 dias, O Poder Índigo, Meditação Galáctica semanal, entre outras formações indispensáveis a um verdadeiro e consciente terapeuta Casa Índigo.

É necessária a vivência da integridade e ligação constante com os Seres de Luz, passando pela experiência do silêncio interior e exterior, da simplicidade e autenticidade de quem sabe que a vida é um desafio constante de busca consciencial do divino e sagrado que há em nós.

Sabemos que nada disso é fácil em uma sociedade que promove outro tipo de valores, e muitos procuram-nos pensando que somos mais uma empresa empregadora, sem terem a menor noção do trabalho pessoal que implica ser terapeuta Casa Índigo. Assim, é natural que muitos desistam e não consigam avançar nessa caminhada, mas compreendemos que cada um tem seu tempo e espaço evolutivos e nem sempre temos todos de trilhar os mesmos caminhos.

No entanto, a Casa Índigo já tem alguma caminhada feita e, talvez por isso, muitos queiram ser ou pertencer à nossa instituição, fazendo-se passar por terapeutas ou colaboradores de Casa Índigo sem o serem. Recomendamos que não se deixem enganar e vão ao nosso *site*. Vejam ali a lista de nossos colaboradores e terapeutas. Só os nomes que constam lá são verdadeiramente os terapeutas Casa Índigo. Queremos fazer um trabalho sério e autêntico, porque ser Trabalhador da Luz não é fácil e sabemos que muitos são os chamados, mas nem todos os escolhidos, como dizia o Mestre Jesus. A energia que caracteriza a Casa Índigo é muito forte e curadora por excelência, mas ela é fruto da presença dos Seres de Luz que nos acompanham e ajudam no trabalho específico e especial que desenvolvemos. A energia crística, de Maria e da Nova Era, está particularmente conosco, e Kryon é um de nossos patronos especialíssimos que, desde a primeira hora, nos acompanha incondicionalmente nessa aventura de ajudar as crianças e as famílias a evoluir saudavelmente. Ele tem sido o Amigo fiel e incondicional de todas as horas, que nos protege e ajuda nessa nobre tarefa de esclarecimento multidimensional.

Gostaríamos que todas as nossas atividades fossem gratuitas e, por vezes, percebemos que algumas pessoas ficam um pouco decepcionadas ao verem que isso não acontece. Na verdade, a maioria de nossos terapeutas, psicólogos e colaboradores fazem algum trabalho voluntariado na Casa Índigo, mas não podem exercer e disponibilizar-se para outras atividades técnicas que preparam com todo o esmero sem que recebam a recompensa justa por seu trabalho. Porque, embora vivam muito ligados ao espírito, ainda têm corpo físico, casa, filhos e outras despesas inerentes à condição humana. Por outro lado, as pessoas têm de perceber que nada no Universo é gratuito, tudo entra na roda da existência. Se receber energia e tempo que lhe dedicaram para o ajudarem, então deve retribuir com algo, e a energia monetária é uma forma de recompensar quem o ajudou. Caso contrário, criam-se situações cármicas com essa pessoa. Dívidas são entraves cármicos que teremos sempre de pagar, mais cedo ou mais tarde, nesta vida ou em outra qualquer. Procurem ser íntegros e honestos e sempre que possam deem com generosidade e verão que o Universo vos retribuirá e recompensará em dobro.

É certo que não deixamos de ajudar se verificamos que a pessoa precisa de ajuda e não tem possibilidades de momento (já o temos feito com crianças e/ou jovens de instituição carentes, fazendo descontos, ou sugerindo outra forma de pagamento), mas a pessoa fica comprometida a, logo que possa, recompensar o trabalho realizado. A abundância existe e é para todos, pelo que acreditamos que basta aprendermos a abrir o coração à abundância e deixar que ela nos regale com o que desejamos e merecemos. Por vezes é tudo uma questão de prioridades, porque andamos a pedir descontos em coisas essenciais à nossa vida e de nossas crianças e gastamos o que temos e o que não temos em roupas de marca, unhas de gel, tabaco, celulares, entre muitas outras superficialidades que poderíamos protelar por algum tempo para que nossa vida e a de nossos filhos dessem a volta autêntica e necessária para atingirmos o verdadeiro sucesso. Porque não é por terem mais um jogo de computador ou *Game Boy* que serão mais felizes, bem pelo contrário: o consumismo torna-os cada vez mais insatisfeitos, gananciosos, insaciáveis e egoístas.

As atividades que desenvolvemos são as que fazem parte integrante de nosso *site* <www.casa-indigo.com>. Criaram-se atividades para crianças, jovens e adultos, para que todos possam encontrar um espaço próprio de crescimento e evolução nas várias vertentes da pessoa humana, exaltando os valores e a sabedoria universais e sempre tendo presente que a criança e o jovem e suas famílias necessitam sentir que há quem os entenda e quer verdadeiramente ajudar a que ultrapassem suas dificuldades. Normalmente não temos consciência de que somos espelhos uns dos outros e de que atraímos exatamente aquilo que precisamos de resolver e modificar em nós mesmos. No livro que publicamos com Alain Aubry, *Spaltron – O Mistério dos Maias,* explicamos, em uma história simples, o que significa isso de sermos espelhos uns dos outros, e como as crianças são o espelho da família e da sociedade na qual estão inseridas. E aqui está o grande segredo da humanidade, que todos têm de descobrir para resolverem seus problemas e orientarem positivamente suas vidas.

É tempo de arregaçar as mangas e pôr mãos à obra e não são só os trabalhadores da Luz que terão de fazê-lo, mas todos, sem exceção. A sociedade e a cultura ensinaram-nos durante séculos a sermos superficiais e falsos e há que modificar isso para vivermos no futuro e construirmos com nossas crianças uma nova terra, a "Nova Jerusalém".

Em vez de adormecermos nossas crianças com drogas, o que vamos pagar muito caro em um futuro próximo, melhor será tomarmos consciência de que a mudança é urgente e necessária, a começar por nós mesmos. Vejamos o texto seguinte que ilustra de uma forma clara e profunda esse processo pessoal e de inevitável transformação.

Ho'oponopono

por dr. Joe Vitale (do "The Secret"...)

"Há dois anos ouvi falar de um terapeuta no Havaí que curou uma ala inteira de pacientes criminalmente dementes – sem sequer chegar a ver nenhum deles. O psicólogo estudaria a ficha do paciente e olharia então para dentro de si mesmo para ver como criou essa doença ao paciente. E consoante ele ia trabalhando sobre si mesmo, o paciente ia melhorando. Quando ouvi falar nessa história pela primeira vez, pensei que era uma lenda urbana... Como poderia uma pessoa ajudar a curar outra ao trabalhar sobre si mesmo? Nem o mais sábio dos mestres do automelhoramento poderia conseguir curar criminosos loucos, certamente? Não fazia sentido. Não era lógico e assim ignorei a história. No entanto, voltei a ouvi-la outra vez, um ano mais tarde. Ouvi dizer que o terapeuta tinha usado um processo de *healing* havaiano chamado Ho'oponopono. Eu nunca tinha ouvido falar disso, contudo não conseguia deixar de pensar no assunto. Se a história fosse verdadeira, eu tinha de saber mais. Sempre aceitei o conceito de responsabilidade total, mas com o significado de que eu sou responsável pelo que penso e faço, ficando todo o restante fora de minhas mãos. Suponho que a maioria das pessoas pensa na responsabilidade total dessa forma. Somos responsáveis pelo que nós fazemos e não pelos demais – mas não é bem assim... O terapeuta havaiano que curou aquelas pessoas mentalmente doentes ensinar-me-ia uma perspectiva nova com base na responsabilidade total. Seu nome é dr. Ihaleakala Hew Len. Nós passamos cerca de uma hora a falar em nossa primeira conversa ao telefone. Eu pedi que me contasse a história completa de seu trabalho como terapeuta. Explicou que trabalhou no hospital do Havaí por quatro anos numa ala onde mantinham os criminalmente desequilibrados, e que era uma divisão muito perigosa. Os psicólogos despediam-se mensalmente. A equipe de funcionários não ia trabalhar por motivos de doença ou simplesmente despedia-se também. As pessoas andavam pelos corredores com as costas de encontro à parede, receosas de ataques dos pacientes. Não era um lugar agradável de estar, trabalhar ou visitar. O dr. Len disse-me que nunca viu seus pacientes. Concordou ter um escritório e rever suas fichas. Quando as analisou, começou então a trabalhar sobre si mesmo e, enquanto o foi fazendo, os pacientes foram melhorando. Depois de alguns meses, os pacientes que tinham até aí de ser amarrados com correntes e coletes circulavam agora livremente. Disse-me que outros, que tinham de ser fortemente sedados, começaram a deixar seus medicamentos. E aqueles que não tinham no momento qualquer possibilidade de vir a ser libertados, estavam a começar a ser libertados. Eu fiquei sem palavras. Não só os pacientes melhoraram como a equipe de funcionários começou a apreciar vir trabalhar. O absentismo e o *turnover* desapareceram. 'Nós acabamos por ter funcionários acima do que necessitávamos, porque os pacientes eram liberados e toda a equipe de funcionários comparecia ao trabalho. Hoje, essa ala está fechada.' E é aqui que eu tive de colocar a grande questão: 'O que é que você fez dentro de si que causou a mudança naquelas pessoas?'. 'Eu simplesmente curei a parte de mim que criou o problema', disse. E eu não compreendi. O dr. Len explicou-me então que a responsabilidade total por nossa vida significa que tudo o que parece exterior à nossa vida não é simplesmente e só o que se passa diretamente conosco – tudo é nossa responsabilidade. Estamos todos ligados, literalmente todo o mundo, inteiro, é em parte a criação de cada um. Uau! Isso é difícil de engolir. Ser responsável por aquilo que digo é uma coisa, mas ser responsável por todos em minha vida é outra. Ainda assim, a verdade é esta: se você fizer um exame de consciência de sua vida e de tudo o que vê, ouve, prova, toca, ou de qualquer maneira experiencia, é de sua responsabilidade, porque se realiza em sua vida. Isso significa que a atividade terrorista, o presidente, a economia ou qualquer coisa que você experimenta e vive existe por si e está lá para você sanar. Cabe-lhe a si a responsabilidade e a todos coletivamente, uma vez que na realidade nenhuma dessas coisas existem, por assim dizer, exceto enquanto projeções dentro de cada um. O problema não é 'deles', é seu, e, para mudá-los, tem de mudar-se a si. Eu sei que esse é um conceito difícil de apreender, quanto mais de pôr em prática, aceitar ou vivê-lo realmente. A culpa do outro é sempre mais fácil do que a responsabilidade total, mas dizia o dr. Len: A cura começa com cada um por via do amor em Ho'oponopono.

'Se você quer melhorar sua vida, tem de curar sua vida. Se você quiser curar qualquer um, mesmo um criminoso mentalmente doente, você conseguirá curando-se a si mesmo.' Perguntei então ao dr. Len como tinha procedido no processo de cura. O que foi que fez, exatamente, quando viu as fichas daqueles pacientes? "Eu fui repetindo sempre, 'desculpa' e 'amo-te' para mim, vezes sem conta", explicou. 'Só isso?'. 'Só isso'. Parece que a melhor maneira de nos melhorarmos é de amarmo-nos e perdoarmo-nos, e consoante melhorarmos, melhora também o mundo. Deixem-me dar um exemplo de como isso funciona: um dia, alguém me enviou um *e-mail* que me deixou maldisposto. No passado eu responderia de forma emocional, defensiva e à letra à provocação da pessoa. Mas dessa vez decidi tentar o método do dr. Len. Eu mantive-me silenciosamente a dizer 'desculpa' e 'amo-te', sem dirigir a ideia a ninguém em particular e evocando simplesmente o espírito do amor para curar dentro de mim o que criou a circunstância exterior. Passada uma hora recebi um *e-mail* da mesma pessoa. Desculpou-se por sua mensagem precedente. Lembrem-se de que nunca cheguei a tomar uma atitude externa que estimulasse esse pedido de desculpa. Não escrevi de volta, mas ao ir dizendo 'amo-me', eu curei de algum modo dentro de mim o que criou a situação. Mais tarde frequentei um *workshop* de ho'oponopono ministrado pelo dr. Len, que tem agora 70 anos, considerado um ancião shamânico e um tanto reclusivo. Elogiou meu livro, *O Factor Atracção*. Disse-me que consoante eu me melhoro, minha vibração e a do livro se elevará, e que todos o sentirão quando o lerem. Ou seja, porque eu melhoro, meus leitores melhorarão.

'Então, e os livros que já foram vendidos e que já estão por aí há mais tempo?', perguntei. 'Eles não estão por aí', explicou, uma vez mais confundindo minha mente com sua sabedoria mística. 'Eles estão em ti.' Isto é, o *por aí* não existe. Levaria um livro inteiro para explicar essa técnica avançada com a profundidade que merece. Para já fica a noção de que sempre que quer melhorar qualquer coisa em sua vida, só há um lugar por onde começar: dentro de si mesmo. Quando se observar, faça-o com amor."

É nessa base e com esse espírito de desafio que temos a honra de vos apresentar alguns de nossos terapeutas que se dedicam a essa nobre tarefa de ser terapeuta Casa Índigo com todo o Amor. Eles próprios irão em seguida falar-nos acerca de sua evolução, terapias e dos resultados positivos que temos obtido sempre e só com ajuda de nossos amigos, os Seres de Luz.

Leitura de Auras
Leitura de Chacras
Almaterapia
Gravidez Consciencial

Susana Pinho

Foi em uma tarde de inverno que conheci pessoalmente a dra. Tereza Guerra e Alain Aubry. O que eu ia propor seria realizar consultas de leitura natural de auras na Casa Índigo. Nessa tarde, eu não poderia prever que minha vida mudasse tanto e que a partir de então mudasse a vida de tanta gente.

A Leitura Natural de Auras consiste basicamente em um método desenvolvido por mim apoiado na visão com os olhos físicos das auras das pessoas, faculdade que tenho desde que nasci. Em seguida, represento minha visão em um desenho e, a partir desse momento, interpreto as cores que vejo, as combinações, as *nuances,* apoiando-me sempre no que estou a sentir da energia daquela pessoa. Cada pessoa é única e, por essa razão, a informação dada por sua aura é também única. Não existem duas auras iguais e nossa aura está em constante interação com o Universo e com as pessoas que nos rodeiam. Somos nuvens de cores e, através da aura, descubro a luz interior de cada ser humano. Todos nós temos um brilho que é só nosso, muitas vezes o maior problema de nossa vida é que não acreditamos nele.

E esta é a minha missão por meio das consultas de Leitura Natural de Auras: a de mostrar o caminho daquela pessoa, oferecendo-lhe as chaves para seu autoconhecimento e as ferramentas para uma vida mais consciente. Assim, na leitura que faço, desenvolvo o tema da personalidade profunda da pessoa, seus padrões de comportamento, os bloqueios, sua missão nesta vida e o caminho que se lhe apresenta pela frente baseado na energia que está presente em sua aura nesse momento.

A aura é nossa impressão digital espiritual. E cada ser vivo tem aura. Desde os animais, passando pelo feto que cresce no ventre de sua mãe, e claro, as crianças e as pessoas mais crescidas.

Ao longo desses dois anos de trabalho profundo na Casa Índigo, apreendi tanta coisa!

Conheci famílias vibrando na Nova Energia, conheci crianças tão diferentes e tão iguais em seu propósito: descobrir seu caminho.

Foram muitas as crianças Índigo que conheci, desde Eduardo, de 8 anos, que ainda hoje diz que o dia que foi à consulta foi o dia mais feliz de sua vida, porque conheceu alguém que vê o mesmo que ele; passando por Pedro de 10 anos com seus sonhos premonitórios que tanto assustavam a mãe e que, no pico do desespero, me pedia: "Tire esta coisa horrível de meu filho".

Também conheci crianças Índigo que, em sua rebeldia e revolta, escondiam verdadeiros pedidos de ajuda, como foi o caso de André, de 8 anos, que a meio da consulta repentinamente esbofeteou a mãe, em um claro pedido de orientação em seus limites, de disciplina afetiva e que a mãe se recusava a dar porque estava carregada de culpa pelo processo de divórcio que estava vivendo com o pai de André.

Foram também muitas as crianças Cristal que passaram pelas consultas de Leitura Natural de Auras. Clara, de 3 anos, com dificuldades na aquisição da fala, mas que se fazia entender pela expressão do rosto; Afonso, de 5 anos, tão terno e tão meigo que tinha dificuldade em identificar-se como um menino; Mariana, de 3 anos, que com seu olhar meigo segue os Seres de Luz e os Anjos da Guarda.

Sem, claro, esquecer-me de meus maiores professores, meus filhos: Beatriz, menina Índigo de 5 anos, com uma personalidade forte e o coração do tamanho do Universo; Miguel, menino Cristal de 3 anos, tão empático e expressivo e com uma grande afinidade com a Energia dos Anjos, e Santiago, que está prestes a nascer e que já me ensinou a vivenciar cada cor do arco-íris. Sem eles, meu caminho seria estéril e sem sentido.

Porém, meu trabalho com as auras não se centra apenas nas crianças, mas também nos adultos que com a vivência dos problemas do cotidiano se esquecem de sua verdadeira essência, de seu real caminho. E nas consultas de auras já ocorreram verdadeiros encontros emocionantes com o caminho e com a missão de cada um. Foram muitos os adultos Índigo que, ao tomarem consciência de quem são, assumiram uma profunda mudança nos padrões de comportamento, o que, por sua vez, conduziu a mudanças radicais em suas vidas. Sinto-me privilegiada por ser um canal para as descobertas de cada um e presenciar a sincronicidade perfeita do Universo.

O trabalho com os adultos continua com os Seminários de Auras que oriento na Casa Índigo. Nesses seminários, ao longo do dia, exponho o método de Leitura Natural de Auras e ofereço as ferramentas para que cada um desenvolva a visão das auras. E realmente é espantoso como, apesar do ceticismo inicial, ao fim do dia a grande maioria das pessoas consegue ver a aura de seus companheiros. Esses seminários revelaram-se importantíssimos na forma como as pessoas encaram suas limitações. A verdade é que podemos ir sempre mais longe do que aquilo que acreditamos.

Além da Leitura Natural de Auras, realizo também na Fundação Casa Índigo a Leitura Natural de Chacras. Nossa aura é diretamente influenciada pela energia dos sete principais chacras do corpo físico e da forma como nossa energia vital passa por cada um dos chacras. Na consulta de Leitura Natural de Chacras, faço o desenho de como vejo cada chacra e, um a um, falo dos bloqueios, dos padrões presentes nesse chacra e sugiro práticas e/ou terapias que curem esse bloqueio. No fim da consulta, envio luz para que se harmonize a energia da pessoa. Por meio da Leitura Natural dos Chacras, as pessoas conhecem ao pormenor os bloqueios que levaram a um determinado padrão de comportamento e saem da consulta com sugestões que ajudam à sua cura.

A Leitura Natural de Chacras é complementar da Leitura Natural de Auras, porque com os chacras vejo "à lupa" aquilo que está representado de uma forma geral na aura. Por essa razão é que recomendo realizar em primeiro lugar a consulta da Leitura Natural de Auras e em seguida a Leitura dos Chacras.

E como tudo no Universo se encaixa se nos deixarmos fluir em suas águas, foi em uma consulta de Leitura da Aura que surgiu, por inspiração de meus Guias, a Almaterapia. Eu costumo dizer que a aura é a representação de nossa alma; é nossa alma em cores. Por essa razão, ao ver a aura das pessoas, acedo também à sua alma, à sua essência.

Muitas vezes, as pessoas encontram-se perdidas, confusas, a ver tudo em sua vida muito neblinoso. Muitas vezes, precisam de se sentir acolhidas, amadas, de sentir o aconchego no coração do regresso a casa. E é aqui que surge a Consulta de Almaterapia, em que eu me disponibilizo a servir de canal, por meio de uma meditação específica, para que, pela palavra escrita, a Alma daquela pessoa se comunique com ela. No término, eu agradeço à Alma sua dádiva e envio luz da cor que a Alma me indica para o coração da pessoa. O resultado é sempre um sorriso nos lábios e uma dissipação do nevoeiro que lhe bloqueava o caminho. A Almaterapia é uma prova que a terapia começa na tomada de consciência.

Essa consciencialização deverá ser feita o mais cedo possível, ainda antes do nascimento, enquanto se forma um novo Ser. Essa é minha proposta nas Consultas de Gravidez Consciencial em que, usando minha experiência como mãe, converso com os pais sobre seu filho, sobre as expectativas, os receios, sobre o parto e os mitos que rodeiam o parto. Nessas consultas tiram-se dúvidas sobre a gravidez e fala-se dos cuidados naturais que se deve ter no decorrer desta. Porém, uma consulta de Gravidez Consciencial é muito mais do que uma conversa sobre aspectos técnicos e fisiológicos da gravidez e do parto. O cerne dessas consultas é pôr os pais em contato com sua essência e, por consequência, com a essência de seu bebê. Para isso, falo da energia que sinto daquele bebê, da cor de sua aura, de sua missão e da razão por que escolheu aqueles pais. Falo também dos benefícios da comunicação constante com o bebê e realizamos algumas meditações que os pais podem depois fazer facilmente em casa. Essas consultas serão mais benéficas se tiverem uma continuação, pois assim aumentará a empatia e a confiança entre os pais e a terapeuta.

Estes são os frutos de meu caminho na Fundação Casa Índigo. Sei que o caminho irá trazer mais frutos e que os receberei com o coração aberto, porque ao realizar minha missão ajudo cada vez mais pessoas a realizarem as delas.

Novo Despertar de Consciência
Consultas de Psicologia Clínica

Marta Modas[42]

A Fundação Casa Índigo possui um modelo de investigação e intervenção direcionado para todas as crianças, jovens, adultos e famílias da Nova Era: os Índigo e Cristal, onde cada ser humano é avaliado e orientado segundo uma concepção integrativa do Ser e em uma dimensão 3D (Mente, Corpo e Espírito).

Segue-se o desenvolvimento das seguintes temáticas:

1. Os Desafios das Famílias da Nova Era: As Crianças Índigo/Cristal e os Pais.
2. A Especificidade da Consulta de Psicologia Clínica na Casa Índigo.
3. Reflexão Final baseada nas Consultas Terapêuticas:

As Crianças Índigo/Cristal e os Pais.

Os desafios das famílias da Nova Era: as crianças Índigo/Cristal e os pais

As crianças da Nova Era, os Índigo e os Cristal, trazem consigo a energia de profundas mudanças. Colocam-nos o desafio de verdadeiras metamorfoses das relações humanas e da relação com a Natureza, o mundo, o Cosmos e o Divino. Trazem a energia da integridade e da cooperação.

As crianças, Índigo e Cristal, vêm pôr a descoberto, de forma mais eficaz do que seus pais o fizeram em sua própria infância, todas as fragilidades sociais, relacionais e familiares existentes na humanidade.

Vivemos agora um novo despertar da consciência. Os adultos começam a desejar ir a um nível mais profundo de si mesmos e encontrar respostas a questões essenciais que têm acompanhado toda a evolução da humanidade: O que é a vida? Qual é minha missão de vida? Quem sou? Quem sou em minha família, na relação com meus filhos, em meu trabalho, na sociedade?

Nossas crianças já trazem mais definido esse desejo de aceder ao mundo mágico e secreto da vida, mesmo que seja ainda em um nível inconsciente, e daí reagem de forma brusca e perturbada a sistemas

---
42. Psicóloga Clínica.

que não praticam a transparência e a verdade de ideias, intenções e sentimentos. Acima de tudo, as crianças não toleram a não integridade do ser daqueles que fazem parte de sua vida.

Esse despertar da consciência está sendo vivido em nível individual, mas também coletivo. Os ritmos frenéticos e competitivos da sociedade atual dirigem-se no sentido oposto ao da necessidade de uma maior autoconsciência de si, dos outros e do Cosmos. É, pois, urgente fazer-se esse processo individual e coletivo (família e sociedade) de evolução da consciência.

Quando uma criança nasce no seio de uma família, e mesmo antes de nascer, novos desafios emergem para todos os elementos desse grupo, principalmente para o pai e a mãe como casal e futuros pais. Toda a realidade familiar está prestes a viver fortes transformações.

Cada família possui determinados padrões relacionais e energéticos que vão estar presentes no acolhimento feito ao bebê que nasce. O bebê terá de se adaptar a toda a história transgeracional de sua nova família. E esta também terá de se adaptar às características únicas do novo ser. Novos desafios emergem no horizonte relacional familiar e profundas transmutações podem agora acontecer. Tal pode ser vivenciado de forma harmoniosa, na qual os desafios e conflitos são vencidos e integrados no interior de cada elemento da família e o bebê/criança, uma alma recém-chegada a um corpo vai se desenvolvendo em sua plenitude.

Quando esses desafios desencadeiam conflitos graves e não solucionáveis, as relações familiares entram em profundo desequilíbrio, o que muitas vezes se arrasta e acompanha por vários anos o desenvolvimento do bebê/criança.

Emergem então dificuldades na criança que assumem diferentes expressões (dificuldades de sono, de alimentação, de aquisição da linguagem, de aprendizagem escolar, de atenção/concentração, etc.) em diferentes contextos (familiar, escolar, social). Nesse panorama, a doença e os sintomas na criança são a forma de ela comunicar seu sofrimento psicológico, espiritual e energético. A necessidade de mudança interior e familiar surge como premente.

Os pais que procuram ou que são encaminhados para a consulta de Psicologia Clínica na *Fundação Casa Índigo* encontram-se nesse estado de desequilíbrio relacional familiar e precisam de ajuda especializada.

Especificidade da consulta de Psicologia Clínica

A consulta de Psicologia Clínica na Fundação Casa Índigo, no decorrer do ano letivo 2006/2007, foi desenvolvida principalmente na área infantojuvenil e familiar/escolar. De forma geral, os pedidos de consulta incluíram dificuldades de aprendizagem escolar e/ou desinteresse pelos conteúdos programáticos, dificuldades na relação com os pares e/ou com os pais, atrasos de desenvolvimento, comportamentos de agressividade, ansiedade, agitação psicomotora (hiperatividade) e dificuldades de atenção/concentração.

Na consulta de Psicologia Clínica, cada bebê, criança, jovem e respectiva família é avaliado e orientado segundo uma concepção integrativa do Ser e em uma dimensão 4D (Mente, Corpo, Emoção e Espírito). Dois importantes diagnósticos são sempre realizados: o Diagnóstico Psicológico e o Diagnóstico Energético/Vibracional.

O Diagnóstico Psicológico, que só pode ser realizado por profissionais de Psicologia Clínica, inclui o estudo aprofundado do Eu da criança/jovem e o Eu dos pais, das relações e da estrutura familiar. Esse diagnóstico pode incluir a Avaliação Psicológica da criança/jovem para esclarecer em profundidade toda a sua problemática relacional, psicológica, emocional e/ou escolar.

O Diagnóstico Energético/Vibracional visa a um aprofundamento das características Índigo e/ou Cristal da criança/jovem e família (segundo os parâmetros de avaliação de Tereza Guerra); uma compreensão do sistema relacional e energético da família; uma identificação dos bloqueios energéticos e emocionais de cada um.

Os diagnósticos Psicológico e Energético, apesar de diferentes, complementam-se e abrem o horizonte da compreensão do que se passa com a criança e a família.

Com base nesses dois diagnósticos foi sempre construído um plano de intervenção que pôde incluir sessões de psicoterapia a par de uma intervenção na família e na escola. Essas consultas foram algumas vezes complementadas com Terapia de Florais e Consultas de Limpeza Energética e de Astrologia Cármica Familiar.

As consultas de Psicologia Clínica/Psicoterapia podem, então, incluir:

- intervenção na relação mãe-bebê e na relação pais-bebê;
- avaliação do desenvolvimento do bebê e da criança;
- apoio individual da criança ou jovem e intervenção na família;
- avaliação psicológica/diagnóstico da problemática emocional da criança/jovem;

- diagnóstico de dificuldades específicas de aprendizagem escolar e orientação para pais e escolas.

As consultas de Psicoterapia Individual com a Criança têm como base o estabelecimento de uma relação terapêutica, na qual o diálogo e as atividades expressivas (brincar, desenhar, pintar, jogar) permitem maior comunicação da criança com ela mesma e seu mundo interior, mas também exterior (mãe, pai, pares, terapeuta). As sessões integram sempre um tempo de relaxamento por meio da visualização criativa com fundos musicais específicos.

As consultas de Psicoterapia Individual com o Jovem assentam principalmente no diálogo estabelecido com o terapeuta, mas também atividades expressivas (desenho e pintura). Quando oportuno, são abordadas parábolas de Kryon. No contexto da relação terapêutica procura encontrar-se os vários sentidos das dificuldades sentidas e vividas, e potenciar as competências/potencialidades do jovem. As sessões integram, tal como as sessões com as crianças, relaxamento por meio da visualização criativa.

Esse momento de relaxamento, realizado geralmente no fim das sessões, revelou-se crucial para uma maior integração corpo/alma, para um maior contato com o Eu Interior e para uma eficaz integração da tensão vivida na sessão, na qual toda a conflitualidade da criança, ou do jovem, emergiu sob diferentes formas (verbal, gráfica, corporal, relacional, energética).

As consultas individuais com os pais assumem contornos muito específicos tendo em conta a idade da criança, sua problemática e a da família. O objetivo dessas consultas é construir um espaço relacional de reflexão no qual o ponto de partida é aquilo que, segundo as várias percepções dos pais, se passa com a criança ou com o jovem. Reflete-se e elabora-se acerca de suas dificuldades/capacidades diante do que se passa com a criança e com eles mesmos como pais, mas também crianças que foram. Procuram-se rever e equilibrar as atitudes parentais e educativas. Faz-se uma busca dos sentidos ocultos e transgeracionais da problemática psicoafetiva da criança e da dinâmica familiar.

No decorrer das várias consultas de acompanhamento psicológico, vivencia-se uma viagem ao interior da criança e dos pais, em que as barreiras do tempo e do espaço são ultrapassadas, fazendo-se uma busca incessante das várias subjetividades e intersubjetividades.

Em contexto de consulta, é fundamental identificar os padrões relacionais e energéticos (saudáveis e perturbados) da criança e da família para poder compreendê-los e depois modificá-los.

É o encontrar, e o dar sentido a tudo o que não tem sentido, que promove toda uma revolução interior e exterior, em uma procura de novos pontos de equilíbrio.

É a construção de pontes de ligação dentro de cada ser individual e entre seres de uma mesma família, comunidade, ou escola, que promove uma série de transmutações individuais e relacionais.

Várias dialéticas são abordadas para encontrar novos sentidos e significados acerca da conflitualidade existente. Essas dialéticas podem ser: Subjetividade/ Intersubjetividade; Relação "Eu"/"Outro(s)"; Cognição/Emoção/Corporalidade; Consciente e Inconsciente/Visível e Invisível; Ligação do Presente com o Passado/Futuro; Ambiente Familiar/Extrafamiliar.

A criança e a família passam então por um processo de reajustamentos, de procura de um novo equilíbrio, de novas formas de comunicação e de expansão relacional, psicológica e espiritual.

O que antes era um vislumbre no horizonte torna-se cada vez mais próximo da realidade: a cura emocional e espiritual, mas também mental e corporal.

Em suma, as sessões de Apoio Psicológico/Psicoterapia:

- Ajudam a compreender, a caracterizar e a ultrapassar a situação de conflito vivida pelo bebê/criança/jovem/adulto, mas também pela família e/ou pela escola.
- Promovem o desenvolvimento pessoal por meio do (re)encontro e de uma melhor comunicação com o verdadeiro "Eu Sou", a par de um processo terapêutico de cura e mudança.
- Ajudam a delinear o projeto/caminho de vida pessoal e/ou familiar, e a descobrir capacidades até então desconhecidas. Estas podem ser capacidades emocionais, criativas, espirituais, de resolução de crises de vida, de autocura, etc.

Dentre as várias terapias desenvolvidas na Fundação Casa Índigo, a Consulta de Psicologia Clínica assume sua especificidade surgindo como um espaço e um tempo de reencontro com seu verdadeiro ser, mas também reencontro relacional, familiar e escolar.

Na intervenção direcionada às crianças e aos jovens torna-se fundamental um trabalho profundo com a família e também com a escola.

Consultas terapêuticas: as crianças Índigo/Cristal os pais

A partir de uma primeira abordagem e estudo das crianças/jovens e respectivas famílias encaminhadas para a consulta de Psicologia Clínica da Fundação Casa Índigo é possível tecer algumas hipóteses para uma reflexão sobre as crianças/jovens da Nova Era, sem querer, no entanto, criar diretrizes estanques, o que criaria limitações em sua compreensão holística.

Faz-se também a ressalva de que muitas das crianças/jovens apresentam uma mescla de energia Índigo e Cristal, podendo uma prevalecer sobre a outra, o que amplifica e cria diversos matizes que caracterizam seus mundos interior, real, familiar, social e espiritual.

As crianças/jovens Cristal...

As crianças Cristal transmitem uma energia de profunda paz e amor. Seu olhar é brilhante e translúcido, escondendo muitas vezes alguma tristeza. Nas relações interpessoais, revelam-se de forma tímida e sutil, e são muito cooperativas. Têm interesses variados, uma forte atração e receptividade diante de certos elementos da Natureza (cristais, arco-íris, mãe-terra, etc.) e uma sabedoria profunda acerca da vida e da morte.

Quando em situação de profundo desequilíbrio familiar, as crianças Cristal vivem uma solidão interior na família. Esta não entende muitos de seus comportamentos. A criança é vista e sente-se como um elemento estranho na família. Sua grande capacidade de se sintonizar com a energia circundante, nessas situações, torna-se uma dificuldade, porque a criança absorve toda a energia familiar em desequilíbrio, o que muitas vezes, logo desde a primeira infância, se manifesta em doenças psicossomáticas na área das alergias (cutâneas, alimentares, respiratórias).

Se os conflitos na criança, na família e em sua integração escolar persistirem ao longo de vários anos, observa-se que essas crianças na idade escolar, quando chegam à consulta de Psicologia, apresentam uma dificuldade de relação com os pares e/ou adultos, e em integrar as emoções e o pensamento. De forma geral, são crianças que podem apresentar uma atividade mental excessiva, uma tendência para uma certa rigidez, perfeccionismo, crises de ansiedade, inibição, sensibilidades sensoriais (som, luz...) e alimentares, e muitas vezes têm capacidades cognitivas elevadas em áreas específicas.

Na relação psicoterapêutica, as crianças Cristal, apesar dessas suas fragilidades, revelam com facilidade a pureza e autenticidade de seu ser interior. O espaço terapêutico é aceito como possibilidade de reviver a conflitualidade existente e descobrir na relação novos olhares para conhecer e compreender a realidade. A reflexão sobre energia, corpos energéticos e chacras, cristais, contato com os guias espirituais são temas importantes para essas crianças. A meditação por meio da visualização criativa é sempre um momento especial de contato com outras dimensões celestiais e de reequilíbrio energético e emocional.

Quando oportuno em seu percurso de evolução interior, essas crianças têm indicação para receberem iniciação em Reiki e aprenderem técnicas de proteção e cura energética.

As crianças/jovens Índigo...

As crianças Índigo revelam-se diferentes das crianças Cristal e apresentam-nos outros desafios familiares, escolares, sociais e terapêuticos.

Trata-se de crianças muito determinadas e com grande força interior. Desejam mudar o mundo, as relações e as pessoas de forma assertiva. Reagem com agressividade a tudo o que se afasta da integridade e da harmonia entre pensar, sentir e fazer. Detectam com facilidade as mentiras e a desonestidade. Trazem em si a missão de implementar a mudança profunda da consciência humana. São altamente intuitivas e harmonizam-se facilmente quando em contato com a Natureza.

Para além dessas características gerais, podem apresentar interesses seletivos, capacidades cognitivas acima da média em áreas específicas e tendência para o isolamento. Aqui falamos das crianças Índigo concetuais.

As crianças Índigo humanistas são muito relacionais, comunicativas e com tendência para serem líderes no grupo.

As crianças Índigo artistas são as mais sensíveis das crianças com energia Índigo, apresentam interesses pelas áreas expressivas e apreciam o belo e a harmonia.

Em situações de enraizado conflito e de rupturas familiares, mas também escolares, em que o verdadeiro ser da criança não é respeitado, essas crianças transformam toda essa sua força interior e vontade de mudar o mundo em uma agressividade que pode, muitas vezes, assumir contornos patológicos. Daí ser fundamentais a qualidade e variedade das respostas emocionais dadas a essas crianças.

A criança impregna, então, de agressividade destrutiva as relações que estabelece, ou guarda-a em seu interior. A agressividade, em vez de ser utilizada em prol da criação e ser fonte de criatividade, é desvirtuada e transforma-se em destruição. As relações familiares encontram-se muitas vezes em um estado relacional caótico.

Nos casos mais graves, em que há também esse maior desequilíbrio familiar, observa-se que, de fato, o impulso inato para a construção é quase substituído em sua totalidade por esse impulso de destruição, que pode ser dirigido a si mesmo ou aos outros.

A par dessas dificuldades na relação com os pares e/ou adultos e de toda uma problemática de comportamentos agressivos, ou de intensa inibição/isolamento, surgem, muitas vezes, dificuldades de aprendizagem escolar e medos intensos.

O medo da morte assola, por vezes, a vida interior dessas crianças e as respostas dos adultos não as satisfazem, porque suas perguntas vêm pôr a descoberto o arquétipo do medo da morte, que faz parte do inconsciente da humanidade, e logo, também, de seus pais.

Na relação terapêutica, as crianças Índigo com problemática agressiva (verbal, comportamental) apresentam um desejo profundo de *colo materno,* mas em simultâneo seus registros mnésicos conflituosos, e muitas vezes cármicos, levam-nas a boicotá-lo e a repetir padrões relacionais e energéticos de excessivo controle e poder sobre o outro.

Já as crianças Índigo com inibições apresentam também esse desejo de colo materno, mas aceitam vivê-lo mais facilmente, na relação terapêutica, do que as crianças Índigo que apresentam problemática agressiva.

No interior da vida psíquica dessas crianças habitam sofrimentos que escondem profundos desequilíbrios na relação precoce pais-bebê, e que por vezes dão conta também da existência de energias cármicas difíceis de transmutar pela própria criança e pelos pais.

Em um vaivém de construção e destruição, de fuga constante de si e do outro, mas também de progressiva autodescoberta, é fundamental descobrir e dar nomes aos fantasmas interiores da criança.

A dada altura do processo terapêutico, impera na criança a vontade interior de construir e de conhecer, o que permite iniciar uma jornada de verdadeira transformação da agressividade auto ou heterodestrutiva, o que tem repercussões positivas na aprendizagem escolar, na relação com os pares e os adultos, e, principalmente, no bem-estar interior da criança.

Só nessa fase, em que a possibilidade de uma harmonia interior é real e em que a escuta do silêncio interior começa a deixar de ser tão assustadora, é que essas crianças com problemática de agressividade aceitam com maior tranquilidade o relaxamento com visualização criativa. Até lá, rejeitam ou é-lhes difícil vivenciá-lo em sua plenitude. As crianças Índigo com inibições aderem sempre a esse momento de harmonização no fim das sessões.

Os pais...

Muitas vezes os pais, no decorrer do processo terapêutico dos filhos, também descobrem em suas consultas que são adultos Índigo ou Cristal. Compreendem que em sua infância houve partes de seu Eu profundo que não foram compreendidas nem aceitas por seus pais e outros familiares, e até mesmo pela sociedade.

Nessa fase, os pais percebem que tudo se pode repetir eternamente de geração em geração em uma mesma família, e que é saudável dever permanecer, mas os desequilíbrios devem ser libertados para que novas descobertas e sabedorias possam ser integradas na estrutura familiar.

Assim, podemos pensar que os filhos refletem os pais, embora sejam seres únicos e diferentes deles. O desafio que é proposto aos pais é não repetirem na relação com os filhos o que seus próprios pais fizeram com eles quanto a não respeitar seu verdadeiro Ser e missão de vida.

Permitam-me referir o sexto preceito do Projeto Rinri do Calendário das 13 Luas, ou calendário da Paz, que refere: "A criança é uma grande atriz. Atua representando, como em um palco, a mente de seus pais".

Como antes de se ser adulto ou pai/mãe é sempre criança, todo ser humano de alguma forma espelha a vida interior dos pais e/ou de outros elementos da família, vivos ou já falecidos.

Se a verdadeira transmutação interior for decorrendo ciclicamente de geração em geração, de pais para filhos, o ser humano tem vastas oportunidades de prosseguir e progredir em sua evolução consciencial, humana, relacional e espiritual e cumprir mais facilmente sua missão de vida.

Quadro Síntese Crianças/Jovens Índigo e Cristal

	Crianças/jovens Índigo	Crianças/jovens Cristal
Estrutura Energética	• Assertividade (Agressividade na linha da criatividade) e vontade de mudar o mundo	• Amor Incondicional e Paz Interior
Sensibilidades	• À Energia dos espaços e das pessoas; • À Integridade das pessoas; • À mentira e desonestidade;	• À Energia dos espaços e das pessoas; • À Integridade das pessoas; • À mentira e desonestidade; • Sensibilidades sensoriais (a excesso de luz, movimento e/ou ruído; a certos alimentos; olfato apurado...);
Característica Base de Relação Saudável	• Empatia Assertiva	• Empatia Cooperativa
Características Gerais de Relação em Desequilíbrio Emocional e Espiritual	• A criança/jovem estabelece relações de excessivo controle e poder sobre o outro, ou de inibição. • A criança/jovem recusa o desequilíbrio energético das relações familiares, sociais e/ou escolares por meio de agressividade (dirigida a si ou aos outros), e por vezes, por alguma manipulação.	• A criança/jovem estabelece relações de submissão diante dos outros/exterior. • A criança/jovem funciona como "esponja energética" e absorve a energia das relações familiares, sociais e/ou escolares em desequilíbrio. • As birras surgem apenas em situações de extrema invasão energética.
O que as Mantém em Harmonia (mente, corpo e espírito)	• Relações saudáveis do ponto de vista energético, emocional e espiritual; • Contato com a Natureza; • Alimentação saudável; • Cristais; • Reiki; • Meditação e ioga; • Expressão criativa (pintura, desenho, modelagem, etc).	• Relações saudáveis do ponto de vista energético, emocional e espiritual; • Contato com a Natureza; • Alimentação saudável; • Cristais; • Reiki; • Meditação e ioga; • Expressão criativa (pintura, desenho, modelagem, etc).

Terapias

- Psicoterapia infantil/juvenil e intervenção na família e na escola;
- Terapia de Florais;
- Astrologia cármica familiar;
- Limpezas energéticas/espirituais;
- Grupos de autoajuda (Grupos autoconsciência Índigo);
- Psicoterapia infantil/juvenil e intervenção na família e na escola;
- Terapia de Florais;
- Astrologia cármica familiar;
- Limpezas energéticas/espirituais;
- Grupos de autoajuda (Grupos autoconsciência Índigo);

Grupos autoconsciência Índigo

Os grupos autoconsciência Índigo têm tido como objetivo promover nas crianças e nos jovens maior consciência de si e dos outros, em uma vertente espiritual, energética, emocional e relacional, para melhorar toda a sua integração escolar e familiar.

Foram organizados vários grupos de acordo com a idade das crianças/jovens. Todos eles decorreram em um ambiente de empatia e magia que funcionou como base para se desenvolver toda uma variedade de atividades expressivas, lúdicas e energéticas. Vários temas foram sendo abordados e sempre em uma perspectiva integrativa do Ser e 4D (Corpo, Mente, Emoção, Espírito).

As sessões foram sempre iniciadas com a leitura do Kin do dia, do calendário das 13 Luas, o que permitiu uma sintonização com a energia e os desafios do dia e promoveu uma progressiva integração de conhecimentos sobre esse calendário que integra em si toda a sabedoria da civilização maia harmonizada com a energia do século XXI.

O desenvolvimento de atividades expressivas sobre a assinatura galáctica (o Kin) de cada criança/jovem foi sempre um momento especial e de grande entusiasmo.

O desenho livre ou temático foi largamente utilizado como ferramenta de conhecimento de si e dos outros, de experimentação de diferentes representações de si, de sua visão do mundo e das coisas. Representações que revelam a maneira de ser, de sentir a vida e os outros.

O tempo de contar histórias foi muito privilegiado e apreciado pelas crianças e pelos jovens. As parábolas de Kryon encerram em si mesmas ensinamentos profundos sobre a vida, a espiritualidade e a sintonização com o Divino, promovendo uma reflexão sobre esses temas e o olhar para seu mundo interior de forma lúdica, mas profunda.

No decorrer desse projeto, vários temas foram sendo desenvolvidos de acordo com as idades das crianças/jovens e explorados com muita criatividade: quem sou; minha família; minha assinatura galáctica; os medos e a coragem para enfrentá-los; os Seres de Luz e os arcanjos; os amigos imaginários; chacras e níveis de consciência; Reiki; técnicas de proteção energética; pensamento positivo, valores relacionais e espirituais.

Os grupos de crianças menores, com idades compreendidas entre 6 e 9 anos, foram muito receptivos a toda essa abordagem emocional, espiritual e energética, sendo-lhes fácil adquirir conceitos e práticas energéticas, bem como partilhar suas experiências mais multidimensionais.

Contudo, a maioria dessas crianças apresentava importantes focos de desequilíbrio emocional, energético e familiar. Apresentavam também uma baixa consciência de si e de seu corpo, sendo por vezes difícil o estar em grupo, existindo um forte desejo de estabelecer uma relação de exclusividade (relação dual) com os terapeutas. Nesse sentido, foi fundamental trabalhar constantemente a integração de cada criança no grupo por meio de uma discussão e implementação de regras básicas, tais como ser capaz de falar um de cada vez, ouvir atentamente o colega, ser capaz de estar sentado.

Todo o ambiente relacional empático, mas também terapêutico, promovido pelos terapeutas, foi permitindo que progressivamente emergissem no grupo novas formas de ouvir, escutar, olhar, observar, exprimir pensamentos e emoções, e de ser com contornos identitários mais definidos.

Muitas das crianças e suas famílias também foram seguidas na Consulta de Psicologia Clínica, o que permitiu dar uma resposta terapêutica mais individualizada e especializada.

Nos grupos autoconsciência de crianças mais velhas (10-13 anos), incluindo o grupo dos jovens (14-17 anos), foi possível desenvolver todos os temas anteriormente referidos em uma perspectiva mais profunda e desafiante em virtude de sua faixa etária, mas também por possuírem uma adequada maturidade pessoal e relacional.

Um aspecto curioso no grupo autoconsciência dos jovens foi o fato de alguns deles apresentarem dificuldades relacionais com os pares, na escola, e com os adultos, na família, e no contexto do grupo revelarem desde o início sua parte relacional mais saudável e equilibrada.

De acordo com o objetivo de base preestabelecido, os grupos autoconsciência funcionaram, de fato, como um espaço de desenvolvimento pessoal e espiritual, de aprofundamento da experiência de si na relação com os outros, de aquisição de ferramentas de proteção energética e de uma visão mais holística do ser humano integrado no Cosmos e em relação com o Divino.

A vivência de grupo, no qual cada um funciona como um espelho do outro, permitiu algumas transmutações no interior de cada criança/jovem e em sua forma de se revelar e comunicar com os outros.

As crianças e os jovens que mais evoluíram positivamente foram aqueles que permaneceram nos grupos no decorrer de todo o ano letivo. A interrupção antecipada da presença da criança no grupo, ou sua permanência intermitente, boicota todo o seu processo evolutivo e consciencial.

Salvo raras exceções, em que as faltas ou interrupções definitivas se deveram a mudanças familiares repentinas, é importante compreender que não é possível a criança/jovem evoluir rapidamente em poucos meses de integração no grupo, porque os verdadeiros milagres acontecem apenas nas profundezas do ser interior de cada um, o que implica um longo tempo de amadurecimento.

Contudo, as descontinuidades fazem parte da vida e lançam novos desafios de adaptação, o que também aconteceu nos grupos autoconsciência cada vez que uma criança/jovem saiu definitivamente. A ausência do outro foi sempre trabalhada e integrada no seio dos elementos do grupo.

O ano letivo foi finalizado com iniciações de primeiro nível de Reiki a algumas das crianças e jovens com a respectiva autorização dos pais. As sessões orientadas por Tereza Guerra, e com a presença dos terapeutas responsáveis pelos grupos, decorreram em um clima muito especial de energia divina no qual as crianças e os jovens pareciam *Pequenos Anjos Caídos do Céu*.

Terapias energéticas e florais de Bach

Luís Santos

Sou Luís Santos, terapeuta residente da Fundação Casa Índigo, que é composta de uma equipe de educadores, psicólogos e outros terapeutas de medicina alternativa, especializados no tratamento de crianças, jovens e adultos Índigo que, com carinho, amor e dedicação, têm se esforçado diariamente nos últimos anos em estudar, entender e encontrar respostas positivas para solucionar todos os tipos de problemas de ordem física, mental, emocional e espiritual de todos aqueles que nos procuram na FCI, encontrando assim o caminho para uma vida de melhor qualidade, mais feliz e mais saudável.

Todos nós, seres humanos, estamos incessantemente em busca de equilíbrio, saúde, longevidade e felicidade permanentes, graças a crenças adquiridas por nossos antepassados durante milhares de anos, porém eu pergunto ao amigo leitor: quantos de nós conseguem obter tudo isso nos dias de hoje? Nos tempos que correm, talvez devêssemos estar mais atentos às mudanças pelas quais toda a humanidade está passando, com a entrada da Nova Era de Aquário (21/12/2012), porque se depois de milhares de anos de evolução na face da Terra ainda não atingimos a felicidade permanente, talvez esteja na hora de revermos nossos sistemas de crenças, abrindo nossa mente e nosso coração a tudo o que é novo, desconhecido, revolucionário, e que, com certeza, irá determinar o futuro da humanidade.

Todos os leitores mais atentos, que têm acompanhado o desenrolar dos acontecimentos divulgados pelos meios de comunicação social, jornais, TV, Internet, etc., devem ter observado que nos últimos anos um clima de medo e insegurança tem aumentado a cada dia por todo o nosso planeta, em pleno século XXI. Temos guerras, genocídios, execuções diretamente via net, mudanças climatéricas extremas, catástrofes naturais, crises econômicas, desemprego, doenças, fome, crimes e violência, aumentando diariamente. Será esse o futuro de nosso planeta? Ou estará na hora de mudar a sério?

Muitos de nós fazem de conta que nada está acontecendo, até que um desses eventos venha bater à nossa porta. Então, muitos despertarão para a realidade da qual têm fugido, e aí perceberão que estamos passando por momentos decisivos, que irão determinar o futuro de toda a raça humana na face da Terra a partir de 2012.

O que as crianças Índigo têm tentado nos dizer é que todos nós precisamos de mudar; caso isso não aconteça, poderemos vir a sofrer em nosso próprio corpo as influências da nova energia de Aquário, simplesmente por não estarmos em equilíbrio com essa nova energia, pois todas as crianças da Nova Era já trazem dentro delas a vibração da energia de Aquário, por isso têm sofrido também por estarem em desequilíbrio nesse período de transição.

A palavra Índigo representa apenas uma cor, ou seja, azul-índigo, que é a cor da energia de Aquário que, por sua vez, também é a cor da energia que envolve todo o seu corpo físico. Essa energia tem vários nomes bem conhecidos: aura, corpo bioplasmático, alma, etc. Portanto, Índigo quer dizer crianças de alma azul.

Os Índigo já existem há centenas ou talvez milhares de anos, pois são o resultado do processo natural de evolução do homem na face da Terra, porém no início a quantidade de seres humanos Índigo era bem menor do que as que existem hoje, mas talvez muitos dos grandes filósofos, artistas, cientistas, líderes espirituais e outros grandes homens que marcaram a história da humanidade já fossem Índigo, como por exemplo Thomas Edison.

Graças a Thomas Edison, e à sua curiosidade infinita, o homem hoje domina a eletricidade com muita facilidade e, graças a isso, a humanidade evoluiu mais nos últimos cem anos do que em todo o restante da sua história. Porém, para quem não conhece sua história, Thomas Edison, quando tinha por volta de 10 anos, foi aconselhado por sua professora a abandonar a escola, por não ter capacidades para aprender como as outras crianças, ditas normais. Mal sabia ela o futuro daquela criança. Por isso, deixo aqui uma pequena chamada de atenção a todos os adultos: se encontrarem uma criança diferente das outras ditas normais, esforcem-se para não cometer o mesmo erro da professora de Thomas Edison.

Segundo estudos realizados nos últimos 27 anos nos Estados Unidos, acredita-se que 99% das crianças nascidas depois do ano 2000 já são Índigo; porém, mesmo sabendo que os Índigo são divididos em categorias distintas (humanistas, conceptuais, artistas, interdimencionais, cristais e arco-íris), não devemos rotulá-los, ou considerá-los seres de outro planeta, mas sim seres humanos com almas bastante evoluídas, com capacidades de VER, SENTIR, OUVIR e INTUIR, bastante mais desenvolvidas que a maioria dos adultos dos dias de hoje. Porém, trazem características comuns, a exemplo da fragilidade e sensibilidade às energias muito sutis, podendo mesmo vizualizar as auras que rodeiam nosso corpo físico, ou mesmo em alguns casos ver todo o universo espiritual e energético que nos rodeia. São crianças que não aceitam um não como resposta, a não ser que se tenha uma boa explicação para esse não, pois são tão sensíveis que conseguem saber exatamente quando alguém não está dizendo a verdade, por isso é muito difícil enganá-las. Caso isso aconteça, revoltam-se criando grandes conflitos no meio familiar, escolar ou mesmo social, fechando-se em seu próprio mundo por não serem compreendidas pelos adultos, ou mesmo para não serem perturbadas por eles. Provavelmente esse é um dos motivos pelo qual tem aumentado a quantidade de crianças autistas em nosso planeta.

Felizmente, nesta reencarnação particular, nasci Índigo humanista, trazendo dentro de mim toda essa sensibilidade às energias mais sutis, e a visão do universo espiritual. Lembro-me bem de minha infância e das dificuldades por que passei em meu relacionamento com os adultos, pois, na maioria das vezes, era muito difícil para eles imaginarem tudo que eu conseguia ver, sentir e ouvir, motivo pelo qual também precisei de me fechar em meu próprio mundo para não ser considerado anormal. Tudo isso fez com que eu criasse grandes conflitos interiores e exteriores que só consegui resolver na idade adulta, depois do nascimento de minha filha, que também é uma criança Índigo humanista muito especial, pois foi a partir daí que percebi que em nível energético ela era muito parecida comigo. Então comecei a estudar todos os tipos de assuntos relacionados com as energias e com os Índigo, para poder compreendê-la melhor, e acabei por encontrar respostas que me ajudaram a compreender a mim mesmo e a todo o universo de energia que nos rodeia.

Tenho desenvolvido estudos sobre metafísica, Reiki, cura prânica, cura quântica, física quântica, limpeza energética, astrologia cármica moderna, limpeza cármica, limpeza espiritual avançada, essências florais de Bach, fitoterapia e tudo aquilo que possa ajudar o ser humano a evoluir em seus aspectos mental, emocional, físico e espiritual, para que qualquer pessoa comum possa encontrar equilíbrio e a verdadeira alegria de viver aqui, no planeta Terra.

A metafísica é a ciência que estuda a relação energética entre os quatro corpos do ser humano (corpo físico, mental, emocional e o bioplasmático ou alma). Essa ciência já é conhecida pelo homem há milhares de anos. Algumas civilizações, como a egípcia, maia, hindu, chinesa e budista, já têm esse conhecimento há mais de 40 mil anos, e felizmente nos dias de hoje, graças a estudos realizados por grandes nomes da ciência e da medicina moderna como o dr. Lise Borbeau, que estuda metafísica há mais de 25 anos, toda a sociedade ocidental tem tomado conhecimento dos benefícios da metafísica na cura dos mais variados tipos de doenças e mal-estares da sociedade moderna. A metafísica tem unido esforços junto da medicina moderna, em vários hospitais e clínicas privadas espalhadas pelos Estados Unidos e Europa, conseguindo acelerar o processo de cura dos doentes, eliminando definitivamente a doença dos pacientes, desenvolvendo grandes avanços, inclusive na cura do câncer, que é causado por disfunções energéticas das células do corpo humano.

Nossa sociedade moderna está tão habituada a estar doente que acredita que as doenças são um mal inevitável, e por isso muitos passam uma vida inteira dependentes de medicamentos químicos e outros fármacos sintéticos, achando que isso é tudo muito normal. Porém, por meio de vários estudos e experiências que tenho realizado em mim mesmo e em vários pacientes, descobri que isso não é verdade, pois o estado normal do ser humano é o de ser saudável. O que descobri na verdade é que todas as doenças, mesmo as consideradas hereditárias, são causadas simplesmente por desequilíbrios energéticos, bloqueios e alterações entre nossos quatro principais corpos (corpo, mente, emoções e alma) em razão de nossa maneira de pensar, de sentir, ao tipo de dieta alimentar e a outros fatores exteriores que podem alterar todo o nosso campo energético, causando assim as doenças no corpo físico. O que quero dizer com isso é que todas as doenças, antes de surgirem no corpo físico, já se encontram visíveis na energia: esse é um dos motivos pelo qual muitos Índigo trazem o dom da visão das energias mais sutis, para em um futuro próximo se erradicarem muitas doenças da face da Terra.

Nosso corpo energético ou bioplasmático (alma) contém vários pontos de recolha e distribuição de energia, que são chamados chacras, que funcionam como vórtices, ou seja, funis de energia similares a um pequeno tornado, girando no sentido horário e anti-horário ao mesmo tempo, recolhendo e distribuindo energia vital por todo o nosso corpo e expelindo energia desgastada para o exterior deste. Existem sete chacras principais, vários chacras secundários, minichacras distribuídos por todos os órgãos do corpo, e uma vasta rede de meridianos que, por sua vez, são como filamentos, tendo como função distribuir toda a energia por nosso corpo, assim como as artérias distribuem o sangue. Portanto, sempre que um desses pontos de energia ou meridiano estiver em desequilíbrio ou mesmo bloqueado, mais cedo ou mais tarde poderão surgir os mais variados tipos de males e doenças em nosso corpo físico. Para explicar melhor tudo isso, imagine que é um automóvel topo de gama, de última geração, cheio de componentes eletrônicos espalhados por todo lado. Basta que um pequeno componente avarie, ou mesmo um pequeno cabo se rompa, para que esse carro não funcione com perfeição. Portanto, a função de um terapeuta energético de metafísica seria como a de um técnico especializado nesse tipo de automóvel, com a função de detectar a avaria e solucionar o problema; porém, na metafísica, para além de detectar o problema (bloqueio energético ou doença) e solucioná-lo, orientamos o paciente para que isso não volte a acontecer, ajudando, orientando e ensinando uma nova filosofia de vida, transmitindo todos os nossos conhecimentos para que esses e outros bloqueios energéticos possam ser evitados no futuro, ajudando todas as pessoas a alcançarem o equilíbrio energético, conseguindo livrar-se assim das doenças. No fundo, as doenças são o último sinal de nosso corpo físico, tentando avisar-nos que precisamos mudar nossa maneira de pensar, sentir, alimentar e agir diariamente.

Para desenvolver esse tipo de terapia, para além das limpezas energéticas, utilizamos a fitoterapia e os florais de Bach, que são essências energéticas naturais extraídas de uma enorme variedade de flores e plantas silvestres; essas essências ajudam a desbloquear, limpar, energizar e equilibrar todas as energias de nosso corpo bioplasmático (alma), ajudando assim todos os pacientes, adultos e crianças, a encontrarem um verdadeiro equilíbrio, sem contraindicações e sem químicos.

Passarei a citar alguns casos tratados na Fundação Casa Índigo, porém os nomes usados são fictícios, para manter o anonimato dos pacientes.

José, 46 anos. Diagnóstico: pedra na vesícula biliar. Depois de várias tentativas de cura por meio de químicos e outros tratamentos, José compareceu a uma consulta em um estágio bastante avançado da doença. Já quase não conseguia comer, vomitando a maior parte dos alimentos que ingeria, com sintomas de fraqueza generalizada e perda de peso. Já tinha data marcada para realizar uma cirurgia na qual seria extraída definitivamente sua vesícula. Depois de dar início ao tratamento, com florais de Bach, fitoterapia, limpezas energéticas e uma dieta equilibrada, após 30 dias, a pedra da vesícula decompôs-se por completo, assim como todos os sintomas e mal-estar causados por ela. José hoje leva uma vida normal e está feliz por não ter expelido a pedra na vesícula.

Depois de já se encontrar curado, José compareceu na FCI com seu filho João, de 5 anos, para consulta. João já tinha sido diagnosticado hiperativo com sintomas de agressividade elevados; o tratamento aconselhado pelos médicos foi a Ritalina (medicamento altamente prejudicial ao sistema neurológico). Felizmente José optou por tratar o filho com a mesma terapia que já o tinha curado. Quarenta e cinco dias depois de começar o tratamento com florais, fitoterapia e limpezas energéticas, os sintomas de hiperatividade desapareceram por completo e, com a continuação das consultas e consciencialização, os níveis de agressividade de João têm desaparecido gradativamente, tendo diminuído em 80% em um período de seis meses. Hoje em dia João é uma criança equilibrada, feliz e de fácil adaptação no meio familiar, escolar e social.

Porém, gostaria de deixar claro que os períodos de cura e recuperação de cada paciente variam de caso para caso, podendo observar-se mudanças positivas em um período que pode variar entre quinze dias e seis meses, dependendo dos níveis de agressividade e outros fatores energéticos que poderão influenciar o tratamento.

Maria, 32 anos. Diagnóstico: crises de ansiedade, ataques de pânico e fobias variadas.

Comissária de bordo de um aeroporto internacional, casada com um comandante de uma companhia aérea conhecida, Maria mal conseguia chegar perto de um avião, ou sequer pensar em entrar dentro de um, pois mesmo em um simples elevador era capaz de ter um ataque de pânico. Compareceu à primeira consulta com desequilíbrios energéticos profundos, os quais estavam sendo tratados com uma grande variedade de químicos, ansiolíticos e antidepressivos, já há vários anos sem grandes resultados, pois as crises aumentavam de intensidade com o passar do tempo. O desequilíbrio energético causado por suas fobias era de tal ordem que Maria já não era capaz de trabalhar, dormir, comer ou realizar atividades banais em seu dia a dia. Após o início do tratamento com florais, fitoterapia e limpezas energéticas, seus medos e suas fobias foram desaparecendo pouco a pouco, sendo que se puderam observar resultados positivos após três ou quatro consultas quinzenais, e no decorrer dos três meses seguintes Maria retomou suas atividades normais, sem medos, e sentindo novamente prazer em viver. Além disso, Maria já viajou de avião com seu marido pelo menos para oito destinos de férias, espalhados por várias partes do globo, coisa que jamais pensou que seria capaz de fazer.

Mariana, 13 anos. Diagnóstico: hiperatividade, déficit de atenção escolar e ausências.

Depois de tentar vários tipos de tratamento sem resultados satisfatórios, seus pais trouxeram-na à FCI. Depois de se detectarem alguns desequilíbrios energéticos, não só em Mariana mas também em seus pais, deu-se início a um tratamento familiar, ou seja, todos os elementos da família concordaram em ser tratados em conjunto. Após 80 dias do início do tratamento e consciencialização do agregado familiar, os resultados escolares de Mariana passaram a ser positivos, e o equilíbrio familiar voltou a trazer alegria e um sorriso aos lábios de Mariana e de toda a sua família, o qual tem conseguido manter sem dificuldade até os dias de hoje.

Na FCI, normalmente, não tratamos animais, porém já pude constatar que mesmo os animais reajem positivamente a esse tipo de tratamento. Temos uma grande amiga da FCI que tem um cão muito meigo de nome Jójó, porém este já tem 15 anos, idade avançada para um cão. Há cerca de um ano Jójó começou a roer as próprias patas, criando grandes feridas que o incapacitavam de andar. Os veterinários diagnosticaram Alzheimer e medicaram-no como tal, durante três meses, sem resultado de quaisquer melhoras. Sabendo do caso, resolvemos experimentar o tratamento com florais, que felizmente teve resultados positivos e eliminou todos os sintomas da doença do animal.

Poderia citar aqui uma centena de casos de pessoas que estão muito felizes pelo trabalho prestado pela FCI, porém acredito que isso não seja necessário, pois, caso o leitor queira constatar tudo isso pessoalmente e obter testemunhos pessoais de todos aqueles que frequentam a FCI, basta ligar-nos e marcar uma consulta ou atendimento.

> "Os Índigo trazem dentro deles a energia azul da nova era de Aquário, e vêm nos ensinar que a energia do amor incondicional pode curar tudo que mereça ser curado"
>
> – arcanjo Uriel.

No futuro todos nós, seres humanos, poderemos vibrar na energia do amor, esse é o desejo de vosso amigo e eterno aluno Luís Santos.

Terapia de som

Danuia Pereira Leite[43]

Estudou Música e Direito, desenvolvendo projetos na área da Economia, Medicina, Serviços, Recursos Humanos e Cultura.

Por meio de uma criteriosa observação interior e em virtude do despertar consciente para a essência da vida infinita, descobre o Fogo transfigurador de um modo consciente e compassivo em nível psíquico, sutil e interno.

É radiestesista, terapeuta floral, terapeuta de regressão e instrutora (mestre) de Reiki de Karuna e de Seichim, desde 2000.

Dedica-se ainda à prática da Astrologia e do Tarô, que também leciona, bem como ao método de Sanathana Sai Sanjeevini (Cura com Orações); faz igualmente parte de sua formação a cura quântica.

---

43. Credenciada pelo Instituto Peter Hess® – Alemanha.

Realizou ainda a formação completa de:

- Massagem de som com taças tibetanas (címbalos e feng gong)
- Massagem de som com gongo (tam-tam gong)
- Som de taças tibetanas para crianças, do sistema Peter Hess®
  – Alemanha

É mãe de um Índigo de 4 anos e terapeuta de som. Em razão das características de seu filho, interessou-se pelo uso da pedagogia do som – taças tibetanas para crianças.

A utilização do som das taças é uma forma de comunicação não verbal, é um chegar ao verbal pelo sentir, um meio para trabalhar questões como a confiança e a sensação de proteção, tão necessárias às crianças da Nova Era.

Por meio desse som é possível acalmar o corpo e a mente das crianças.

É um ótimo sistema para trabalhar com crianças da Nova Era – Índigo e Cristal.

A formação na área da Pedagogia, desenvolvida pelo Instituto do Som Peter Hess®, na Alemanha, permite trabalhos muito interessantes, junto de estabelecimentos de ensino e apoio a crianças.

Empenhada no desenvolvimento de atividades e terapias conscienciais, abriu seu coração para colaborar com o projeto Fundação Casa Índigo.

A massagem de som é fruto da sabedoria ancestral da ação curativa por meio do som, em especial na arte curativa indiana e na ayurveda.

O método é realizado com taças de som tibetanas que emitem sons e ultrassons. As vibrações criadas atuam direta e indiretamente no organismo humano, provocando um relaxamento profundo, seguido de uma harmonização energética que desencadeia o processo de cura e bem-estar.

A massagem de som é altamente eficaz e de reconhecida capacidade terapêutica em numerosos países europeus.

As vibrações emitidas pelas taças de som tibetanas têm sido usadas, durante séculos, para fins curativos, meditação e para sessões de purificação.

A harmonia de cada um é muitas vezes alterada com o estresse e agitação da vida moderna. O sistema de massagem desenvolvido por Peter Hess®, segundo um processo tibetano, foi criado para contrariar essa tendência.

O processo consiste na utilização das taças do som tibetanas e com sua sonoridade livrar os indivíduos do estresse e de todas as consequências nefastas. Isto é, atenuar as preocupações, as inseguranças e os consequentes bloqueios energéticos responsáveis pelo aparecimento de maleitas físicas, emocionais e espirituais.

A massagem do som é baseada na ancestral sabedoria tibetana de produção de sons e ultrassons com taças à base de uma liga metálica especial. Esses objetos são utilizados no Tibete, no Nepal, na Índia e em outros países orientais com tradições tibetanas, onde são conhecidos por suas potencialidades espirituais e terapêuticas.

No Nepal e Tibete, Peter Hess obteve um conhecimento aprofundado sobre o funcionamento dessas taças de som, tendo enriquecido seu sistema com as pesquisas do professor doutor Gert Wegner no domínio da psicologia, principalmente na influência do som na mente e no corpo dos seres humanos. Essas duas vertentes de conhecimento (ocidental/oriental) foram sintetizadas de forma a criar a massagem do som.

O sistema tem sido divulgado, nos últimos anos, em países como a Alemanha, Polônia e Suíça, por meio de cursos, seminários e *workshops*, destacando-se sua utilização em escolas, jardins infantis, centros de psicoterapia e outras organizações de saúde.

Principais benefícios da massagem do som:

- Melhor capacidade para atingir um estado de relaxamento profundo.
- Maior domínio sobre a resolução de problemas e preocupações.
- Desbloqueamento energético e sensação de bem-estar imediata.
- Aumento da criatividade, concentração e capacidade de ação.
- Reforço do sistema imunológico e melhoria da segurança psicológica.
- Desenvolvimento da percepção sensorial.

A terapia de som abrange uma faixa etária dos 4 aos 90 anos.

Capítulo 5

Fórum Casa Índigo

"Graças a todos vós – e a nós também – somos os participantes dessa grande superprodução, somos todos sócios e, em razão disso, somos membros de uma mesma equipe. Sendo assim, o resultado final para a equipe vencedora não representaria na realidade o triunfo de toda a equipe? Pois claro que sim!
Para que haja um final feliz – um final feliz em cada filme e o FINAL FELIZ em nossa superprodução – todos temos de participar dela através do rol de protagonistas que cada um de nós esteja a desempenhar. Em virtude de ser um rol de personagens – e voltamos a sublinhar –, que importa o papel que temos de assumir? E, no final, o papel que desempenhamos contribuiu para o êxito de uma grande superprodução digna de ganhar todos os prêmios Óscares do Universo e?
O final feliz de nosso filme dependerá de que cada um de vós desempenhe seu papel impecavelmente. O papel que cada um interpreta foi dirigido pelo Grande Diretor. Cada um de vós sabe o que fazer e como fazê-lo. Mas cada qual também sabe que pode improvisar e pode ajudar para que outros melhorem suas interpretações. Isso é feito frequentemente pelos grandes atores das películas 3D, ao ajudarem seus companheiros atores... assim como a tarefa dos atores é dar destaque à trama central que protagoniza o ator principal. O ponto central é a colaboração.
Queridos humanos, levem a cabo vosso papel de protagonistas com integridade e impecabilidade, recordando que algumas vezes vos tocará ser mais protagonistas que outros e, por fim, serão apoiados por uma excelente equipe, enquanto em outras ocasiões deverão ajudar para que a equipe se destaque.
Recordem que um protagonista não é qualificado por sobreviver ou desqualificado por "perecer" no final da produção. Quando isso acontece, todo o mundo sabe que se trata simplesmente do papel que lhe tocou desempenhar para que seu filme ganhasse o Óscar. E se não o entendem adequadamente,

perguntem a Leo DiCaprio, Matt Damon e Jack Nicholson o que sentiram durante a noite dos Óscares, ao presenciarem o triunfo do filme que ajudaram a ganhar com suas interpretações, ainda que tivessem de encenar a sua própria morte..."

KRYON

Essa parábola de Kryon salienta que todos somos atores de um filme neste planeta e o que importa não é o papel individual de cada um, mas a forma como nos unimos para que o filme seja um grande êxito e ganhemos o Óscar de melhor filme e, para isso, a união e a colaboração são fundamentais. Para que o sofrimento, as angústias e as desilusões se tudo não passa de pura encenação passageira e até os papéis se trocam com certa frequência? Se ontem seu papel foi de pai, na próxima vida será filho ou filha, e assim tudo vai sucedendo até o culminar da noite dos Óscares, na qual todos seremos honrados e aplaudidos calorosamente, porque a humanidade deu finalmente seu salto evolutivo.

As questões apresentadas em nosso fórum devem ser percebidas nesse contexto, sem ansiedade nem perturbação, mas com a certeza de que o tempo não existe e agradecendo, porque tudo já foi resolvido no misterioso processo evolutivo da humanidade no qual passado, presente e futuro vivem em harmoniosa melodia.

Autismo decai com a remoção de mercúrio das vacinas

Um novo estudo demonstra que o autismo pode afinal estar associado ao uso de mercúrio nas vacinas infantis, apesar das declarações anteriores do governo norte-americano defenderem o contrário. Um artigo de 10 de março de 2006 do *Journal of American Physicians and Surgeons* (www.JPandS.org) mostra que, desde que o mercúrio foi removido das vacinas infantis, o aumento alarmante nos casos identificados de autismo e de outros distúrbios neurológicos (DNs) não só parou, como de fato caiu a pique: 35%!

Usando as bases de dados governamentais dos Estados Unidos, investigadores independentes analisaram relatórios de DNs infantis, incluindo autismo, antes e depois da remoção dos conservantes compostos de mercúrio.

Os autores David A. Geier, B.A. e Mark R. Geier, M.D., Ph.D. analisaram os dados do sistema de comunicação de efeitos adversos das vacinas (VAERS) e o Departamento de Serviços para o Desenvolvimento da Califórnia, no artigo "Tendências iniciais de redução de distúrbios no desenvolvimento neurológico após a remoção das vacinas contendo timerosal".

Os números mostram que os casos relatados de autismo atingiram um valor recorde de 800 em maio de 2003 só no Estado da Califórnia. Se essa tendência se mantivesse, os casos relatados teriam disparado para cima de mil no início de 2006. O relatório Geiers mostra que o número caiu para apenas 620, uma queda real de 22% e uma queda em projeção de 35%.

Essa análise contradiz diretamente as recomendações de 2004 do Instituto de Medicina (IOM), que examinou a segurança das vacinas do Plano Nacional de Vacinas. Não querendo nem excluir nem corroborar uma relação entre o mercúrio e o autismo, o IOM minimizou suas conclusões e decidiu que não seriam necessários mais estudos. Os autores escrevem: "O IOM declarou que as provas favoreciam a rejeição da existência de uma relação causal entre o timerosal e o autismo, que tal relação não era biologicamente plausível e que não seriam conduzidos mais estudos para avaliá-la."

À medida que mais e mais vacinas foram adicionadas ao conjunto de vacinas obrigatórias para as crianças, a dose de timerosal aumentou, de modo que a dose acumulada injetada em bebês excedia o limiar de toxicidade determinado por muitas agências governamentais.

A preocupação acerca das vacinas pode de fato estar a ser desprezada, já que se verifica de forma geral que a comunicação voluntária desse tipo de distúrbios resultou em uma grande falta de comunicação destes.

Até 1989, as crianças do ensino pré-escolar recebiam apenas três vacinas (polio, DPT, MMR). Em 1999, recomendou-se um total de 22 vacinas para ser dadas às crianças antes de elas chegarem ao primeiro ano, incluindo a da hepatite B, que é administrada aos recém-nascidos nas primeiras 24 horas de vida.

Muitas dessas vacinas continham mercúrio. Nos anos 1990, cerca de 40 milhões de crianças foram injetadas com vacinas contendo mercúrio. A quantidade cumulativa de mercúrio que estava a ser dada às crianças nessas vacinas é 187 vezes superior ao limite de exposição diária. Entre 1989 e 2003, houve uma explosão de autismo.

A incidência do autismo (e de outros distúrbios relacionados) subiu de um caso em 2.500 crianças, para um em cada 166 crianças.

Neste momento, há mais de meio milhão de crianças nos Estados Unidos que sofrem de autismo. Esse distúrbio já devastou famílias.

Em 1999, por recomendação da Academia Americana de Pediatria e do Serviço de Saúde Pública dos Estados Unidos, o timerosal foi retirado da maioria das vacinas infantis como "medida de precaução" – ou seja, sem admitirem qualquer relação causal entre o timerosal e o autismo.

O relatório Geiers conclui que o mercúrio continua a ser uma preocupação, já que ainda é adicionado a algumas das vacinas mais utilizadas, como a da gripe.

"Apesar de sua remoção de muitas das vacinas infantis, o timerosal é ainda rotineiramente adicionado a algumas fórmulas de vacina contra a gripe administradas nos Estados Unidos às crianças, bem como em muitas outras vacinas (por exemplo, tétano-difteria e tétano monovalente) administradas em crianças mais velhas e adultos."

Em 2004, o IOM da National Academy of Sciences (NAS) recuou ao que fora avançado em 1999 em relação ao timerosal e passou a "ter de ser removido tão depressa quanto possível".

Há anos que os pais tentam chamar a atenção acerca de diagnóstico e protocolos de tratamento de última geração que certos poderes e interesses adorariam deixar nas trevas e em silêncio.

Algumas questões tratadas em nosso fórum

"Bom dia a todos!
Bem, confesso ter procurado informações sobre Índigo depois de ter escutado a frase: 'Ah! Você provavelmente foi uma criança Índigo!'. 'Índigo? O que é isso?' – retorqui. Após alguns minutos de exposições com dados imprecisos, resolvi embrenhar-me em uma busca pela net sobre tal assunto. E aqui estou eu, à procura, a pesquisar à espera de respostas. Porém, deixo claro que li todas as reflexões contidas no FAQ a respeito de pessoas Índigo e identifiquei-me com cada uma delas. Eu sou todas elas, em essência! Não há tópico com o qual não me identifique. Fiquei, por isso, extremamente feliz, vaidosa, realizada, curiosa. Sempre considerei ser bastante diferente dos demais... ou da maioria. Às vezes chorava, sentia-me sozinha [mas sempre sofri entre quatro paredes!]. Para os outros sempre dei a entender que não me atingiam nem me faziam sofrer. Sempre sorri demais, e por isso incomodo bastante. Mas, nem por

isso, cheguei a mutilar-me por ninguém [apesar de já ter sido tentada a fazer isso!]: continuo a mesma "empreendedora de sonhos encantados". Atraio sempre pessoas grandes, realizadas, felizes e sonhadoras e faço-me importante. Desprezo aquele que se menospreza e refuto-o por minha personalidade sincera e por meus modos meio grosseiros. Porém, tento não exercitar a arrogância, pois tenho essa predisposição. Mantenho-me, em menor escala, entre os que considero 'pequenos nos sonhos', e tento ajudá-los, desistindo somente depois de tentar e fracassar. [...] Então, confesso estar a viver a vida que me foi concedida, presenteada, de um modo ímpar... Atualmente, tenho 27 anos, faço pesquisas que me engrandecem, estudo bastante, a ponto de dormir apenas uma a duas horas por noite. Nasci pobre, tenho uma família humilde, mas sempre quis ir além das fronteiras que se me apresentaram. Foi quando resolvi entrar de vez na vida acadêmica. [...] Neste momento, não viso a riquezas, porque acho que o sucesso e as "riquezas materiais são meras consequências da busca lícita de realizações. Mas meu desapego ao dinheiro mantém-me sem ele, em bancos que financiam minha vida e meus sonhos. E sinto-me bem por poder ter onde financiá-los, pois em qualquer altura começarei a colher 'maçãs vermelhas' nas árvores dignas que plantei. Divirto-me quando escrevo, leio, viajo, trabalho, vejo amigos [e digo que os amo!]. Reflito quando me irrito. Tento pedir perdão – o que para mim é um desafio – e exercitar o dom da paciência com as pessoas, pois não suporto a ignorância daqueles que não aprenderam ainda a 'reconher-se a si mesmo', conforme dizia Aristóteles. E toda essa fortaleza ainda me faz sofrer perseguições pelo que penso e faço. Por lutar pelo meu espaço, tentam ferir-me ou ofender-me: alguns me amam demais enquanto outros simplesmente me detestam pelo 'dom do convencimento' que possuo ao lidar com as palavras. Assim, desde que me descobri 'diferente da maioria', não me diminuí, nem me coloquei em posição inferior: li, estudei e tentei ser grande para poder defender as ideias que procuro perpetuar sobre justiça, amor, respeito, paz. Hoje, estudo em quatro doutoramentos. Em breve escolherei somente dois para concluir. Sou ação, impulso, energia, impaciência, sensação, estudo, doação. Amo-me, amo minha vida. Minha família nunca me aceitou como sou, por isso procuro fora das paredes de minha casa um mundo novo no qual me sinta aceita... mas tudo sem pena de mim mesma ou sentimentos de pequenez, ódio e inferioridade. Amo meus pais [apesar de não o dizer], e eles me amam, mas procuro sempre estar perto dos que pensam e agem como eu. Acho que jamais devemos tentar mudar as pessoas. Devemos aceitá-las e respeitar suas escolhas, seus caminhos. Desse modo, uso como parâmetros para meus atos medidas que me fazem respeitar as diferenças, que me impulsionam à ação, que não denigrem o outro, mas que me edificam como a outrem. Contudo, algo já me foi ensinado pelas energias que arquitetam nosso Universo: nunca seremos aceitos por todos. E isso é um fato! Buscar a aceitação faz-nos viver na negação de nosso maior tesouro: nossa essência. Então, vivo em 'perdas e ganhos', aceitando as reações que causam minhas ações, chorando e sorrindo, vivendo e aprendendo. Meu mundo é fantástico por isso: eu amo-o e aceito-me como sou! [...] Nunca acreditei em religiões, contudo já as estudei para poder entendê-las todas, e concluí que o templo da vida é meu corpo, e por isso tento formar-me em todos os campos nos quais possa engrandecer minha mente, meu corpo, meu espírito. [...] Sei ver o que é belo! Adoro a noite e funciono bem à noite! [...] Amigos, deixo este 'registro sobre mim' para compartilhá-lo convosco. Agradeço pelo espaço. Até breve."

"Somente a expressão é que dá realidade às coisas."

* * *

"Olá a todos, vim até esta página porque desde que fui mãe muita coisa mudou em minha vida. Desde logo, a forma como eu encarava o conceito de educação. Sabia que educar uma criança não era tarefa fácil, mas confesso que fiquei com a ideia de que no meu caso era mesmo tarefa impossível! Meu filho parecia nunca ter sido bebê, era como se tivesse nascido com energia a mais, queria fazer tudo rapidamente, caminhar aos 7 meses, falar aos 8, perguntar sobre tudo e exigir resposta a tudo... eu ficava esgotada e cedo percebi que algo se passava. Bom (para não maçar), fui-me descobrindo e aprendi com meu filho que afinal há mais que uma maneira de ver as coisas. Aceito-o tal como é, como uma dádiva de luz em minha vida. Aceito essa visão especial sobre essas crianças e concordo que devemos falar desse tema sem parecer que falamos de seres fantásticos e imaginários. No entanto, vamos ser realistas, na prática, no dia a dia de uma cidade pequena de nosso pequeno país, quantas escolas estão preparadas para essas crianças? Meu filho está diagnosticado como hiperativo, é acompanhado em neuropsicologia, faz medicação. Como entreguei o relatório médico, a sua turma é reduzida, tem professora de apoio e tolerância para sair da sala e para os TPC's. A professora já se habituou às suas mudanças de humor e os colegas consideram-no um líder. Digam-me quantas escolas aceitariam um relatório confirmando que ele é um Índigo? Teria ele o mesmo apoio se os pais ignorassem o diagnóstico de hiperatividade e tentassem que ele fosse visto como um Ser da Nova Era? Desculpem, mas na hora da verdade acabamos por optar pelo caminho mais fácil."

* * *

"Percebo-a muito bem.
Por enquanto, acho que não é possível o reconhecimento das crianças da Nova Era. Minha filha também tem diagnóstico médico de PPD-NOS e será com esse relatório que entrará para a primária.
Classificações à parte, para mim o mais importante é a felicidade de minha filha. Seja qual for o rótulo que lhe queiram pôr, o mais importante mesmo é ela e, se em nossa sociedade para ela ser respeitada e ter uma evolução escolar com sucesso for necessário utilizar o rótulo de PPD-NOS, que seja. Talvez em um futuro próximo, seja possível aceitar as crianças da Nova Era como elas são e não ser necessário arranjar-lhes doenças para o justificar."

* * *

"Compreendo vosso ponto de vista, mas penso que ao 'alinharmos' com o sistema vamos fazer parte dele, e o objetivo não é esse. Eu, aos poucos, introduzi o tema às educadoras de meus filhos: Tomás, que é Cristal, e Diogo, que é Índigo. Nada de medicamentos e rotular doenças que não têm. A Ritalina anula a missão que têm no planeta, vão andar sedados e isso vai fazer-lhes muito mal. Há crianças que têm mesmo hiperatividade, pois esta é uma doença, mas não devemos misturar as situações. Penso que o melhor conselho que vos posso dar é ir a uma consulta com a dra. Tereza Guerra. Não anulem vossos filhos porque é mais cômodo. Se eles nasceram através de vós é porque vos viram qualidades para os ajudar na missão deles, que também é nossa. Nem sempre o caminho mais fácil é o melhor, digo-o por experiência própria. Eu, desde que me conheço, escondi quem sou porque não me entendiam e só recentemente, quando percebi minha missão e descobri que de fato sou Índigo, é que encontrei meu equilíbrio e felicidade plena. Se tivesse recorrido a psicólogos e psiquiatras estava neste momento em uma clínica, sedada. Recorram às medicinas alternativas ou, como minha médica de família muito bem lhes chama, medicinas complementares, às terapias fornecidas pela Casa Índigo, medicamentos homeopáticos, ioga, Reiki, tudo menos drogar os meninos. Espero que com estas palavras não se sintam agredidas, não é essa a intenção. Todos fazemos o melhor que sabemos por nossos filhos, mas há mais para além do que sabemos e devemos procurar tudo para os ajudar. Se chegaram até este *site* é porque já estão despertas, por isso estão no bom caminho. Muita luz para todos e sejam gratas todos os dias pelos seres de luz que nasceram através de vós.

Recomendo que leiam os livros da dra. Tereza Guerra.

Na Casa Índigo não medicamos as crianças a título nenhum!

IMPORTANTE SABER:
Em muitos países a Ritalina já foi proibida de ser ministrada a crianças, mas Portugal anda sempre atrasado pelo menos 20 anos, o que é lamentável e prejudicial.

"Olá, boa noite. Minha filha tem 7 anos e desde muito cedo acho que é um bocadinho diferente de outras crianças. Ela sempre olhou para tudo e todos de uma maneira diferente, sempre muito observadora e, quando ainda não falava, eu passava horas a olhar e a falar para ela e ela olhava para mim como se entendesse tudo o que lhe dizia, e tinha um olhar diferente... Com o passar do tempo comecei a perceber que se interessava por coisas a que normalmente as crianças não dão grande importância. Quando nos faz perguntas sobre algo, quer sempre saber mais. Preocupa-se muito com o bem-estar das pessoas e com os animais e desde muito pequenina diz que vai trabalhar com crianças. Na verdade trata delas com muita doçura: o melhor que lhe podem dar são crianças e animais. Quando está a ver televisão noto que há certas imagens que a deixam verdadeiramente impressionada, acho que é uma criança que tem muita noção do que é bom e mau... Por vezes penso que nunca foi criança de verdade, pois sempre a achei demasiado adulta para sua idade. Fazemos parte de uma família muito ligada ao esoterismo, meu marido tem o primeiro nível de Reiki, e nossa filha está muito familiarizada com tudo isso. Adora fazer Reiki e encara essas coisas de uma maneira que eu, por vezes, não acho normal. Qual vossa opinião?"

"Eu tenho uma filha com 4 anos que faz meditação regularmente e também faz partilha de Reiki. Sim, é normal."

"Olá, Beatriz. Muito obrigada pelo tempo dispensado à minha questão. Isso para mim é tudo muito estranho e continuo muito cheia de incertezas e acho que vou ter de aprender a lidar com tudo... o tempo e Mariana hão de ajudar-me. Como foi com sua menina? Também começou a perceber que era diferente desde muito pequenina? Como reagiu ao fato de sua filha ser Índigo?"

Beatriz:
"Quando ela nasceu, achei logo que ela era diferente, mas pensei que era fruto de minha imaginação. A forma como ela nos olhava era deveras inquietante e penetrante. Quando ela tinha perto de 19 meses, achei que tinha atitudes estranhas. Na altura nunca tinha ouvido falar em crianças Índigo. Aos 2 anos, definitivamente minha filha não era igual às outras. Eu andava desesperada. Apareceu em minha vida, nessa altura, uma terapeuta multidimensional que me falou em crianças Índigo. A partir daí, comecei a ler tudo sobre o assunto. Comprei os livros de Tereza Guerra... que muito me ajudaram. Procurei no Reiki equilíbrio e orientação. Já fui iniciada no nível

dois de Reiki. Quando comecei a fazer meditação semanal e partilha de Reiki, comecei a levar minha filha, porque não tinha onde deixá-la. Ela adorou. O Reiki acalma-a muito e dá-lhe tranquilidade. Ela adora ajudar meu mestre de Reiki a fazer terapias. Por ela, ia todos os dias fazer meditação e partilha de Reiki. Agora parece fácil e natural, mas há dois anos eu achava que estava a viver um pesadelo. Espero ter ajudado de alguma forma."

Para mais informações, poderá consultar o *site* <www.casa-indigo.com>.

Capítulo 6

Harmonizações para um Planeta Índigo e Cristal

Ser **Livre**
... é quando a gente brinca de mocinho e bandido e, quando nos cansamos de ser um deles, fingimos ser o outro.
Ser **Livre** é quando a gente sabe que não é nenhum deles e sabe que é só **uma criança brincando...**

Os pequenos textos para harmonização, concentração e visualização ou, se quiserem, podem chamar-lhes meditações, podem ser feitos com crianças, com jovens ou até com adultos. Antes, porém, gostaria que (pais e educadores) lessem o texto que a seguir se transcreve, de um americano que passou por uma experiência verdadeira que modificou, para sempre, sua vida e a forma de pensar sobre a vida e a morte. Se mudarmos a forma de pensar acerca da realidade que nos envolve e se essa mudança for feita pela maneira positiva, alterando os padrões culturais de pensamento que nos perseguem desde há milênios, então tudo mudará... até a vida... e a morte... O medo não resistirá a semelhantes realidades e a paz finalmente instalar-se-á no mais profundo de nosso ser, criando raízes que jamais nada nem ninguém conseguirá arrancar. E finalmente conseguiremos ser felizes, rir e dizer com o Universo, o Todo: Que importa!...

Experiência de quase-morte

www.near-death.com/experiences/reincarnation04.html *(link para o original em inglês)*

Esse texto encontra-se traduzido em nosso *site*: <www.casa-indigo.com> em artigos.

Exercícios de harmonização para um Planeta Índigo[44]

Os exercícios de harmonização e meditação podem ajudar as crianças e os jovens a concentrarem-se e a ficarem mais calmos e tranquilos, em harmonia, porque mais sintonizadas com a Natureza, o planeta, em uma palavra, com o Todo e com o Universo que nos envolve.

Para qualquer desses exercícios de meditação, procure uma posição confortável, feche os olhos e respire profunda e suavemente enquanto conta de dez a zero vagarosamente, relaxe enquanto respira profundamente... mas com muita suavidade... Inspire e expire pelo nariz: sua... ve... mente: 10... 9... 8... 7... 6... 5... 4... 3... 2... 1... 0.

1. Flutue em sua expiração para um bosque. O céu está muito azul e agora você caminha em um grande bosque, por entre árvores e arbustos muito verdes, tudo à sua volta está verdejante... É primavera e ouvem-se os passarinhos chilreando à sua volta e você sente o ar fresco da manhã acariciando seu rosto... sente-o... Do meio do bosque surge um lindo animal que se comunica com você e conversam alegremente... ele conta muitas coisas... Entretanto começam a brincar e... pulam, saltam por entre as árvores... você joga com ele e se sente bem com ele, torna-se um com ele. O sol espreita por entre os arbustos e as folhas das frondosas árvores... acariciam seu rosto... sente que é esse animal... corre e salta alegremente no meio do bosque e alimenta-se dos seus frutos perfumados... Você agradece ao bosque e a esse animal os momentos de felicidade e alegria e... pouco a pouco deixa de ser esse animal... despede-se dele e... volta a esse local... e lentamente abrimos os olhos... e sentimo-nos muito bem... cada vez melhor... melhor... e melhor...

---

44. Alguns dos exercícios aqui apresentados foram inspirados e adaptados de um CD de José Manuel Piedrafita Moreno que, no original, é acompanhado pela suave música de Thaddeus, e tem o título "Meditações para um planeta Índigo".

2. Respiramos profundamente e sentimos que nosso corpo é elástico e se transforma em uma pequena sementinha amarela... uma grande mão nos põe dentro da terra... tapam... fica escuro, mas não temos medo... pouco a pouco sente-se um calorzinho muito agradável que vem de cima... é o sol que nos aquece... pouco a pouco sentimos que de dentro de nós sai um rebentinho verde que rompe, pouco a pouco, a terra... fazemos um último esforço e estamos na Luz... crescemos entre a luz do sol e muito amor de tudo o que a Natureza nos dá... alimentamo-nos dessa luz e sentimos abundância enquanto estamos em harmonia com a Natureza... com o Todo... desfrutamos da Luz e, quando sentirmos vontade e estivermos preparados voltamos a esse lugar, abrimos os olhos, suavemente... e sentimo-nos melhor... melhor... e melhor...
3. Começamos por mostrar às crianças um conjunto de cartões de várias cores e dizemos-lhes que imaginem essas cores vivas em suas mentes. Pedimos que fechem os olhos e respirem profunda e suavemente: Visualize um vale muito bonito, verde, cheio de uma erva muito macia e aveludada. Resolvemos ficar aí, saltamos e desfrutamos de um sol intenso, paz e harmonia... Pouco a pouco ouvimos o som de um rio e de suas águas tranquilas sussurrando... Chegamos à margem do rio e começamos a sentir a frescura da água Cristalina que nos envolve... refrescamo-nos... à volta há muitas plantas azuis e verdes que nos protegem e envolvem. Nadamos nas águas límpidas e tranquilas do rio e depois nos deitamos sobre a erva verde e macia para nos secarmos com os raios de sol... muito amarelos e brilhantes... sentimos sua força e energia que nos envolve e enxuga... pouco a pouco e, quando sentirmos vontade, abrimos os olhos e sentimo-nos melhor... melhor... e melhor.
4. Colocamo-nos em uma posição cômoda e confortável. Fechamos os olhos e respiramos profundamente. Visualizamos nosso corpo mudando, transformando-se e ficando pouco a pouco elástico e a tomar a forma de um peixe. Estamos no fundo da água, sentimos a pele fria e viscosa, sentimos que já não respiramos pelos pulmões, mas a água entra pelas guelras suavemente e inunda-as e refresca-as... Olhamos através da água e tudo é diferente... a luz do sol aquece a terra e os seus raios muito brilhantes e resplandecentes iluminam tudo, a água refresca as plantas que são de diferentes cores vivas:

azuis, verdes, amarelas, castanhas... alimentamo-nos delas... e agradecemos pelo alimento e por toda a harmonia e paz que nos envolve. Outros peixes vêm também à tona de água e começam a brincar conosco, a dar piruetas e a nadar muito depressa. Pomos a cabeça fora de água e sentimos o ar roçar a nossa cara suavemente. Voltamos para baixo e continuamos a nadar... sentimo-nos bem e, quando nos apetecer, voltamos à nossa forma humana, abrimos os olhos e sentimo-nos melhor... melhor... e melhor...

5. Respiramos profundamente e sentimos como nosso corpo é maleável, elástico e se expande e pode mover-se para qualquer parte. Transformamo-nos em um ser muito pequenino e caímos em cima de uma grande massa verde, é a erva macia e verdejante que pisamos e andamos no meio dela, sentindo sua frescura... até que vemos uma formiga. Vamos ao seu encontro e falamos com ela. Perguntamos-lhe muitas coisas e ela nos responde e entendemos tudo o que nos fala, explicamos-lhe que somos grandes e não conhecemos essas coisas de que ela nos fala. Então a formiga diz que podemos subir para suas costas e leva-nos para dentro do formigueiro. Conta-nos o quanto trabalham, dia e noite, para armazenar alimento. Têm tudo muito bem organizado e arrumado. Explica-nos como elas se comunicam entre si através de mímica e como se entendem e tudo corre bem. Sentamo-nos com elas e alimentamo-nos desfrutando daquela paz e harmonia. Pouco a pouco voltamos a crescer para o tamanho normal e, quando estivermos preparados, abrimos os olhos e sentimo-nos melhor... melhor... e melhor.

6. Respiramos profundamente e sentimos como nosso corpo é elástico, pouco a pouco ele toma a forma de um pássaro. Observamos a transformação: agora nosso corpo passou a ter patas e asas e está coberto de penas... Começamos a voar com nossas novas asas. Voamos muito alto. De repente uma corrente de ar leva-nos e voamos até onde queremos. Sentimos o sol a aquecer nossa cara e o ar fresco do mar que sobrevoamos. Encontramos um túnel que nos tira a luz do sol. Aparece um grupo de pássaros e junta-se a nós e somos um com o grupo. Estamos juntos outra vez e não estamos sós nunca mais. Desfrutamos alegremente desse momento de felicidade e de alegria. Voltamos à terra, voltamos a ser humanos e, quando

entendermos, abrimos os olhos e sentimo-nos melhor... melhor... e melhor...
7. Sentamo-nos em círculo e unimos nossas mãos.
Estamos dentro de uma grande bola dourada de Luz. Respiramos profundamente e sentimo-nos em conexão com a terra e com o céu... sentimos que somos como plantas de hera que se expandem à volta da terra e, graças à energia do sol, renovamo-nos sempre com muita energia. Folhas azuis cheias de energia estão conectadas com a terra. Um outro círculo ainda maior envolve-nos a todos, aí se encontra nosso eu superior... e aí estão todos os Seres de Luz... que já vieram e hão de vir para este ou outros planetas... para esta dimensão ou para outras. Entre os círculos forma-se um canal que conduz toda essa Energia à terra. Atraímos essa energia sem nos preocuparmos. Nós a absorvemos suavemente e enchemo-nos dela... sentindo que nunca mais estaremos sós... Todos pertencemos à Era Índigo. Desfrutamos desse momento de tranquilidade e amor. A energia envolve-nos com sua Luz dourada e sentimo-nos em paz e harmonia com o Todo. Agradecemos por esse momento mágico... e, quando entendermos, abrimos os olhos e sentimo-nos melhor... melhor e melhor...
... porque somos
... um planeta Índigo.

Nota do Editor

A Madras Editora não participa, endossa ou tem qualquer autoridade ou responsabilidade no que diz respeito a transações particulares de negócio entre o autor e o público.

Quaisquer referências de internet contidas neste trabalho são as atuais, no momento de sua publicação, mas o editor não pode garantir que a localização específica será mantida.

Notas Bibliográficas

AUSUBEL (1980), "Schema, cognitive strutures, and advance organizers", *American Educational Research Journal*, 17, 400-404.

BAILEY, L.W. & YATES, J. (1996), *The Near-Death Experience*. Nova York, Routledge.

BERNSTEIN, A. (1990), *Poder, educación y conciencia. Sociología de la transmissión cultural*, Barcelona, Roure.

BRUNER, J. (1975), *Uma Nova Teoria da Aprendizagem*, Rio de Janeiro, Bloch.

BRUNER, J. (1977), *El proceso mental en la aprendizaje*, Madri, Narcea.

BRUNER, J. (1983), *Le Developpement de l'enfant,* Paris, Puf.

CARROLL, LEE & TOBER. J. (2001), *The Indigo Children, the new kids have arrived* (trad. portuguesa), Ed. Sinais de Fogo.

CARROLL, LEE, (2003), *Cruzar el Umbral*, Barcelona, Editora Obelisco.

CARROLL, LEE , (2005 e 2006), *Kryon livros I a V*, Lisboa, Sinais de Fogo.

CHAPMAN, (2003), Wendy *Introduction to Indigo Children – What's an Indigo Child?* Tradução para o castelhano de Victoria Ruiz.

CHOPRA, D. (1997), *As Sete Leis Espirituais do Sucesso*, Editorial Presença.

DELORS, J. (1998), *Educação, Um tesouro a descobrir*, Edições Asa.

DEUS, DIAS J. (2002), *Da Crítica da Ciência à Negação da Ciência,* Gradiva.

DEWEY, J. (1985), *Democracy and Education. The Middle Works, 1899-1924,* vol. 9. Southern Illinois University, EUA.

EINSTEIN, A. (2003), *O significado da Relatividade,* Gradiva.

ELIADE M. (1963), *Aspectos do Mito,* trad. Manuela Torres, S. Paulo, Edições 70.

FREIRE, P. (1996), *Pedagogia da Autonomia.* Rio de Janeiro, Editora Paz e Terra.

GARLICK, M. (2002), *O Universo em Expansão,* editor da Coleção Jonh Gribbin.

GONZÁLEZ , P. F. (2002), *O movimento da Escola Moderna.* Porto, Porto Editora.

GORDON, T. (1990), *Theacher effectivement training.* New York, David McKay.

GIROUX H., (1992), "The habermasian Headache: A reponse to Dieter Misgeld", In *Phenomenology-Pedagogy,* 10, 143-149.

GREEN, BRIAN (2000), *O Universo Elegante,* Gradiva.

GUERRA, TEREZA (2005), *O Poder Índigo, Autoconsciência Índigo para Jovens e Adultos,* Lisboa, Editora Livros Novalis.

GUERRA, T. & AUBRY A. (2007), *O Mistério dos Maias,* Lisboa, Editora Sinais de Fogo.

GUERRA, T. (2003), *Autonomia Pessoal e Profissional dos Professores.* Lisboa: Departamento de Educação da Faculdade de Ciências da Universidade de Lisboa (Tese de mestrado orientada pelo prof. doutor Feliciano H. Veiga).

HABERMAS, J. (1990), *Passado como futuro.* Rio de Janeiro, Tempo Brasileiro.

KUHLEWIND, G. (2003), *Los Niños Estrella,* Editorial Rudolf Steiner.

LANZ, R. (2003), *A Pedagogia Waldorf. Caminho para um Ensino mais Humano,* Ed. Antroposófica.

LATTUADA, P. (1986), *Visualizar para Curar,* Editorial Estampa.

MACDONALD, F. (1994), Albert Einstein, Editora Replicação.

MORENO, J. M. PIEDRAFITA, (2004), *Niños Indigo, Educar en la nueva vibración,* Espanha, Ediciones Vesica Piscis.

MILLE B. & SPARKS N. (2001). *Uma Viagem Espiritual,* Editorial Presença.

OSHO, (2000). *Amor, Liberdade e Solidão. Uma nova visão dos relacionamentos,* Pergaminho.

OSHO, (2004) *O Livro da Criança, uma visão Revolucionária da Educação Infantil,* Cascais, Pergaminho.

PIAGET , J. (1970), A teoria de Piaget. In P. H. Mussen (ed) Carmichael. *Manual de Psicologia da Criança. Desenvolvimento cognitivo,* vol. 4, 71-117. São Paulo, EPU/EDUSP:

_____. (1977), *A Linguagem e o Pensamento da Criança.* Lisboa: Moraes.

_____. (1977), *Psicologia e Pedagogia,* trad. M. F. & J. G. Bastos. Lisboa, Publicações D. Quixote.

PRIGOGINE, I. & STENGERS I. (1990), *Entre o Tempo e a Eternidade,* Gradiva.

RAMAL, ANDREA C. (2000), *Avaliar na cibercultura, Pátio,* Porto Alegre, Ed. Artmed.

REDFIELD, J. & ADRIENNE C. (1995), *A profecia Celestina – Um guia experimental,* Notícias Editorial.

REDFIELD, J. & outros. (2002), *Deus e o Universo em Evolução.* Lisboa, Notícias Editorial.

RINPOCHE, S. (1992), *O Livro Tibetano da Vida e da Morte.* Lisboa, Difusão Cultural.

SILVA, MARCO (2005), *Educación Interactiva,* Barcelona, Gedisa Editorial.

SOUSA, V. (2004), *Manual da Leveza,* Editorial A. Novalis.

STEINER, R. (2000), *A Prática Pedagógica – Segundo o conhecimento científico-espiritual do homem,* Ed. Antroposófica.

STEINER, R. (2003), *A Arte da Educação II Metodologia e Didáctica,* Ed. Antroposófica.

TWYMAN, JAMES F. (2003), *Raising Psychic Children,* USA, Findhrn.

VECCHIO, E. (2004), *Índigo, As Crianças da Nova Era*, Porto Alegre, Potencial.

VECCHIO, E. (2006), *Educando Crianças Índigo*, S. Paulo, Butterfly.

VIGOTSKY, L. S. (1986), *A formação social da mente: O Desenvolvimento dos Processos Psicológicos Superiores.* S. Paulo, Martins Fontes.

VIRTUE, DOREEN (2006), *As Crianças Cristal,* Lisboa, Editora Sinais de Fogo.

Sites

www.cultivaelespiritu.com.ar

www.geocities.com/elclubdelosninosindigo/Atributos.html

www.geocities.com/jceblanc/index.html

www.indigochild.com

www.Kryon.com

www.near-death.com/experiences/reincarnation04.html

www.planetlightworker.com

http://conates.tripod.com.ve/ninos_indigo/id15.html

www.institutodainteligencia.blogspot.com

www.near-death.com/archetypal.html

www.calphysics.org/zpe.html

www.stampscapes.com/hand1.html

www.near-death.com/experiences/experts101.html

http://math.rice.edu/~lanius/frac/

www.drcat.org/articles_interviews/html/hotfudge.html

http://hooponopono.org/i_am_the_i_prayer.html

http://babelfish.yahoo.com/translate_txt (versão espanhola)

www.ancienthuna.com/ho-oponopono.htm

http://hooponopono.net/

http://tmhg.huna-ohana.com/
www.cancersalves.com/checklist/obstacle.html
www.metagifted.org/
www.faroldeluz.com.br

Leitura Recomendada

GAROTADA CRIATIVA – ARTES DA NATUREZA
Joy Williams

A maior diversão para você, dentro e fora de casa! Você adora colecionar belos tesouros adquiridos ao ar livre, como pinhas, conchas do mar e flores? Agora você pode transformá-los em peças de arte silvestre! Artes da Natureza mostra como fazer vários tipos de criações legais com folhas, sementes, castanhas, seixos, gravetos e mais – até com pedras! As instruções fáceis de seguir e as dicas úteis ajudarão você a se expressar e a criar fantásticas obras de arte.

CROMOTERAPIA PARA CRIANÇAS
O Caminho da Cura
Dr. Med. Neeresh F. Pagnamenta

Você nunca viu nada tão eficiente ou especial quanto esta técnica cromoterapêutica que o Dr. Pagnamenta nos apresenta. Nela, a sutileza das cores aplicadas a determinados pontos da pele trazem resultados supreendentes para os mais variados problemas que afligem as crianças e, conseqüentemente, seus pais e familiares.

GAROTADA CRIATIVA – DESENHO ARTÍSTICO
Kat Rakel-Ferguson

Esta é sua passagem para a aventura artística!
Aqui você encontrará páginas e mais páginas de desenho e diversão! Estes projetos eletrizantes e fáceis de fazer vão ajudá-lo a aprender como desenhar melhor e com mais criatividade. Não é fantástico?
Você não precisa de materiais sofisticados. Pode usar o que tiver em casa ou comprar em qualquer supermercado, papelaria ou loja de produtos para artesanato – lápis, canetinha hidrográfica, giz e até giz de cera!

www.madras.com.br

Leitura Recomendada

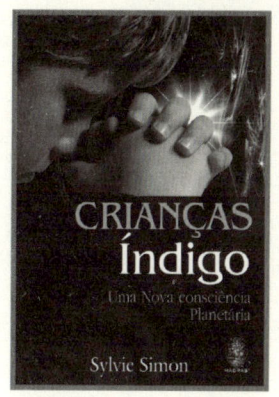

Crianças Índigo
Uma Nova consciência Planetária

Sylvie Simon

Chegamos a uma época em que devemos escolher entre a sobrevivência da Terra e a pilhagem cotidiana de suas riquezas, e esta obra faz o balanço disso. Ao mesmo tempo, observamos o surgimento de crianças que pensam e agem fora das normas, contestam nossas instituições e são apaixonadas pelas tecnologias modernas. O olhar que elas trazem sobre o mundo é bem diferente do nosso e se assemelha ao dos físicos quânticos que nos falam da solidariedade do homem com o Universo e do pertencimento de tudo ao Todo.

Crianças felizes. Você feliz
O Uso da PNL na Educação de seus Filhos

Sue Beever

Cada criança, assim como cada situação familiar, é diferente, e criar os filhos é uma jornada de mudanças constantes. Não existem respostas corretas, apenas o que funciona para você e sua família. Este livro dará a você um conjunto de métodos práticos de PNL (Programação Neurolinguística) flexíveis o suficiente para cobrir todas as situações.

Estimulando a Mente do Seu Bebê
Dr. S. H. Jacob

O crescimento intelectual está praticamente completo antes de a criança começar a freqüentar a escola.
Estimulando a Mente do seu Bebê apresenta um programa de desenvolvimento infantil acessível e equilibrado, baseado em seis estágios de crescimento intelectual prematuro já estudados.

www.madras.com.br

Leitura Recomendada

As Crianças Cristal
Um Guia para a Mais Nova Geração de Crianças Sensíveis e Psíquicas

Doreen Virtue, Ph. D.

As Crianças Cristal são a nova geração que chegou ao plano terrestre após as Crianças Índigo. Suas idades vão, aproximadamente, de recém-nascidos até 5 anos, embora alguns membros da primeira onda de Crianças Cristal tenham até 7 anos. Essas crianças são como as Índigo – altamente psíquicas e sensitivas –, mas sem o lado considerado hiperativo e a energia de guerreiros.

Agora é com Você!
A Lei da Atração revelada através de uma inspirada aventura destinada ao público infanto-juvenil

Patricia Kenney

A Lei da Atração revelou um segredo que há muito sabíamos: é preciso estar presente e atento à qualidade de nossos pensamentos. A vida só pode nutri-lo no presente. Todos têm sonhos a realizar, mas eles só serão construídos pelos tijolos do dia-a-dia. Estar feliz, inteiro, sentindo a prosperidade e as infinitas possibilidades que existem em cada minuto, permite estar numa vibração positiva capaz de atrair coisas boas.

Comida Vegetariana para Crianças
Mais de Cem Receitas Fáceis de Preparar

Sara Lewis

A alimentação tem sido cada vez mais tema de acaloradas discussões e debates. Todos os dias surgem artigos e publicações sob os mais diversos níveis de abordagem a respeito do consumo de alimentos de origem animal.

www.madras.com.br

MADRAS® Editora — CADASTRO/MALA DIRETA

Envie este cadastro preenchido e passará a receber informações dos nossos lançamentos, nas áreas que determinar.

Nome _____
RG _____ CPF _____
Endereço Residencial _____
Bairro _____ Cidade _____ Estado ___
CEP _____ Fone _____
E-mail _____
Sexo ❏ Fem. ❏ Masc.   Nascimento _____
Profissão _____ Escolaridade (Nível/Curso) _____

Você compra livros:
❏ livrarias   ❏ feiras   ❏ telefone   ❏ Sedex livro (reembolso postal mais rápido)
❏ outros: _____

Quais os tipos de literatura que você lê:
❏ Jurídicos   ❏ Pedagogia   ❏ Business   ❏ Romances/espíritas
❏ Esoterismo   ❏ Psicologia   ❏ Saúde   ❏ Espíritas/doutrinas
❏ Bruxaria   ❏ Autoajuda   ❏ Maçonaria   ❏ Outros:

Qual a sua opinião a respeito desta obra? _____
_____

Indique amigos que gostariam de receber MALA DIRETA:
Nome _____
Endereço Residencial _____
Bairro _____ Cidade _____ CEP _____

Nome do livro adquirido: **Crianças Índigo e Cristal**

Para receber catálogos, lista de preços e outras informações, escreva para:

MADRAS EDITORA LTDA.
Rua Paulo Gonçalves, 88 – Santana – 02403-020 – São Paulo/SP
Caixa Postal 12183 – CEP 02013-970 – SP
Tel.: (11) 2281-5555 – Fax.:(11) 2959-3090
www.madras.com.br

MADRAS® Editora

Para mais informações sobre a Madras Editora,
sua história no mercado editorial
e seu catálogo de títulos publicados:

Entre e cadastre-se no site:

www.madras.com.br

Para mensagens, parcerias, sugestões e dúvidas, mande-nos um e-mail:

marketing@madras.com.br

SAIBA MAIS

Saiba mais sobre nossos lançamentos,
autores e eventos seguindo-nos no facebook e twitter:

@madrased

/madraseditora